KB096870

작은 학교가
희망이다

작은 학교가 희망이다

펴 낸 날/ 초판1쇄 2018년 11월 16일

엮 은 이/ 이동성

펴 낸 곳/ 도서출판 기역

펴 낸 이/ 이대건

편   집/ 책마을해리

출판등록/ 2010년 8월 2일(제313-2010-236)

주   소/ 서울시 서대문구 북아현로 16길7 2층

　　　　　전북 고창군 해리면 월봉성산길 88 책마을해리

문   의/ (대표전화)02-3144-8665, (전송)070-4209-1709

ⓒ 이동성, 도서출판 기역 2018

ISBN 979-11-85057-49-1 93370

이 도서의 국립중앙도서관 출판예정도서목록(CIP)은 서지정보유통지원시스템
홈페이지(http://seoji.nl.go.kr)와 국가자료종합목록시스템(http://www.nl.go.kr/kolisnet)에서
이용하실 수 있습니다.(CIP제어번호: CIP2018032381)

〈건강한 학교이야기를 담은 책학교해리〉

책마을해리는 책과 마을을 관통해 이제 학교 이야기를 담습니다. 우리를 둘러싼 건강한 학교, 책학교해리와 나누세요.

서 로 배 움

작은 학교
연   구
논문 모음

작은 학교가 희망이다

이동성 편저

어쩌면, 작은 것이 희망이다

교육학자로서 나는 이 책의 이름(작은 학교가 희망이다)이 마음에 들지는 않는다. 학문적인 전문성이나 품격보다는, 한낱 정치적 구호로 들릴까봐 염려가 되기 때문이다. 그러나 나는 이러한 정치적 구호를 통해서라도, 작은 학교에 대한 관심을 불러일으키고 싶다. 오늘날 농어촌지역의 작은 학교에는 과연 희망이 있는가? 세상의 많은 사람들은 그렇지 않다고 말할지도 모르겠다. 촌구석은 낭만과 여유의 대상이기보다는, 기피의 대상이 된 지 오래다. 이러한 생각은 농어촌의 작은 학교에 근무하는 교육종사자들에게도 마찬가지이다. 나는 바로 이러한 전제에 도전하고, 의문을 제기하며, 대안을 모색하기 위해 이 책을 기획하였다.

작은 학교 자체가 희망이라는 주장은 큰 학교가 효율적이라는 주장만큼이나 억지스러운 면이 있다. 엄밀히 말해, 우리는 학교의 규모에 상관없이 좋은 학교를 만들어야 하는 의무가 있다. 학교에는 적정 규모란 논리가 통용되지 않는다. 학교의 규모와 상관없이, 교육자들은 학교의 규모에 따라 적합한 교육을 해야 하는 것이다. 하지만 우리는 작은 학교에 대하여 부정적인 태도를 갖고 있다. 학생 수가 적으면 교육재정의 효율성도 낮아지고, 학생들의 학습과 사회성 발달에도 문제가 있다는 생각이다. 그러나 이러한 부정적 견해의 전제에는 이른바 '규모의 경제' 논리가 깔려있다. 이는 교육의 논리가 아니라 경제 논리이다.

우리는 더 이상 경제의 논리가 아니라, 교육의 관점에서 농어촌지역의 작은 학교를 새롭게 바라볼 필요가 있다. '적은 것이 더 많은 것(less is more)'이라는 격언처럼, 작은 학교는 보다 큰 학교가 될 수도 있다. 나는 이러한 역발상에 기초하여 최근 3년 동안 농어촌지역의 소규모 학교를 연구하였고, 시도교육청과 정치권을 중심으로 일부 연구결과를 공유하기도 하였다. 하지만 연구 성과물이 학술논문의 형태로 파편적으로 발표되어 공유의 어려움이 있었다. 이 책의 쓸모는 여러 소삭으로 흩어져있는 소규모 학교 관련 논문들을 하나의 일관된 이야기로 엮어서 작은 학교에 대한 이해와 접근성을 높이는 데 있다.

제1부는 두 개의 장으로 구성되어 있다. 제1장(학교 통폐합 정책과 지방소멸: 학교는 사회자본)은 편저자뿐만 아니라 네 명의 학자들(주동범 교수, 이현철 교수, 이원석 박사, 김광석 박사)이 강원도교육청과 강원교육희망재단의 지원 아래, 지방소멸에 따른 학교 폐지의 위험성을 경고하는 글이다. 제2장(농어촌지역 작은 학교의 교육적 가능성: 규모의 경제 논리에 대한 역발상)은 구호로만 존재하는 작은 학교의 교육적 가능성을 현장교사의 내러티브를 중심으로 재현하는 글

이다. 독자들은 제2장을 통해서 작은 학교가 학생들의 성장과 발달을 위한 최적의 장소가 될 수 있음을 알게 될 것이다.

제2부는 전라북도교육청의 어울림학교 정책을 중심으로 작은 학교의 생존을 위한 네 가지 전략(생존기제)을 제시하였다. 우선, 제3장에서는 작은 학교와 마을을 결합하여 앎과 삶을 일치시키는 학교 이야기를 서술하였다. 제4장에서는 농어촌지역 작은 학교들의 결합으로 공동교육과정을 성공적으로 운영했던 현장교사들의 이야기를 수록하였다. 제5장은 편저자의 글이 아니라, 공동통학구형 어울림학교를 직접으로 운영했던 현장교사들(나종민 박사 외 4명)과 교사교육자(김천기 교수)의 목소리에 기초한 글이다. 5장은 작은 학교와 큰 학교의 학구 개방을 통하여 도시지역의 대규모 학교와 농어촌지역의 소규모 학교가 상생할 수 있는 길을 제시한다. 제6장은 한 중등교사의 생애사에 기초하여 농어촌지역의 작은 학교에서 특색 있는 학교교육과정을 실현하는 방안을 이야기하였다.

제3부는 작은 학교에서 희망을 노래하는 사람들의 실제적인 교육 이야기를 단위학교 구성원들, 그리고 학교장의 차원에서 제시하였다. 제7장에서는 단위학교의 모든 교직원들이 교사교육자와 함께하는 자기반성적 글

쓰기와 컨퍼런스를 통해 작은 학교를 혁신학교로 만들어 가는 과정을 서술하였다. 특히, 7장은 농어촌지역의 작은 학교가 교직원들의 반성과 실천 그리고 집단지성과 직업적 성장에 얼마나 적합한 곳인지를 보여줄 것이다. 제8장은 농어촌지역의 작은 학교로 운영되고 있는 한 대안고등학교 교장의 삶을 생애사적으로 조명하였다. 8장은 농어촌지역 소규모 학교장의 정체성과 역할이 지속가능한 학교발전과 학교자치의 실현을 위한 최후의 보루가 될 수 있음을 이야기하였다.

이 책을 엮는 데는 여러 사람들과 기관의 노움이 필요하였다. 우선, 이 책을 엮을 수 있도록 도움을 주신 현장교사들과 마을 주민들에게 깊은 감사의 마음을 전하고 싶다. 그들의 용기 있는 연구 참여와 동의가 없었더라면, 이 책은 세상의 빛을 보기가 어려웠을 것이다. 또한, 이 책은 교육부, 한국연구재단, 전라북도교육청, 강원도교육청, 강원교육희망재단, 전주교대의 행정적 및 재정적 지원 아래 집필되었다. 이러한 맥락에서 이 책은 단순한 사적 소유물이 아니라, 우리나라의 공공재이자 공유재이다. 끝으로, 전라북도교육청 김승환 교육감님과 교육혁신과 여러 선생님들(나영성 과장, 최지윤 장학관, 오재승 장학사, 이현근 장학사, 송우석 장학사), 그리고 책마을해리 이대건

촌장은 이 책의 기획과 출판에 도움을 주었다. 그분들에게 한 번 더 감사의 말씀을 드리면서 서문을 맺고자 한다.

2018년 11월

편저자 이동성

우리가 걸어들어가려는 비밀의 정원, 작은 학교

이명박 정부 5년, 박근혜 정부 4년, 총 9년 동안 두 개의 정부는 농어촌과 원도심 작은 학교들을 없애는 정책을 강행했습니다.

시·도교육청과 교육부 사이의 갈등과 충돌은 끊임없이 발생했고, 그 사이에 전국 곳곳에서 작은 학교들이 사라지기 시작했습니다.

정부의 기준에 따를 때 작은 학교란 초등학교의 경우 한 학년 20명, 6개 학년 120명 미만의 학교를 가리켰습니다.

정부가 들이대는 논리는 매우 간단했습니다. 학생수가 너무 적으면 수업을 효율적으로 진행할 수 없고, 아이들이 사회성을 기르는 데도 문제가 많다는 것이었습니다.

아이들의 사회성 기르기는 허울일 뿐이고, 정부가 노리는 것은 오로지 예산 절약이었습니다.

한때 전북의 농촌 지역에서 아이가 집에서 학교까지 가는 데 걸리는 시간이 1시간 20분, 왕복으로 하루 2시간 40분이 소요되는 경우도 있었습니다.

전북교육청은 정부의 압박에도 불구하고 작은 학교를 없애지 않고 끝까지 저항했고, 정부는 전북교육청을 압박할 수 있는 합법적인 수단이 없자 특별교부금 배정의 불이익이라는 수단을 사용하기도 했습니다.

그때마다 제가 느끼는 아쉬움은 작은 학교에서 더 나은 교육을 할 수 있다는 교육학적인 이론을 넘어서서, 실제 사례들을 중심으로 작은 학교의 존재 가치를 귀납적으로 증명해 주는 연구물이었습니다.

저의 갈증은 최근 이동성 편저 『작은 학교가 희망이다』의 원고를 읽으면서 조금씩 풀리기 시작했습니다.

이동성 교수는 이 책을 통해서 작은 학교의 소멸 위기가 어떻게 기회로 바뀌었는지를 말하고 있고, 작은 학교의 생존을 위한 전략을 전라북도교육청 어울림학교 정책을 통하여 제시하고 있습니다.

숨을 헐떡거리던 작은 학교가 건강한 학교 공동체로 살아나면서 그 환희를 노래하는 사람들의 목소리도 들려 주고 있습니다.

이 책의 화룡점정은 어느 교장선생님의 역할 확인입니다. 편저자 이동성 교수는 이를 "'교사'의 마음으로 학교장 역할 수행하기"라고 표현하고 있습니다.

이 책은 '작은 학교가 희망이다'는 말을 하나의 구호처럼 외치고 있는 것이 아니라, 작은 학교의 한계와 가능성을 실증적으로 확인해 나가고 있습니다.

작은 학교는 '그 자체로' 희망이 되는 것이 아니라, 특별하고도 지난한 과정을 거쳐야 희망이 될 수 있다는 것을 이 책은 논증하고 있습니다.

작은 학교가 희망을 꽃피워 나가면 그 효과는 작은 학교 안에 머무르는 것이 아니라 무한 확장을 하게 됩니다. 그것이 바로 이 책의 제1부 제1장의 제목으로 등장하는 "학교는 사회적 자본"이 된다는 논리가 성립할 수 있게 하는 것입니다.

우리나라는 지난 9년 동안 작은 학교들의 촛불을 잔인하게 꺼버리는 우를 범했습니다. 그 속에서 살아남은 학교들이 있다면 우리는 그 비밀의 정원에 들어가 보아야 합니다.

이 책이 그곳으로 가는 '하나의' 길을 제시하고 있습니다.

2018년 11월
전북교육감 김승환

차례

제1부

작은 학교의 한계와 가능성

"위기를 넘어 기회로"

근대 학교의 탄생은 교육의 논리보다는 정치와 경제의 요구에 기원을 두고 있다고 해도 과언이 아니다. 즉, 민족주의를 중심한 근대국가는 공교육을 중심으로 국민을 통합하고, 경제발전을 이룩하기 위해 단위학교를 설립 및 관리해 왔다. 우리나라는 1950년대 이후 방방곡곡에 학교를 세웠고, 학교교육을 받은 국민들은 민주시민으로 성장하여 경제발전을 이루었다. 하지만 1980년대부터 신자유의주의 광풍이 몰아치고, 민족주의에 기초한 국가주의가 퇴조하면서 농어촌의 소규모 학교는 위기를 맞고 있다. 국가 및 지역 단위의 공공성보다, 경제적 효율성을 강조하는 신자유주의 교육정책은 규모의 경제논리에 따라 소규모 학교 통폐합을 강조한다. 이와 같은 정치적 및 경제적 조건으로 인해, 우리나라는 1983년 이후 현재에 이르기까지 지속적으로 학교통폐합을 시도하고 있다.

과연 방방곡곡의 작은 학교들은 국가의 경쟁력을 저하시키는 천덕꾸러기인가? 신자유주의에 기초한 경제논리에 따르면, 농어촌, 농수산업, 소규모 학교 등은 비효율의 상징이다. 우리나라는 이러한 경제논리에 기초하여 공업입국에 성공하였고, 대도시 중심의 국가발전을 이룩하였다. 그리고 현재는 경제적으로 좀 더 부강한 나라를 만들기 위해 농어촌, 농수산업, 소규모 학교의 희생이 필요한 상황이다. 과연 이러한 경제적 논리가 교육의 논리인가? 비록 학교교육이 경제의 논리로부터 자유로울 수는 없을지라도, 학교는 민주성과 공공성을 실현하는 공적 영역(a public sectoer)이기도 하다. 작은 학교들은 교육재정의 관점에서는 비효율적이었을지라도, 근대화 이후 소외된 농어촌의 주민들을 배려하는 공적 보루였다.

농어촌이 없이, 대도시는 지속가능한 발전을 할 수 있는가? 다시 말해, 국토의 균형발전이 없이 지속가능한 국가발전이 가능한가? 미래를 준비하는 국가들은 농어촌과 농수산업을 지속적으로 가꾸고 있으며, 특히 작은 학교를 되살리기 위해 노력하고 있다. 왜냐하면, 작은 학교는 도시의 시민들뿐만 아니라 농어촌과 농수산업을 유지 및 발전시키는 사람을 키워내는 곳이기 때문이다. 이러한 맥락에서, 보다 나은 미래를 꿈꾸는 이들에게 작은 학교는 여전히 매력적인 곳이다.

제1부의 1장에서는 지방소멸에 따른 학교의 통합 및 폐지가 지역공동체에 어떠한 악영향을 미치는지를 보고할 것이다. 특히 1장에서는 사회자본의 개념에 터하여 작은 학교의 교육적 의미와 가치를 논의하고자 한다. 2장에서는 규모의 경제논리에 대한 역발상에 기초하여, 농어촌의 작은 학교가 오히려 학생들의 교육적 성장과 가능성을 촉진할 수 있음을 밝힐 것이다.

제1장

학교 통폐합 정책과 지방 소멸
"작은 학교는 사회자본"

이 글은 강원교육희망재단의 지원(학술사업 2018-1)에서 비롯되었으며, 출처는 "이동성·주동범·이현철·이원석·김광석(2018), 한 농어촌지역의 소규모 학교 통폐합 사례에 대한 해석적 분석. 교육혁신연구, 28(2), 1-24"임을 밝힙니다.

I. 들어가며

농어촌지역 소규모 학교의 통폐합에 대한 정책기조는 교육재정의 효율성, 우수하고 다양한 학교교사 및 관리자의 확보, 양질의 학교시설 및 교육과정 마련, 수업에서의 역동성 및 다양성 강화, 이종혼교적인 교사와 학생 비율, 방과후 학교프로그램의 다양화 및 질 제고 등을 도모하는 데 유리하다는 견해에 기초한다. 1920년대부터 1970년대까지 학교 투입(school inputs)을 강조했던 학교통폐합 지지자들은 적정한 규모의 학교가 학생들의 학업성취도와 교육재정의 효율성을 향상하는 데 유리하다고 주장한다(Conant, 1967; De Haan, Leuven, & Oosterbeek, 2016; Leithwood & Jantzi, 2009). 그러나 1980년대를 기점으로 하여 학교투입을 중심으로 한 통폐합 정책은 학생결과(student outcomes) 중심의 학교통폐합 정책으로 전환점을 맞이하게 되었다(Berry, 2006). 왜냐하면, 도심지를 중심으로 한 대규모 학교는 높은 행정적 비용, 낮은 출석률과 성적, 높은 중도탈락률, 학교폭력과 안전 문제, 약물중독 등에서 취약할 수도 있기 때문이다(Cooley & Floyd, 2013; Duncombe, Yinger, & Zhang, 2016; Patterson, 2006).

이처럼, 국가나 교육당국은 농어촌지역의 소규모 학교를 통폐합할 때,

이른바 규모의 경제와 교육재정의 효율화에 초점을 둠으로써(Duncombe, Yinger, & Zhang, 2016: 53), 작은 학교의 교육적 가능성 및 사회적 중요성을 간과하는 경향이 있다(Autti & Hyry-Beihammer, 2014: 1-2). 소규모 학교 통폐합은 교사와 학생 사이의 상호작용 및 관계의 질 저하, 학부모와 교사 사이의 낮은 접근성, 학생들의 원거리 및 장거리 통학으로 인한 학습기회의 불평등, 지역사회의 정신적 및 문화적 구심점 약화로 인한 지역적 정체성 상실, 학부모의 학교교육 참여기회 제한, 지역주민들의 학교교육에 대한 지원 감소, 젊은 세대의 지역이탈로 인한 인구 감소, 지역주민의 여가시간 감소, 이웃관계의 약화, 지방자치 및 활력 약화, 지방소멸 등의 문제를 야기할 수 있다(이승일, 2007: 36-37; 양병찬 외, 2012: 92-94; Bard, Gardner, & Wieland, 2005: 6-12; Cooley & Floyd, 2013: 45-46; LUFS, 2008; Lyson, 2002: 135-137; Spence, 2000: 5-8).

농어촌지역의 소규모 학교는 교육적 기능 이외에도 지역사회의 연대와 화합을 담보하는 공공재로서 기능하기 때문에, 폐교에 대한 신중한 접근이 필요하다. 즉, 학교를 잃어버린 지역사회는 단순한 교육기관의 상실에 그치는 것이 아니라, 지역사회의 활력과 사회경제적 역량 저하 현상, 지역소멸에 직면할 수도 있다(Egelund & Laustsen, 2006; Lyson, 2002; Mathis, 2006). 또한, 농어촌지역에서 소규모 학교의 공공 기능을 새롭게 복원하거나 대체하기 위해서는 더 많은 시간과 노력이 투입될 수도 있다(이승일, 2016: 22). 이러한 맥락에서 미국, 영국, 일본, 핀란드 등의 해외 선진국들은 이러한 소규모 학교의 통폐합 문제를 직시하고, 마을과 학교의 협력을 중심으로 농어촌지역의 학교를 지원하고 존치하는 방향으로 정책적 선회를 시도하고 있다(권오영, 2016; 김은효, 이용환, 2013: 86).

우리나라도 1982년부터 농어촌지역 학생들의 학습권 보장과 교육재정의 효율성 제고를 위해 소규모 학교 통폐합 정책을 지속적으로 추진하고 있다(임연기, 2013: 174; 최준렬, 4 2008: 4-46). 하지만 근대화 과정에서 비롯된 도시 중심의 지역개발 정책과 소규모 학교 통폐합 정책으로 말미암아 농어촌지역은 황폐화되고 있으며, 도·농간 사회경제적 및 교육적 격차가 심화되어 국토의 균형발전을 이룩하지 못하고 있는 실정이다(전광수, 2016: 157). 즉, 우리나라의 농어촌지역 소규모 학교 통폐합 정책은 농어촌지역의 정주여건을 악화시켜 이촌향도 현상을 더욱더 부채질한 측면이 있다(김익현, 1998; 박삼철, 2012; 양병찬 외, 2012; 이혜영, 김지하, 마상진, 2010). 또한, 우리나라의 역대 정부와 교육부가 그간 추진해온 소규모 학교 통폐합 정책은 학교교육과정의 개선이나 학생들의 지적 및 정서적 성장에 초점을 두기보다는, 방과후 교육활동이나 단발적인 학교시설 중심의 교육환경 개선 차원에 머무른 한계가 있다(오세희, 김대영, 2017: 72-73; 이원학 외, 2014: 238-241; 조창희, 이화룡, 2015: 11).

농어촌지역의 소규모 학교 통폐합에 대한 외국의 선행연구(Beuchert, L. V. et al., 2016; Cooley & Floyd, 2013; De Haan., Leuven., & Oosterbeek, 2016; Duncombe, Yinger, & Zhang, 2016; Mills, McGee, & Greene, 2013; PSBA, 2009; Streifel, Foldesy, & Holman: 1991; Thorsen, 2017)는 주로 계량적인 연구방법을 통하여 학교통폐합의 재정적 효과 및 학생들의 학업성취도 향상을 검토하였다. 흥미롭게도, 다수의 외국 선행연구들(Beuchert et al., 2016; Cooley & Floyd, 2013; Duncombe, Yinger, & Zhang, 2016; Mills, McGee, & Greene, 2013; PSBA, 2009; Streifel, Foldesy, & Holman, 1991; Thorsen, 2017)은 소규모 학교 통폐합 정책이 교육행정을 제외한 교육재정의 절감, 학생들의 학업성취도 향상, 마을 공동체의 활성화, 주택가격 부문 등에서 낮은 효과성을 보이거나, 심지어 부정적인 결과를 초래한다고 경고하였다.

한편, 우리나라의 일부 시도교육청에서는 국가주도 방식(top-down)의 폐교절차로 인하여 지역주민 및 교원단체의 불만과 민원이 여전한 편이다(조창희, 이화룡, 2015: 11). 농어촌지역의 소규모 학교 통폐합 과정에서의 이러한 소모적 갈등을 최소화기 위해서는 다양한 이해당사자들에 대한 연구와 담론이 활성화 될 필요가 있다(박삼철, 2014). 이러한 맥락에서, 직접적인 이해당사자들로 볼 수 있는 지역주민들의 관점에서 학교의 사회적 역할과 그들의 폐교 경험을 조명하고, 폐교 결과를 종단적으로 재현한 Autti & Hyry-Beihammer(2014)와 Irwin(2012) 연구결과는 시사하는 바가 크다. 그들은 폐교를 경험한 마을주민들의 입장에 기초하여, 폐교 과정에 지역주민들의 목소리가 반영되지 않았으며, 학교통폐합에 대한 대화와 숙의 과정이 충분치 않음을 지적하였다(Irwin, 2012: 33). 또한, 사회자본(social capital) 개념에 기초하여 학교의 역할을 조명한 결과, 작은 학교는 지역주민들의 사회적 삶의 심장이자, 마을공동체에 필요한 사회자본의 생산자 혹은 관리자였다(Autti & Hyry-Beihammer, 2014: 1-2).

앞서 살펴본 바와 같이, 농어촌지역 소규모 학교의 통폐합에 대한 선행연구는 주로 계량적인 방법으로 현재의 시점에서 학교통폐합의 재정적 효과와 학생들의 학업성취도를 탐구하였다. 이러한 이유에서, 마을의 주민들이 폐교 이후 어떠한 삶의 현실에 직면하였으며, 학교를 잃어버린 마을이 점차적으로 어떻게 변해갔는지에 대한 회고적이고 종단적인 관점의 질적 연구가 추가적으로 필요하다고 볼 수 있다. 따라서 이 연구의 목적은 농어촌지역 소규모 학교 통폐합의 직접적인 이해당사자들로 볼 수 있는 지역주민들의 목소리와 경험을 통해 소규모 학교의 가치와 의미를 해석적으로 분석하는 데 있다.

이러한 연구목적을 달성하기 위한 두 가지 연구 질문은 다음과 같다. 첫째, 지역주민들은 자신들의 마을에서 학교가 사라진 이후에 어떠한 경험을 하였는가? 둘째, 폐교를 경험했던 지역주민들은 과거의 소규모 학교에 대하여 어떠한 가치와 의미를 부여하는가?

이 연구의 결과는 농어촌지역 소규모 학교 통폐합의 결과를 질적으로 조명함으로써 농어촌지역 소규모 학교 통폐합 정책의 개선과 학교통폐합 영향평가를 위한 가이드라인을 만드는 데 기여할 수 있을 것이다.

II. 이론적 배경

1. 국내 연구동향 분석

농어촌지역 소규모 학교의 통폐합에 대한 국내 선행연구는 법학, 지리학, 교육행정·정책학 등의 학제적 접근을 시도하였다. 1절에서는 우선 이 세 가지 접근에 기초하여 대표적인 선행연구를 언급하였다. 그리고 2절에서는 사회문화적 및 사회경제적 관점에서 '사회자본'이 소규모 학교의 가치와 의미를 분석하는 데 중요한 개념임을 정당화하였다.

첫째, 국내의 선행연구는 우리나라 농어촌지역 소규모 학교 통폐합의 이슈와 정당성을 법리적 관점에서 검토하였다(안주열, 2012; 전광수, 2016). 우선, 전광수(2016)는 우리나라 농산어촌교육법(안)의 구조와 특성을 분석하였는데, 한국의 헌법과 교육기본법은 농어촌지역 주민의 학습권을 보상적 평등 차원에서 강조하며, 작은 학교의 기준 제시와 아울러 소규모 학교의 유지와 활성화 측면을 강조하는 점을 밝혀주었다(전광수, 2016). 또한, 안주열(2012)은 정부의 학교 통폐합 정책을 학생의 학습권, 지방의 교육자치, 그리고 지역의 문화발전을 중심으로 헌법적 가치를 검토하였다. 그는 한국 정부의 학교 통폐합 정책이 학생들의 학습권을 침해하고, 지방교육 자치를 저해하며, 지방의 자율성과 문화를 훼손하기 때문에 한국의 문화국가원리에 부합하지 않는다고 보았다(안주열, 2012).

둘째, 소규모 학교 통폐합에 대한 국내의 연구는 지리학을 통해 학교통폐합의 과정과 특성을 조명하였다. 대표적으로, 김익현(1998)은 지리학적 접근을 통해 농어촌지역 소규모 학교 통폐합의 지역적 전개과정(경북지역)을 조명하였다. 그의 연구결과에 따르면, 1980년대 이후 농어촌지역의 소규모 학교들은 지리적 실정보다는, 규모의 경제 논리에 따라 학생 수 및 읍면 소재지를 중심으로 통폐합이 진행되었고, 하위 중심지의 학교들이 무리하게 폐교되었으며, 학생들의 통학시간과 거리, 그리고 통학구역이 상대적으로 확대되었음을 밝혔다(김익현, 1998).

셋째, 국내의 일부 선행연구는 교육행정 및 교육정책의 관점으로 소규모 학교 통폐합 문제를 개선하고자 하였다 우선, 박삼철(2012)은 한국의 학교 통폐합 정책이 학교 급의 교육적 특성을 반영하는 데 제한적이었음을 지적하고, 학교통폐합에 대한 새로운 기준을 마련하고 영향평가를 실시함으로써 그것의 부정적 영향을 최소화해야 한다고 주장하였다. 이와 관련하여, 박삼철(2014)은 학교통폐합을 위한 방안으로 교육청 주도 참여적 의사결정 모형, 단위학교 주도 통폐합, 교육영향평가 기반 합리적 의사결정 모형을 제시하였다. 한편, 김선필·정영신(2013)은 소규모 학교 통폐합 정책을 공공성의 관점에서 검토하였다. 그들의 연구결과에 따르면, 도교육청은 소규모 학교의 통폐합과 관련하여 공론의 장을 마련하였으나, 이해당사자들의 동등한 참여를 유도하지 못하여 도구적 단계에 머물렀다고 평가하였다(김선필, 정영신, 2013). 이 연구는 지역사회의 주민을 중심으로 한 이해당사자들이 학교를 지역사회의 공공재로 파악하는 생활 및 지방 공공성의 관점을 강조하였다(김선필, 정영신, 2013).

2. 사회문화적 및 사회경제적 관점: 사회자본의 중요성

한편, 농어촌지역 소규모 학교의 통폐합에 대한 국내연구는 사회문화적 및 사회경제적 접근을 시도하였다(양병찬, 2008; 이병환, 2008; 이승일, 2016). 미국이나 호주와 같은 해외 선진국들도 농어촌지역 소규모 학교를 통폐합할 때, 마을 주민들의 삶을 중심으로 한 사회문화적 및 사회경제적 측면을 고려하고 있다(박삼철, 2015). 이러한 견해는 농어촌지역 소규모 학교 통폐합의 문제는 교육적 접근뿐만 아니라, 지역사회의 사회문화적 및 경제적 맥락과 조건을 종합적으로 고려할 필요가 있다는 입장이다. 특히, 농어촌지역의 소규모 학교는 지역공동체의 역사와 전통, 그리고 지역주민들의 정체성을 유지하고(마상진, 최경환, 2009: 19-20), 쇠락하는 농어촌 마을의 복원과 발전을 도모할 수 있는 '사회자본(social capital)'으로 기여할 수 있다(이승일, 2016: 2). 여기에서 말한 사회자본이란 정치, 경제, 사회, 문화 영역을 포괄하는 개념인데(Portes, 1998), 사회적 행위와 조직의 효율성을 증진할 수 있는 구성원들 사이의 신뢰, 사회적 규범, 네트워크, 가치를 지칭한다(Autti & Hyry-Beihammer, 2014; Coleman, 1988; Bourdieu, 1986; Putnam, 1993).

이러한 사회자본은 사유재가 아닌 공공재의 속성을 지니고 있으며 (Putnam, 2000), 신뢰를 중심으로 사회적 규범, 네트워크, 가치가 형성되기 때문에 네 가지 하위개념들은 상호관계성을 지니고 있다(Autti & Hyry-Beihammer, 2014; Fukuyama, 1995). 사회의 구성원들은 이러한 사회자본을 통해 사회적 거래비용을 낮추고, 행위자들 사이의 협동을 촉진하며, 호혜성의 규범을 추구하면서 사회적 관계(연대 및 연결)를 형성할 수 있다(Autti & Hyry-Beihammer, 2014: 4; 이승일, 2016: 30-36). 따라서 이 연구는 앞에서 살펴본 학제적 시도들 가운데 사회문화적 및 사회경제적 접근에 기초한 사회자본에 기초하여 한 농어촌지역 마을 주민들의 폐교 이후 경험, 학교에 대한 가치와 의미를 해석적으로 분석하고자 한다.

Ⅲ. 연구 방법

1. 연구의 배경 및 대상

이 글은 한 농어촌지역의 소규모 학교 통폐합 사례에 대한 마을 주민들의 경험과 회고적 이야기를 해석적으로 분석하기 위하여 질적 사례연구를 채택하였다. 왜냐하면, 질적 사례연구는 특정한 시공간적 배경과 맥락에서 발생한 사회적 사건과 상호작용, 행위 등을 심층적으로 분석하는 데 유용하기 때문이다.

이 글은 연구의 목적 및 연구 질문에 부합한 연구의 대상지 및 학교(마을 및 폐교)를 선정하기 위하여 목적표집 중 전형적인 표집을 시도하였는데, 강원도 춘천시 외곽의 한 면지역(이하 인명 및 지명은 모두 가명)과 폐교(5개 학교)를 연구대상지로 선정하였다. 우선, 이 연구의 지리적 및 공간적 배경으로 볼 수 있는 둥지면의 현황을 소개하면 다음과 같다.

의병장들을 배출한 충효의 태동지인 둥지면은 강원도 춘천시의 외곽에 위치해 있으며, 경기도 가평군과 강원도 홍천군을 사이에 두고 있는 농촌지역이다. 둥지면의 면적은 73.2km2(시 전체 면적의 6.7%)이며, 11개 리와 30개의 반으로 이뤄져 있고, 2017년 12월 19일을 기준으로 656세대 1,155명(시 전체인구의 0.4%)이 거주하고 있다. 이미 고령화가 진행된 둥지면의 전체 인구 수(1,155명) 가운데 18세 미만 인구는 73명(6.3%)에 불과하고, 2018년도 기준 취학통지 대상자(초등학교 대상 학령인구)는 단 2명에 불과하다.

둥지면은 1990년대 초반까지만 하더라도 인구수가 1,630명에 달하였으며, 면 안에는 5개의 학교(중학교 1개, 초등학교 1개, 초등학교 분교장 3개)가 분포해 있는 농촌지역이었다. 그러나 정부의 농어촌지역 소규모 학교 통폐합 정책에 따라 1993년부터 2009년 사이(17년)에 면지역 내에 있는 모든 학교들이 폐교되었으며, 인구수 또한 급감하게 되었다. 5개 학교의 폐교 과정을 구체적으로 살펴보면, 1993년 3월 1일 강남초 제비분교장 폐교, 1997년 3월 1일 별빛초 한마음분교장 폐교, 2002년 3월 1일 둥지중 폐교, 2006년 3월 1일 강북초 별빛분교장 폐교, 2009년 강남초 폐교 순이다. 둥지면의 초·중학생들은 현재 인근 면에 위치한 초등학교 및 중학교를 다니고 있는데, 일부 마을의 학생들(개울리, 제비리, 강남리)은 장거리 통학으로 인해 학습 및 생활 측면에서 불편함을 겪고 있다. 둥지면에는 최근(2017년)에 대안교육 특성화중학교가 신설되기는 하였으나, 전체 학생(37명) 중 지역수민들의 재학생 수는 두 명뿐이다.

한편, 이 글은 과거에 폐교를 경험했던 지역주민들의 삶과 내러티브를 포착하기 위하여 연구 참여자들의 선정 기준과 범위를 결정하였다. 우선, 저자는 강원교육희망재단의 협조를 통해 이 연구에서의 문지기(gate keeper)로 볼 수 있는 둥지 면장(1명)을 섭외할 수 있었고, 면장이 제공한 인적정보와 네트워크를 바탕으로 7개 리(개울리, 제비리, 강남리, 별빛리, 꽃길리, 가을리, 한마음리) 11명의 이장들과 접촉을 시도하였다. 대부분 60대 전후였던 마을의 이장들은 당시 폐교와 관련한 직접적인 당사자들(학부모 및 공청회 참여자)로서 폐교의 과정과 결과, 그리고 폐교 이후 학교의 가치와 의미에 대한 내러티브를 구술하는 데 있어서 적절한 인물들이었다. 저자는 11명의 이장들 가운데 7명(4명 참여 거부)을 주요 참여자로 선정하였으며, 마을(강남리 3명, 별빛리 3명) 주민들, 면사무소 면장(1명) 및 계장(1명), 인근지역(둥지면) 초·중학교 교사(2명), 강원교육희망재단 상임이사(1명), 도교육청 장학사(1명), 춘천교육지원청 장학사(1명)를 보조 연구 참여자(총 13명)로 선정하였다. 저자는 소속기관의 IRB신청을 통해 연구윤리를 확보하였고, 연구 참여에 대한 감사의 표시로 참여자들에게 소정의 사례비를 지급하였다. 주요 및 보조 참여자들의 인적 특성을 간략하게 제시하면 〈표 Ⅲ-1〉과 같다.

〈표 Ⅲ-1〉 연구 참여자들의 인적 특성

이름(가명)	세대 및 성별	직위 및 직업	소속(가명)	참여 형태
유영대	60대 초반/남	이장	강남1리	주요 참여자
최순식	60대 초반/남	이장	강남3리	주요 참여자
김복덕	60대 초반/남	이장	별빛1리	주요 참여자
조성진	50대 중반/남	이장	꽃길1리	주요 참여자
김동희	60대 중반/남	이장	꽃길2리	주요 참여자
최남진	60대 중반/남	이장	가을리	주요 참여자
전필재	50대 후반/남	이장	한마음리	주요 참여자
홍길동 외 2명	60대 초반/남3	마을주민들	별빛1리 외	보조 참여자
김갑순 외 2명	60대 중반/남2,여1	마을주민들	강남3리	보조 참여자
정태식	50대 후반/남	면장	둥지면	보조 참여자
한선숙	50대 초반/여	계장	둥지면	보조 참여자
이호철	40대 초반/남	둥지초 교무부장	둥지면	보조 참여자
강석봉	40대 중반/남	둥지중 교무부장	둥지면	보조 참여자
정원식	60대 중반/남	상임이사	강원교육희망재단	보조 참여자
석환철	40대 후반/남	장학사	강원도교육청	보조 참여자
이윤석	40대 후반/남	장학사	춘천교육지원청	보조 참여자

2. 자료의 수집 및 분석

이 글은 연구 참여자들의 폐교경험과 그에 따른 소규모 학교의 의미와 가치에 대한 질적 자료를 수집하기 위하여 내러티브 인터뷰(7회, 주요 참여자 대상, 1회당 40분부터 1시간까지 분량), FGI 인터뷰(2회, 별빛1리 및 강남3리 마을주민 대상, 1회당 1시간 분량), 심층 인터뷰(5회, 면사무소 직원 2명 및 교육청 업무담당자 3명, 1회당 1시간부터 2시간까지) 전화 인터뷰(2회, 인근 초등학교 및 중학교 교무부장 2명, 1회당 40분)를 실시하였다. 네 가지의 서로 다른 인터뷰 방법을 채택한 이유는 연구의 목적 및 연구 참여자들의 특성을 고려했기 때문이다. 종단적인 삶의 궤적을 추적할 수 있는 내러티브 인터뷰는 오래전에 폐교를 경험했던 주요 참여자들의 생생한 기억과 목소리를 이끌어 내는 데 유용하였고, FGI 인터뷰는 구술에 능숙하지 않은 마을 주민들의 심리적 및 언어적 부담감을 완화하였으며, 대화에서의 역동성과 다양성을 확보하는 데 효과적이었다. 또한, 심층 인터뷰는 폐교에 대한 관리 및 책임이 있는 당사자들(면사무소 직원 및 교육청 업무담당자)의 의견을 듣는 데 유용하였고, 인근지역 교원들을 대상으로 한 전화 인터뷰는 폐교지역 초·중학생들의 학교생활과 통학실태를 파악하는 데 활용하였다.

최종적으로 수집된 인터뷰 자료로는 내러티브 인터뷰 녹음파일 7개 및 전사본 7부, FGI 인터뷰 녹음파일 2개 및 전사본 2부, 심층 인터뷰 녹음파일 5개 및 전사본 5부, 전화 인터뷰 메모지 2부이며, 연구 자문(타시도 농어촌 교육 전문가 1명) 관련 인터뷰도 녹음 및 전사하였다. 또한, 이 글은 해당지역 주민들의 일상적인 삶과 사회문화적 맥락을 이해하기 위하여 면소재지를 중심으로 주민들의 일상생활을 참여관찰(2017년 12월 18일부터 동년 동월 23일까지)하고, 다섯 폐교들을 방문하여 주요한 특징을 메모하거나 사진으로 기록

하였다. 또한, 이 글은 둥지면의 역사적 및 인구통계학적 정보를 얻기 위해 면사무소에서 발간한 온라인 및 오프라인 자료(3부)를 추가적으로 수집하였으며, 폐교 관련 신문기사(8부), 강원도교육청의 농어촌교육정책 관련 자료(2부)를 수집하였다.

주민들의 폐교경험과 소규모 학교의 의미 및 가치를 분석하기 위하여, 실용적 절충주의에 기초한 주제 분석(thematic analysis)을 시도하였다. 1차 코딩에서는 주요한 코드들을 생성하고, 2차 및 3차 코딩에서는 연역과 귀납을 오가는 자료 분석의 과정을 통해 최종적으로 2개(①학교통폐합 정책으로 인한 소규모 학교의 상실과 마을공동체의 쇠락, ②다시 생각해 보는 농어촌지역 소규모 학교의 가치와 의미: "사회자본을 중심으로")의 핵심범주와 4개(①입장 차이와 소모적 갈등으로 인한 학교의 상실: "스스로 초래한 미래", ②후세대의 이탈로 인한 학생 수 감소와 마을공동체의 쇠락", ③마을의 지속가능한 발전을 위한 제도적 사회자본으로서의 작은 학교, ④학교기반의 네트워크로 주민들의 사적 삶을 사회적 삶으로 전환하기)의 범주들을 생성하였다. 그리고 이러한 주제 분석의 과정과 결과에 기초하여 분석적 및 해석적인 글쓰기로 연구결과를 재현하였다.

3. 연구의 타당도 확보

이 글은 연구결과에 대한 진실성과 타당도 확보를 위하여 다음과 같은 시도를 하였다. 첫째, 이 글은 해석적 분석에 대한 타당도를 높이기 위하여 연구목적 및 연구 참여자들의 특성을 반영한 다양한 형태의 인터뷰를 시도하고 연구대상(20명)을 확대함으로써 질적 자료의 다양성을 추구하고자 하였다. 또한, 인터뷰 자료의 의존에서 비롯될 수 있는 분석의 제한점을 넘어서기 위해 참여관찰, 사진, 메모, 신문기사, 교육정책 자료집 등의 보조 자료를 수집하고 분석하였다. 둘째, 이 글은 자료 분석 및 해석에서의 타당성과 정교성을 보강하기 위하여 공동 연구자들(4명) 및 연구 보조원들과 함께 동료 검증(2018. 01. 31, 중간보고회)을 하였으며, 보조 참여자(정원식, 가명)로부터 구성원 검증을 받았다. 셋째, 이 글은 최종적인 해석적 분석의 타당성과 적절성을 강화하기 위하여 농어촌지역 소규모 학교 통폐합정책에 전문성이 높은 교육운동가(박사 1명)와 교육행정가(장학관 1명)로부터 자문을 받았다.

Ⅳ. 연구 결과

1. 학교통폐합 정책으로 인한 소규모 학교의
상실과 마을공동체의 쇠락

1) 입장 차이와 소모적 갈등으로 인한 학교의 상실: "스스로 초래한 미래"

둥지면의 주민들은 소규모 학교 통폐합에 대한 첨예한 입장 차이로 소모적 갈등을 지속하다가 네 개의 초등학교 및 분교장, 그리고 중학교를 모두 잃어버렸다. 주민들의 이러한 폐교경험은 개인적으로 상이한 교육적 요구뿐만 아니라, 여러 마을 및 단위학교의 상황 차이, 지역교육지원청의 업무처리 방식과 연결되어 있었다. 마을주민들의 회고적 내러티브를 재구성해보면, 폐교는 스스로 초래한 미래였다.

첫째, 마을주민들은 자녀의 초·중학교 재학 여부, 사회경제적 지위에 따른 자녀교육의 후원 정도, 학교교육의 목적에 대한 관점 차이에 따라 학교통폐합에 대하여 상이한 입장차를 나타내었다. 상대적으로 사회경제적 지위가 높아 자녀의 교육지원이 용이하고, 학교교육을 통해 계층상승을 희망하는 학부모들은 학교통합이나 폐지에 찬성하였다. 특히, 둥지면에서 졸업한 초·중학생들과 춘천시내 학생들과의 학력격차가 심해지면서, 학부모들은 시내학교로의 조기유학이나 장거리 통학을 선택하였다. 그들은 자녀들의 학력격차가 소규모 학교 및 복식학급의 한계에서 비롯된다고 생각하였고, 도시의 거대학교가 이러한 교육문제를 해결할 수 있는 대안이라 기대하였다. 반면, 학생이 없는 노년기 세대, 학교 건립에 기여했던 마을의 유지들, 그리고 열악한 지형과 경제사정으로 생활이 불편한 마을주민들은 학교 통폐합을 결사적으로 반대하였다. 그들의 찬반양론은 20년 가까이 평행선을 그었지만, 결국 모든 학교들은 폐지되고 말았다. 왜냐하면, 취학자녀를 둔 학부모들이 학교통폐합의 결정적인 열쇠를 쥐었기 때문이다.

애들이 없으면 당연히 폐교를 하는 거고, 그 애들을 위해서는 더 큰 학교로, 여기 붙들어놓고 뭐 어떻게 하자는 얘기여. 학생들을 위해서 폐교를 해야지. 식물도 그렇고 사람도 그렇고 다 경쟁해서 살아가야 발전이 있는 거지. 자기가 혼자서 뭐 어떻게 하겠다는 거야. (중략) 학교라는 게 공부만 하는 게 아니잖아요? 친구들과 서로 어울리고, 양보도 할 줄 알고, 욕심도 줄이고, 이런 게 필요한데, 작은 학교는 이게 힘들지 않나요?
(꽃길1리 조성진 이장의 내러티브, 2017. 12. 21. 내러티브 인터뷰 전사본)

2002년에 중학교가 폐교되고 말았어요. 당시에 선생님들은 적은 수의 학생들을 데리고 가르치면 교육이 더 잘 될 것이라고 학부모들을 설득했어요. 그래서 마을의 유지들과 함께 학교가 없어지면 안 된다고 토론회도 했지만 소용이 없었어요. 학부모들이 응해줘야 하는데, 다수의 학부모들이 폐교를 찬성했어요. 학부모들은 이런 환경에서는 애들이 제대로 공부할 수 없다고 하더라고요. 교실에 학생들이 너무 적으면 성적이 떨어진다는 생각이죠. 실제로, 졸업한 아이들의 다수가 시내 고등학교로 나가면, 성적이 하위권으로 떨어졌어요. 결국, 당시에 폐교를 막지 못한 것은 학부모들의 주장이 한 몫을 했다고 봐야지요.

(꽃길2리 김동희 이장의 내러티브, 2017. 12. 18. 내러티브 인터뷰 전사본)

둘째, 둥지면의 주민들은 일곱 개의 마을과 다섯 개의 학교가 처한 상황에 따라 학교통폐합에 대하여 상이한 주장을 하였다. 가령, 두 마을주민들은 둥지면 소재 학교가 아니더라도, 보다 중심지인 인접 시군의 초등학교와 중학교를 선택할 수 있었으며, 또 다른 두 마을도 인접 면지역의 학교를 선택하는 편이 보다 유리하였다. 이러한 현상은 도농복합시인 춘천시가 나머지 읍면지역의 경제자본, 사회자본, 문화자본을 끌어당기는 '빨대 효과'의 연장선에 있었다. 또한, 한 마을주민들은 400년 이상의 역사적 전통을 지닌 마을과 학교에 대한 애착심이 강했음에도 불구하고, 춘천시내와의 근접성이 낮고, 면소재지가 아니라서 다른 마을의 사람들이 그 마을의 학교를 통합학교로 희망하지 않았다. 또한, 나머지 마을 및 분교장은 지리적으로 고립되어 있고, 학생 수가 없어질 때까지 유지되었기 때문에 통폐합의 논쟁에서 한 걸음 물러나 있었다. 이처럼, 여러 마을의 주민들은 각 마을과 단위학교의 처지와 상황에 유리한 학교통폐합을 고집함으로써 합의된 결론에 도달하지 못하였다. 결국, 마을이기주의에 빠진 주민들은 학교통폐합에 대한 합의에 이르지 못함으로써 단 하나의 학교조차도 지킬 수가 없었다.

학교통폐합을 진행할 즈음에 여러 마을의 사람들이 한자리에 모였는데, 합의가 안 되는 거예요. 모두가 자신들의 마을에 있는 학교를 지키려고 하는 거죠. 회의를 몇 번이고 했지만 끝내 합의가 안 되었습니다. 회의 참석자들의 대부분은 나이 먹은 사람들이고, 학부모들은 참석도 잘 하지 않았어요. 회의 중에 지역 유지들의 알력 다툼도 있었고요. 입장 바꿔서, 솔직히, 누가 자기 모교 아닌 다른 학교를 살리고 싶겠습니까? 당연히 내 모교를 살리고 싶죠. 이러니 모여 봤자 해결이 될 리가 없어요. 나중에 교육청도 머리가 아프니까 손을 놓게 되고, 이 와중에 젊은 사람들이 떠나면서 학교들이 자연스럽게 폐교가 된 것이지요.

(별빛1리 한 마을주민의 내러티브, 2017. 12. 18. FGI 전사본)

춘천시의 농경정책이 다른 군에 비해서 낙후되어 있어요. 젊은 사람들이 둥지면에서 먹고 살 수 있는 여건이 마련되어 있지가 않아. 근데 그게 어쩔 수 없는 게, 춘천시장을 투표로 뽑잖아요? 여기 둥지면 인구 다 합쳐도 춘천시 아파트의 한 동 인구도 안 돼. 그러니까 민선 시장들이 춘천 시내에 돈을 쓰는 거지. 촌에 뭐 한다고 돈을 쓰겠어요. 그렇잖아? 그러니까 여기는 무시될 수밖에 없는 거야. 이런 상황에 젊은 사람들이 살 수가 없는 것이고, 젊은 사람이 살지 못하니까 학교는 자연스럽게 문을 닫는 거지. 근본적인 문제는 여기에 있다고.

(가을리 최남진 이장의 내러티브, 2017. 12. 20. 내러티브 인터뷰 전사본).

셋째, 지역수민늘은 규모의 경제 논리에 입각하여 교육재정의 효율성을 강조했던 중앙정부와 도교육청, 그리고 지역교육지원청의 상명하달 방식 학교통폐합 정책에 당혹스러움과 혼란을 경험하였다. 특히 소규모 학교 통폐합이 진행되었던 과거시절의 춘천교육지원청은 역대 정부와 교육부가 상명하달 방식으로 제시하는 학교통폐합 권고기준에 따라 일정 학생 수 이하의 학교들을 분교장으로 격하시키거나 폐지하였다. 둥지면의 주민들은 춘천교육지원청의 중재로 학교통폐합 문제를 해결하기 위한 최종적인 합의점을 찾고자 하였으나, 지역교육청은 마을주민들의 다양한 입장과 목소리를 반영하는 데 한계가 있었다. 우선, 당시의 춘천교육지원청은 국가 및 도교육청에서 일방적으로 제시하는 학교통폐합 기준과 절차에 따라 업무를 추진해야만 했고, 개별 마을과 학교의 복잡한 상황을 반영할 수 있는 기준과 절차를 마련하지 못하였다. 결국, 개별 마을 및 단위학교의 마찰과 갈등을 중재하지 못한 춘천교육지원청은 농어촌지역 소규모 학교를 유지하기 위한 최소 수준의 교육정책(1면 1교)도 실현할 수 없었다. 외국의 소규모 학교 통폐합 사례처럼, 당시 춘천교육지원청에는 마을주민들의 상이한 입장과 목소리를 반영하지 않거나, 대화 및 숙의과정을 누락한 것이 아니라, 소모적 마찰과 갈등을 효율적으로 중재할 수 있는 교육행정 시스템이나 학교통폐합 가이드라인이 부재하였다.

> 폐교를 막으려고 마을 사람들이 무지 노력했어요. 근데 잘 안 되었어요. (중략) 6·25 때 학교가 불타고, 물난리로 학교를 옮길 때 마다 마을 주민들이 땅도 기부하고, 노동력도 제공했어요. 근데 막상 폐교가 되니까 교육청이 학교부지나 건물을 임대하더라고요. 우리 마을 사람들이 손으로 가꾼 학교인데도 어쩔 수가 없더라고요. 억울해도 소용이 없더라고요. 학교를 짓거나 부지가 필요할 때는 마을 사람들을 찾지만, 폐교할 때는 마을 사람들을 배척하더라고. 교육청 지들 맘대로 해버린 거지 뭐.
> (강남1리 유영대 이장의 내러티브, 2017. 12. 19. 내러티브 인터뷰 전사본)

> 교육청이 마을 사람들끼리 합의보라고 하면 절대로 안 됩니다. 교육청 자기들이 욕먹으니까 안 나선 거예요. 교육청이 끝내 상황 정리를 해 주지 않으니까, 마을 사람들끼리 싸우고, 그 사이에 학교가 모두 없어져버린 거죠. 교육청이 쏙 빠져서 너희들끼리 알아서 해라 하면 절대로 안 됩니다. 교육청이 공정하게 점수를 매기면, 마을 사람들도 결국 따르게 되어 있거든요.

(별빛2리 한 마을주민의 내러티브, 2017. 12. 18. FGI 전사본)

2) 후세대의 이탈로 인한 학생 수 감소와 마을공동체의 쇠락

둥지면의 주민들은 폐교에서 비롯된 후세대의 감소와 지역이탈로 마을이 쇠락하는 악순환을 경험하였으며, 한 지역공동체 구성원으로서의 고유한 정체성과 소속감을 상실하였다. 마을 주민들의 폐교경험을 회고적으로 재구성하여 기술하면 다음과 같다.

둥지면은 과거 노지에서 농사를 짓거나 화전으로 생계를 유지하는 농어촌 마을이었다. 이 면은 여러 독립 운동가들을 배출한 충절의 땅이었지만, 농토가 협소하고 척박하며 기온이 낮아 시설재배 등이 곤란한 지역이었다. 정부와 강원도교육청은 1950년대부터 1970년대 사이에 출생한 사람들의 학교교육을 위해 마을마다 학교와 분교장을 건립하였다. 그러나 1970년대 이후부터 이촌향도가 가속화 되고, 화전금지령이 내려지면서 마을의 인구는 자연스럽게 감소하게 되었다. 특히, 춘천과 서울을 연결하는 국도가 생겨나고 다리가 연결됨으로써 관광업으로 유명한 인근 지역으로 마을인구가 유출되기 시작하였다. 둥지면의 마을주민들은 이러한 사회경제적 및 지리적 조건에서 비롯된 인구통계학적 감소를 수용할 수밖에 없었으며, 학교의 소규모화와 폐지를 경험하게 되었다.

일부 학부모들은 마을의 학교가 폐지되면서 자녀의 장거리 통학을 선택하거나, 춘천시로의 전학을 결정하였다. 일부 학부모들은 매일 2시간 동안 자녀들을 시내학교로 실어 나르면서, 경제적 비용 증가와 더불어 육체적 피로를 경험하였다. 또한, 일부 초등학생들은 지척에 있었던 작은 학교가 사라지자 두 시간 이상의 장거리 통학을 감내해야만 했고, 이러한 물리적 및 신체적 제한으로 인해 학습 측면에서도 상당한 불편함을 겪게 되었다.

이러한 정주여건과 교육상황은 후세대가 보다 나은 삶과 교육을 위하여 마을을 떠나게 되는 원인이 되었다. 애초에는 마을의 인구가 감소하여 학교가 작아지고 폐교되었지만, 동시에 폐교로 인해 마을이 쇠락하는 악순환이 고착되고 말았다.

둥지초등학교 전교생 80명 가운데 14명이 둥지면에서 통학하는 학생들이에요. 두 마을의 경우, 학생들의 왕복 통학시간이 두 시간이 넘어가기도 해요. 거리가 먼 것은 아니지만, 길이 나빠서 통학시간이 오래 걸리거든요. (중략) 둥지면 아이들의 학력이 특별하게 낮은 것은 아니지만, 가정환경이 열악한 것은 사실입니다. 형편상 시골을 떠나지 못하는 분들이 남아있으니까요. 우리학교는 방과후학교가 무상이지만, 둥지면 학생들의 호응도는 그다지 높지가 않은 것 같아요. 그 지역 아이들은 통학버스 때문에 의무적으로 방과후학교를 다녀야 하고, 오후 4시에 무조건 버스를 타야하기 때문에 활동에 불편함이 많아요. 학생들이 장거리 통학을 해야 하니, 둥지면에 살기가 만만치 않다고 봐야죠.
(둥지초등학교 이호철 교사의 내러티브, 2017. 12. 26. 전화 인터뷰 자료)

전교생(52명) 중 둥지면 학구 학생들의 통학이 가장 불편해요. 가장 먼저 등교하지만, 가장 늦게 하교해야 하는 시간적 불편함이 있거든요. 이 지역의 아이들은 아침 7시 20에 출발해서 8시 20분에 도착하지만, 9시까지 교실에서 마냥 기다려야 해요. 학교버스가 한 대 뿐이라, 다른 지역의 학생들이 등교할 때까지 기다려야 하는 거죠. (중략) 둥지면의 학생들은 오후 4시 50분에서 5시 사이에 버스로 하교를 해야 하기 때문에 방과후학교, 학원수강, 대학생 멘토링을 하는 데 상당히 불편한 상황이에요. 학교와 집이 떨어져 있으니 어쩔 수가 없는 것이죠. 학생 수가 많은 편은 아니었지만, 예전 둥지중학교가 폐교되지 않았더라면 어땠을까하는 아쉬움이 남기는 해요.

위의 내러티브에서 확인할 수 있는 것처럼, 마을의 학교들이 연이어 폐지되면서 주민들의 정주여건과 학생들의 학습 환경은 날이 갈수록 악화되었다. 비교적 젊은 세대의 주민들이 마을을 떠나면서 취학 아동들의 수가 급감하기 시작했으며, 마을은 경제적 여건으로 인해 시내로 이주할 수 없는 가난한 사람들이나 노인들이 머무는 곳으로 변화해 갔다. 물론, 비교적 최근에는 마을 주변에 고속도로가 뚫리고 공장이 생겨나면서 새로운 인구가 유입되기는 하였다. 그러나 전원주택을 짓고 사는 외지출신 사람들은 취학 대상의 자녀가 없는 세대들이었으며, 공장 종사자들 또한 수도권이나 춘천시에서 출퇴근했기 때문에 마을 및 학교의 활성화에 실질적으로 기여하지 못하였다. 학교의 폐지는 후속세대의 지역이탈을 가속화하였고, 이미 쇠락한 마을은 이제 젊은 세대의 귀농귀촌도 포용할 수 없는 곳이 되어버렸다.

폐교된 둥지중학교 자리에 초등학교를 통합해서 새로 학교를 만들자고 했지만, 결국 잘 안 되어서 아무 것도 못했지요. 갈등만 하다가 결국 아무 것도 못 지키고 다 잃어버렸죠. 한 면에 학교 하나라도 있어야 하는데, 그렇지 않으니까 뭐 젊은 사람들이 들어올 리가 없죠.

젊은 애들이 여기 들어오면 뭘 먹고 삽니까? 젊은 사람들은 여기에 들어올 생각 자체를 안 합니다. 먹고 살 수 있는 직장이 없으니까! 물론 여러 기업들이 마을에 공장을 세웠지만, 그런다고 인구나 학생 수가 늘지는 않았어요. 회사원들 대부분이 통근버스 타고 출퇴근을 하다 보니, 자녀들도 다 시내에 두지 여기까지 안 데리고 옵니다. 그러니까 학교를 다시 살리는 것은 힘들다고 봐야지요. 정부가 다시 나서지 않으면 힘들어요.

(가을리 한 마을주민의 내러티브, 2017. 12. 18. FGI 전사본)

한편, 마을 사람들은 학교가 폐지됨에 따라 점차적으로 지역주민으로서의 고유한 정체성을 잃어가기 시작했으며, 마을공동체 구성원으로서의 소속감도 낮아짐을 경험하였다. 우선, 둥지면 주민의 자녀들은 인근 면지역에 위치한 초등학교와 중학교를 다니거나 춘천시내에 있는 학교에서 유학을 했기 때문에 자신들이 소속된 마을에서 왜 살아야 하며, 어떻게 살 것인지를 학습하지 못하였다. 초중학교 학생들은 부모들의 권유에 따라 학교교육을 통한 사회경제적 지위를 얻기 위해 춘천과 서울로 떠나갔다. 따라서 둥지면의 일원으로서 자신의 마을을 이해하고 사랑하며, 마을을 지키고 가꿀 수 있는 정체성과 소속감에 대한 가치가 희석되기 시작하였다. 즉, 둥지면은 학생들이 폐교로 인해 지역의 정체성과 소속감을 상실하면서 마을을 지속적으로 발전시킬 수 있는 인력과 동력을 함께 잃게 되었다.

애로 사항이 많죠. 예전처럼 마을에서 흥이 있게 지낼 수도 없고, 경로당 가면 다 노인네들뿐인데 뭐 이야기하고 놀겠어요? (중략) 마을에 새로운 사람들이 유입되는 것도 싫어요. 그 사람들 민원만 만들어 놓고 가고. 집은 다 펜스 쳐놔서 교류도 없고. 귀농귀촌 하는데, 사람들 와봤자 동네가 잘 될지 몰라요. 마을 사람들을 위한 일이 아니라고 봐요. 그래도 우리 마을은 역사가 400년이나 되고, 의병이나 독립운동가도 많이 배출했는데, 학교가 없어지고 나니 마을도 쇠

퇴하고 아이들도 없어지더라고요. 그래도 이 동네가 뼈대 깊은 양반 동네였는
데…….

(강남1리 유영대 이장의 내러티브, 2017. 12. 19. 내러티브 인터뷰 전사본)

외지 사람들이 들어와 봤자, 여기에서 정을 주지도 않아요. 지금 몇몇 사람들
이 들어와서 사는데, 누가 사는지도 몰라요. 대부분이 잠깐 살다가 다 나가요.
예전에 새로 이사 온 사람이 있어서 한 번 찾아갔는데, 한 번 인사만 하고, 뭐
얼굴 마주치지도 않더라고요. 소문에 갑부라고 하더라고요. 우리 동네에 살면
서로 인사라도 해야죠. 그런데 하지도 않아요. 동네 이장님한테라도 인사하고
그래야 하는데.

(강남3리 김갑순 주민의 내러티브, 2017. 12. 19. FGI 인터뷰 전사본)

산업화 이전에는 마을과 마을공동체의 주민들이 후속세대를 위한 돌봄
과 교육의 기능을 수행하였지만, 산업화 이후에는 학교가 그러한 역할을
물려받게 되었다. 그러나 한국의 역대 정부나 시도교육청이 실현한 학교교
육은 공업입국을 위한 국가인력을 양성하기 위해 후속세대에게 국가 혹은
개인의 발전을 위한 학교교육을 강조하였으나, 마을공동체의 유지와 발전
을 위한 교육을 그다지 강조하지 않았다. 이처럼 개인주의와 국가주의라는
양극단의 학교이데올로기는 농어촌지역 소규모 학교의 통폐합을 초래하였
으며, 마을의 수려한 자연환경과 주민들 사이의 온정과 관심(amenity), 그리
고 마을의 고유한 역사와 전통에 대한 가치를 희석시키고 말았다. 즉, 개인
주의와 국가주의라는 이데올로기적 틈바구니에서 한 지역공동체는 폐교로
인하여 소멸에 직면하게 되었다.

2. 다시 생각해 보는 농어촌지역 소규모 학교의
   가치와 의미: "사회자본을 중심으로"

1) 마을의 지속가능한 발전을 위한 제도적 사회자본으로서 작은 학교

둥지면 주민들은 농어촌지역 소규모 초등학교와 중학교의 폐교경험을 통하여 그들의 작은 학교가 마을의 유지와 지속가능한 발전을 위한 제도적 사회자본으로서 중요한 기능을 하였음을 자각하게 되었다. 여기에서 말한 '제도적 사회자본'이란 사회적 수준에서 공동체의 구성원들이 호혜성을 기반으로 신뢰를 형성할 수 있는 제도적 장치를 의미한다(Krishna, 2000; Warren, 2001). 작은 학교는 마을의 주민들이 신뢰에 기초하여 상호의존적으로 공동의 이익을 창출할 수 있는 제도적 장치였던 셈이다. 춘천시의 가장 외곽에 위치한 둥지면의 주민들은 1990년대부터 불어 닥친 신자유주의 이데올로기에서 자유로울 수 없었고, 그들은 자녀의 성공을 위해 춘천과 서울을 향하는 학교교육을 선택하였다. 그러나 초등학교와 중학교 시절부터 이렇게 유학을 떠난 마을의 아이들은 이후에 고향으로 돌아오지 않았다. 마을에서 분리된 학교교육을 받았던 자녀들은 유능할수록 지역사회를 떠나게 되었고, 낮은 사회경제적 지위로 인하여 마을을 떠날 수 없는 주민들의 자녀만이 쇠락한 마을과 학교에 머물게 되었다. 17년 동안 마을의 학교들이 점차적으로 쇠락하고 폐교될수록 기성세대와 후세대, 마을과 마을, 그리고 학교와 마을의 상호의존성과 신뢰감은 지속적으로 하락하였다. 일곱 마을의 주민들은 학교가 사라지면서 세대 간 단절과 마을 간 고립을 체감했지만, 어쩔 수 없이 이렇게도 냉혹하고 절망적인 현실을 수용해야만 했다. 왜냐하면, 그들은 되돌릴 수만 있다면 학교를 되살리고 싶었으나, 마을에는 더 이상 학교에 다닐 아이들이 살고 있지 않았기 때문이다.

학교는 마을이 없어지는 데 필요조건으로서 역할을 했단 말이에요. 그러면 앞
으로 이 문제를 어떻게 해결해야 할까요? 마을을 살려야 하는 거예요. 놀랍게
도, 일본은 마을을 살려내기 위해 학교 폐지를 유예하는 제도를 도입했어요.
학교가 마을 사람들의 삶의 터전이기 때문이죠. 무려 7년 만에 아이가 다시 학
교에 돌아오니까 마을 어른들이 학교에 와서 축하해주더라고요. 아이를 응원
해주고, 아이의 질문에 답변도 친절하게 하면서. 마을과 학교가 함께 아이들
을 보살피는 것이죠. (중략) 폐교지역에 가보면, 상당수의 노인들이 마을의 소
멸을 기정사실로 받아들여요. 오래전에 학교가 사라지면서 마을에 대한 희망
이 사라졌고, 패배의식이 고착화되었기 때문이죠. 학교가 무너지면 마을이 활
기를 찾기가 어렵기 때문에 지자체와 교육계가 작은 학교에 신경을 써야 하는
겁니다.

(희망재단 정원식 상임이사의 내러티브, 2017. 12. 20. 심층 인터뷰 전사본).

한편, 마을 주민들은 폐교경험을 통하여 제도적 사회자본으로서 소규모
학교가 아동과 청소년들의 교육적 성장을 위한 형성적인 교육기능뿐만 아
니라, 마을주민들 사이에 신뢰를 형성하고, 지역사회의 고유한 문화, 역사,
전통을 전승할 수 있는 규범과 가치를 공유하는 평생교육 기능을 담당했다
는 점을 알게 되었다. 즉, 마을의 주민들은 자녀의 학교교육에 대한 관심과
지원이 학교를 이해하고 개선할 수 있는 원동력임과 동시에, 마을에서의
사회적 규범과 가치를 후세대들에게 전승하는 데 유용했음을 알게 되었다.
마을의 주민들은 제도적 사회자본으로 기능하는 학교에 우선적 가치를 둠
으로써 주민들과 교원들, 그리고 주민들과 학생들의 사이 신뢰관계를 구축
할 수 있었다. 그러나 여러 마을에서 학교들이 점차적으로 사라질수록 마

을과 학교는 분리되었고, 학교와 마을, 마을과 마을, 학생들과 주민들, 그리고 주민들과 교원들의 상호의존성과 신뢰는 약화되었다. 결국, 자주 오가지 않으면 숲속의 오솔길이 사라지듯이, 학교를 잃어버린 마을들은 사라진 오솔길이 되어버렸다.

학교가 있을 때는 사는 게 재미있었어요. 닭 한 마리만 잡아도 모여서 먹었어요. 하지만 지금은 안 그래요. 학생들도 없을 뿐더러, 있다고 해도 누구 아들, 딸인지 알 수가 없어요. 지금 생각해 보면, 우리 면에 초등학교 하나 정도는 살려야 했는데 후회가 돼요. 면민들이 하나로 협동심을 발휘했어야 했는데. 학교가 없어진 곳을 지나가면 마음이 아프죠. 예전에 우리가 다녔던 곳인데, 저렇게 무너져 있고, 부서져 있는 걸 보면 마음이 착잡합니다. 지금이라도 학교를 세울 수만 있다면, 다시 세워서 잘 했으면 좋겠습니다. (중략) 마을의 아이들이 우리 마을에 있는 학교에 다닐 수 있도록 해야 하지요. 그런데 아이들이 다른 면지역으로 통학하는 거 보면, 미안하고 안타까워요. 그 아이들이 우리 마을과 사람들을 제대로 알 수가 없잖아요.

(강남3리 한 주민의 내러티브, 2017. 12. 19. FGI 인터뷰 전사본)

교육지원청에서도 이제 가급적이면 작은 학교를 유지하려고 하고 있어요. 무엇보다, 최근에 학부모님들이 마을의 학교를 존치시키기 위해 노력하고 계세요. 마을과 학교가 연결을 하는 것이죠. 선생님들도 이제는 마을이나 지역사회 유관기관과 협력하여 작은 학교를 살리려고 노력하고요. 엊그제 폐교 위기에 처한 ○○초 선생님들이 학부모와 함께 하는 학교행사 때문에 교육청 연수를 못나온다고 해서, 그렇게 하라고 했습니다. 지역교육청도 작은 학교와 마을이 결합될 수 있도록 적극적 지원을 하고 있어요.

2) 학교기반의 네트워크로 주민들의 사적 삶을 사회적 삶으로 전환하기

둥지면의 마을주민들은 폐교를 경험하고 난 이후 마을의 작은 학교가 개인적 수준의 교육적 요구를 충족하기 위한 국가수준의 제도적 장치나 도구일 뿐만 아니라, 마을주민들의 사적인 삶을 사회적 혹은 공동체적인 삶으로 전환해 주는 네트워크의 구심점임을 자각하게 되었다. 즉, 과거에 마을을 품었던 작은 학교들은 주민들의 공동체적인 삶을 유지하고 가꾸기 위한 공공재로 기여하였으며, 마을 및 생활 중심의 공공성을 실현하기 위한 사회적 자산으로 기여하였다. 보다 구체적으로, 마을주민들은 학교기반의 인적 및 물적 네트워크를 통하여 삶을 유지하는 데 필요한 사회적 거래비용을 낮추고, 마을 사람들 사이의 잦은 교류와 소통을 통하여 일상생활에 필요한 정보를 공유하고 취득할 수 있었다.

불행하게도, 오래전부터 학교를 잃어버린 둥지면의 주민들은 작은 학교의 네트워킹을 중심으로 자유롭게 왕래하고, 대화하며, 사회적 관계를 형성함으로써 한 지역공동체의 일원이 되는 연대감이나 소속감을 더 이상 느낄수 없게 되었다. 마을에 있는 또 다른 공공기관인 면사무소나 보건소가 학교의 이러한 네트워크 기능을 흡수하거나 대체하지는 못하였고, 오히려 학교들이 폐지될 때마다 보건소나 면사무소 등 공공기관의 공공적 기능은 연쇄적으로 약화되는 악순환 현상을 나타내었다. 이러한 이유에서 농어촌지역에서의 폐교는 지역사회 쇠퇴의 1차적 원인이 아니라, 쇠락하는 마을의 선행지표에 해당한다고 볼 수 있었다. 작은 학교들이 점차적으로 사라지면서 일곱 개의 마을들은 분리되어 갔으며, 여러 마을의 주민들은 서로를 알 수 없는 관계에 접어들게 되었다. 극소수의 젊은 세대들은 생업에 몰입한 나머지 마을의 공적인 일에 관심을 가질 수 없게 되었고, 노인들은 연대감이나 소속감이 미약해져서 마을을 위해 헌신하거나 봉사할 수 있는 삶의 태도를 잃어버리고 말았다.

> 어쨌든 우리의 마음에 구심점이 되는 그런 게 초등학교에 있는 거 같아요. 그런데 여기에는 그런 초등학교 자체가 없어졌으니까 그런 면에서 주민들이 아쉬운 건 있겠다 싶어요. 초등학교라는 게 우리 마음의 고향인 거니까요. 면사무소가 과거 초등학교와 같은 기능을 대체하는 것 같지는 않아요. 주민들은 오히려 온라인으로 민원업무를 보거나, 시내로 나가서 일을 처리하는 것 같아요. 면사무소에는 주로 이장님들만 오시는 편이에요. 학교만 불편한 게 아니라 은행업무나 병원 업무도 비슷한 상황인 것 같아요. 어르신들은 마을에서 고립되어 살아가고 있으셔서 마을의 이장님들이 대신 일을 처리하기도 해요.
>
> (둥지면사무소 한선숙 계장의 내러티브, 2017. 12. 20. 심층 인터뷰 전사본)

위의 내러티브에서 확인할 수 있는 것처럼, 폐교로 인한 주민들 사이의 사회적 관계의 약화로 마을을 유지하거나 관리하기 위한 제초작업, 농수로 정비, 제설 작업 등은 더 이상 마을주민들이 공유하는 일상이 아니었다. 마을에서의 인간적인 유대관계, 소속감, 결속력이 점차적으로 약화됨으로써 마을을 유지 및 관리하기 위한 공동의 작업들은 면사무소를 중심으로 한 행정적 기능에 의존하게 되었다. 특히, 학교가 사라지자 마을의 선주민들과 새롭게 이주한 주민들 사이의 잦은 마찰과 갈등이 발생하였고, 이러한 문제를 해결하기 위한 행정적 서비스(민원처리) 비용이 증가하였다. 또한, 일곱 개 마을의 주민들은 사람들 사이에 문제가 발생했을 때, 이해와 양보보다는 구획 짓기와 구별 짓기를 시도하게 되었다. 즉, 마을주민들은 개인들 사이에 마찰과 갈등이 발생했을 경우, 만남과 대화보다는 공식적 민원제기와 법적 소송을 통하여 문제를 해결하게 되었다. 그리고 이러한 경계 짓기는 개인 수준뿐만 아니라, 마을 수준까지 확대됨으로써 마을 간 파편화 및 고립화 현상이 발생하였다.

> 학교가 없어지면서 인적 교류가 끊어졌어요. 옛날에는 초등학교와 중학교 동문에서 인맥이 형성되잖아요? 서로 만나서 이쪽 동네, 저쪽 동네 사람들을 알게 되는 것이지. 그런데 지금은 그런 게 안 되는 거라. 옛날 초등학교 운동회를 상상해 보라고요. 온 면민 사람들이 다 모여서 면민 체육대회처럼 운동회를 했잖아요? 학교를 중심으로 서로 모여 놀고, 서로 알게 되고 그런 거지. 그런데 지금은 그런 게 전혀 없잖아요. 이제는 면에서 면민 체육대회를 하지만, 예전 학교에서 운동회하는 그런 모습은 아니라고. 좋은 시절 다 지나가 버린 셈이지. (중략) 문화 자체가 동네를 중심으로 이뤄져야해. 그런데 학교가 없으면 중심이 없어지는 거라. 중심지 역할을 해야 하는데. 학교라는 게.
>
> (가을리 최남진 이장의 내러티브, 2017. 12. 20. 내러티브 인터뷰 전사본)

지역사회의 구성원들은 학교를 모두 잃고 나서야, 학교가 마을주민들을 연결해 주는 다리라는 사실을 깨닫게 되었다. 따라서 그들은 교육청이 폐교부지와 부속 건물을 임대하여 경제적인 수익을 올리는 것이나, 지역사회의 주민들과 상관없이 개교한 대안학교에 대하여 부정적인 입장을 나타내었다. 그들은 이러한 방식의 학교통폐합이야 말로 비교육적이며 비경제적인 정책이라 비판하였다. 그들은 학교의 부활을 기대하지는 않았지만, 자신들의 고립된 삶을 개선할 수 있는 사회적 교육공간이 추가적으로 필요하다고 생각하였다. 그들은 폐지된 학교에서 한글해득, 특용작물 재배법, 농악 등을 학습할 수 있는 배움의 네트워크를 희망하였다. 또한, 일부 주민들은 단위마을의 폐쇄적이고 고립적인 공동체주의에서 벗어나, 외부의 인적 및 물적 자원을 적극적으로 수용하는 관점과 의식의 전환이 필요하다고 주장하였다. 이러한 입장은 마을공동체 내부의 결속력과 연대를 기반으로 한 네트워크뿐만 아니라, 외지인에 대한 개방과 포용을 통해 마을의 인프라를 확충하고, 사회문화적 다양성을 증진하자는 견해였다. 따라서 농어촌지역 소규모 학교의 가치는 학교기반의 네트워크를 중심으로 마을주민들의 사회적 관계를 강화하고, 주민들의 사회경제적 역량과 문화적 다양성을 강화하는 데 있었다.

> 우리 동네는 자원도 부족하고 노인네들만 많이 살고 있어요. 하지만 노인들이 외지 사람들이 들어온다고 불평하면 안 된다고 봐요. 그 사람들이 바로 우리 마을의 자원이에요. 만약에 교수님이 우리 지역에 왔다, 그러면 내 손자가 와서 교수님한테 자문이나 도움을 받을 수도 있고, 부동산 하는 사람이 왔다, 그러면 또 자문을 받아. 법무사 그런 사람들이 다 우리 마을의 인적자원이죠. (중략) 뭐 우리가 고향을 지고 갈 거야? 같이 품고 살아가고, 그러한 인적 자원을 이용해야 우리가 잘 사는 거지.
>
> (꽃길1리 조성진 이장의 내러티브, 2017. 12. 21. 내러티브 인터뷰 전사본)

V. 나가며

여기에서는 한 면지역 주민들의 폐교 이후 경험과 그에 따른 소규모 학교의 가치와 의미해석에 기초하여 농어촌지역 소규모 학교 통폐합 정책을 개선하고, 소규모 학교와 지역사회를 활성화하기 위한 몇 가지 아이디어를 제시하고자 한다.

첫째, 학교와 마을의 강력한 연대와 결합은 농어촌지역 소규모 학교의 통폐합 문제를 해결할 수 있는 단초임과 동시에, 지역사회의 고유한 전통과 가치를 지켜내고, 지역주민들의 삶을 실질적으로 개선할 수 있는 사회문화적인 토대가 될 수 있다. 마을을 품은 학교는 지역사회의 정치, 경제, 사회, 문화, 역사, 환경 등에 대한 마을주민들의 역량을 강화시킬 수 있는 공공재로 기여할 수 있다. 이러한 학교와 마을의 파트너십은 최근에 주목을 받고 있는 '마을학교' 혹은 '지역사회 학습센터로서의 학교' 개념과 그 맥락을 같이한다. 따라서 폐교위기에 직면한 농어촌지역 소규모 학교는 마을과 연계하여 산업화 및 도시화의 과정에서 잃어버렸던 '어메니티(amenity)'를 새롭게 복원하고 발전시킬 수 있는 특색 있는 학교교육과정을 개발할 필요가 있을 것이다. 또한, 도교육청과 지역교육지원청, 그리고 단위학교는 애교심을 중심으로 한 소규모 학교의 유지 및 활성화 노력에서 한 걸음 더 나아가, 마을을 이해하고 사랑하는 애향심을 추구함으로써 학교와 지역사회의 상생과 지속가능한 발전을 도모해야 할 것이다.

둘째, 국가와 교육부, 그리고 도교육청은 앞으로 농어촌지역 소규모 학교 통폐합 정책을 수립 및 집행할 때, 기존 상명하달의 업무처리 방식을 전면적으로 재검토할 필요가 있다. 즉, 정부 부처와 도교육청은 농어촌지역 소규모 학교 통폐합 정책을 추진할 때 천편일률적인 원칙이나 지침(가령, 학교 총량제, 학생 수 기준 학교통폐합)을 획일적으로 적용하기보다는, 학부모들과 지역주민들이 처한 상황과 다양한 목소리, 그리고 마을의 고유한 사회문화적 맥락과 조건을 고려한 하의상달 방식의 융통성이 있는 정책적 접근을 시도할 필요가 있다. 즉, 마을의 정치적, 경제적, 사회문화적 맥락과 조건을 반영할 수 있는 현장기반 혹은 생태적 접근의 학교통폐합 가이드라인을 개발할 필요가 있다는 것이다. 가령, 농어촌 기반의 군지역과 도농복합시의 학교통폐합은 주민들과 지역의 특수성을 고려한 차별성이 있고 융통성이 있는 정책수립과 집행이 필요하다. 1면 1교 (절대학교)정책은 농어촌 기반의 군 지역에 매우 필요한 교육정책이지만, 도농복합시의 경우에는 이러한 정책적 경직성으로부터 과감하게 벗어날 수도 있다. 또한 마을공동체의 합당한 요가 있을 경우 '학교재생'을 시도할 수 있는 시스템을 구축할 수도 있다. 이러한 맥락에서 소규모 학교 통폐합을 시도할 때, 정치, 경제, 사회, 문화, 역사, 지리, 교통 등을 종합적으로 고려할 수 있는 학교통폐합 영향평가를 고려해 볼 수 있다. 중앙정부와 시도교육청은 이러한 현장기반 혹은 생태적 접근의 학교통폐합 가이드라인과 학교통폐합 영향평가를 마련함으로써 국토의 균형발전을 위한 골든타임을 놓치지 말아야 할 것이다.

셋째, 농어촌지역 소규모 학교의 통폐합 문제를 해결하는 또 다른 방법 가운데 하나는 소규모 단위학교 교육의 질을 실질적으로 개선하는 것이다. 이 글의 연구결과에서도 확인할 수 있는 것처럼, 농어촌지역 학교 소규모화의 일차적 원인으로는 인구감소로 인한 취학 학생 수의 감소뿐만 아니라, 지역주민과 학부모들의 학교교육에 대한 신뢰나 교육만족도 저하 때문이다(임연기, 2013). 따라서 농어촌지역 소규모 단위학교에 대한 지역사회 구성원들의 신뢰와 교육만족도를 제고하기 위해서는 개별 마을의 자연환경 및 사회경제적 맥락에 최적화된 학교교육과정을 운영함으로써 학생들의 다양성, 창의성, 인성을 함양하고(김은효, 이용환, 2103: 85-86), 극소인수 수업상황에 최적화된 교수방법과 평가방식을 새롭게 창안할 필요가 있다. 따라서 단위학교의 교원들은 국가수준의 교육과정과 단위학교의 울타리를 넘어 마을의 사회경제적 배경과 특성, 그리고 마을주민들과 학생들의 삶에 대한 총체적 이해와 학습을 시도할 필요가 있다. 또한, 현장교사의 현직연수와 예비교사의 직전교육을 전담하고 있는 교대와 사범대는 농어촌지역 극소인수 학급에 최적화된 학교교육과정과 수업 그리고 평가방식을 마련해야 할 것이다.

넷째, 양극화가 심화된 한국사회는 공정한 기회균등의 원리나 공리주의 철학적 전제보다는, 민주적 평등의 관점에서 농어촌지역 소규모 학교의 통폐합 문제를 바라볼 필요가 있다. 또한, 우리는 국가수준의 공공성에서 한 걸음 더 나아가 지방중심 공공성과 생활중심 공공성을 추구할 필요가 있다. 왜냐하면, 기존의 농어촌지역 소규모 학교 통폐합 정책은 경제적 효율성을 바탕으로 사회문화적으로 불리한 위치에 처해 있는 사람들을 배려하지 않는 '생활세계의 식민화' 수단으로 해석할 수 있기 때문이다. 따라서 우리는 규모의 경제 논리나 교육재정의 효율성 담론에서 벗어나 사회적 정의와 교육평등의 관점에서 차등적 평등 혹은 민주적 평등을 추구할 필요가 있다. 국가주도 산업화의 과정에서 최소 수혜자들로 내몰린 농어촌지역 주민들과 학생들의 고통과 희생을 더 이상 강요하지 않으며, 그들의 이익과 복지를 최대화하는 학교정책을 실현할 필요가 있다. 따라서 우리는 최대 다수의 최대 행복을 주장하는 수도권 및 대도시 주민들의 역차별 담론에 신중한 접근을 취해야 하며, 도농 간의 교육격차를 해소하기 위한 정책적 배려를 공감적으로 이해하고 지원할 필요가 있을 것이다.

마지막으로, 농어촌지역 소규모 학교 통폐합 문제를 근원적으로 해결하기 위해서는 기존 수도권 및 대도시 편중의 경제발전 패러다임에서 과감하게 벗어나, 중소도시 및 농어촌지역의 경제를 활성화할 수 있는 경제정책으로 전환할 필요가 있다. 즉, 지방의 중소도시나 농어촌지역의 주민들이 자신들의 지역적 삶의 터전에서 경제활동을 영위할 수 있는 경제적 환경이나 산업 인프라를 구축하는 등의 경제정책 전환이 필요하다. 만일, 이러한 사회경제적 패러다임의 전환이 일어나지 않는다면, 농어촌지역의 소멸 현상은 지속화 및 가속화될 것이고, 급기야 중소도시를 포함한 대도시의 지속가능한 발전도 도모하기가 힘들 수 있다. 이러한 맥락에서 농어촌지역의 학교교육은 국가주도 산업화 시대의 역군을 양성하는 국가주의 교육에서 벗어나 자신의 지역사회를 잘 알고, 마을을 사랑하는 시민을 양성할 필요가 있다. 특히, 농어촌지역의 소규모 학교와 교사는 마을의 장점과 강점을 살린 직업 및 진로교육을 활성화하고, 마을 안에서의 자기충족적인 삶의 가치와 의미를 향유할 수 있는 시민을 양성해야 할 것이다. 농어촌지역의 학교와 교사는 비록 국가수준의 경제와 생산방식으로부터 자유롭지 못하지만, 동시에 그러한 경제체제를 변화시킬 수 있는 '사람'을 키우는 존재임을 자각해야 할 것이다.

참고문헌

- 권오영(2016) 소규모 학교 통폐합 정책과 대응. 정책메모 2016-33호. 강원발전연구원.
- 김선필·정영신(2013) 제주의 소규모 학교 통폐합 논쟁과 공공성의 재구성. 탐라문화, 43, 229-263.
- 김은효·이용환(2013) 농산어촌 소규모 학교 통폐합의 대안 탐색. 교육연구, 36, 63-89.
- 김익현(1998) 초등학교 통폐합의 지역적 전개과정. 지리학연구, 18, 115-134.
- 마상진·최경환(2009) 농촌학교의 활성화 실태와 시사점. 한국농촌경제연구원.
- 박삼철(2012) 극소규모 학교 통폐합 정책의 대안 탐색: 호주의 사례가 주는 시사점을 중심으로. 교육행정학연구, 30(4), 103-122.
- 박삼철(2014) 학교 통폐합 정책의 주요 쟁점과 과제. 교육행정학연구, 32(4), 1-21.
- 박삼철(2015) 미국과 호주의 학교통폐합 교육영향평가제 비교 연구, 비교교육연구, 25(6), 1-22.
- 안주열(2012) 정부의 학교통폐합 정책에 관한 헌법적 고찰. 법과인권교육연구, 5(2), 67-86.
- 양병찬(2008) 농촌 학교와 지역의 협력을 통한 지역교육공동체 형성: 충남 홍동 지역 "풀무교육공동체" 사례를 중심으로. 평생교육학연구, 14(3), 129-151.
- 양병찬 외(2012) 농어촌마을 활성화를 위한 교육 관련 제도 개선방안 연구. 농림수산식품부.
- 오세희·김대영(2017) 소규모 학교 통폐합에 따른 교육과정 만족도 비교: 울산 A초등학교를 대상으로. 한국교육학연구, 23(2), 55-76.
- 이병환(2008) 농산어촌 교육 활성화를 위한 학교체제 재구조화 방안 탐색. 교원교육, 24(4), 55-73.
- 이승일(2007) 소규모 학교 통폐합의 효과·비용 분석과 대안 모색: 전라북도 농산어촌 초등학교 중심으로. 한국교원대학교대학원 석사학위논문.
- 이승일(2016) 농어촌지역의 학교와 사회자본의 관계 분석: 소규모 학교 통폐합 중심으로. 전북대학교대학원 박사학위논문.
- 이원학 외(2014) 탄광지역 교육환경 개선사업 성과분석. 강원도.
- 이혜영·김지하·마상진(2010). 농산어촌 소규모 학교 통폐합 효과 분석. 한국교육개발원.
- 임연기(2013) 농촌 소규모 사립학교 통·폐합 정책의 특성 및 향후 과제. 교육연구, 28(1), 173-197.
- 전광수(2016) 농산어촌교육법(안)의 구조와 특성 분석. 순천향 인문과학논총, 35(1), 129-163.
- 조창희·이화룡(2015) 농어촌 소규모 학교의 통합 전후 교육여건 비교 분석 연구. 교육시설 논문지, 22(6), 3-11.
- 최준렬(2008) 농산어촌 소규모 학교 정책 분석. 지방교육경영, 13, 44-65.
- Autti, O., & Hyry-Beihammer, E. K.(2014) School closures in rural Finnish communities. Journal of Research in Rural Education, 29(1), 1-17.

- Bard, J., Gardner, C., & Wieland, R.(2005) Rural school consolidation report: History research summary conclusions and recommendations. National Education Association.
- Berry, C.(2006) School consolidation and inequality. Brooking Papers on Education Policy, 9, 49-75
- Beuchert, L. V. et al.,(2016) The short-term effects of school consolidation on student achievement: Evidence of disruption? Forschungsinstitut zur Zukunft der Arbeit Institute for the Study of Labor.
- Bourdieu, P.(1986) The forms of capital. In Richardson, J., Handbook of Theory and Research for the Sociology of Education. Westport, CT: Greenwood: 241－58.
- Coleman, J. S.(1988) Social capital in the creation of human capital. American Journal of Sociology, 94, 95-120.
- Conant, J. B.(1967) The comprehensive high school. New York: McGraw Hill Book Company.
- Cooley, D. A., & Floyd, K. A.(2013) Small rural school district consolidation in Texas: An analysis of its impact on cost and student achievement. Administrative Issues Journal: Education, Practice, and Research, 3(1), 45-63.
- De Haan, M., Leuven., & Oosterbeek, H.(2016) School consolidation and student achievement. The Journal of Law, Economics, and Organization, 32(4), 816839.
- Duncombe, W. D., Yinger, J., & Zhang, P.(2016) How does school district consolidation affect property values?: A case study of New York. Public Finance Review, 44(1), 52-79.
- Egelund, N., & Laustsen, H.(2006) School closure: What are the consequences for the local society? Scandinavian Journal of Educational Research, 50(4), 429-439.
- Fukuyama, F.(1995) Trust: The social virtues and the creation of prosperity. New York: Free Press.
- Irwin, R. W.(2012) School closures in Ontario: A case of conflicting values? Western Graduate & Postdoctoral Studies.
- Krishna, A.(2000) Creating and harnessing social capital. In P. Dasgupta & I. Serageldin(eds.) (pp.71-93). Social Capital: A multifaceted perspective. Washington, D.C.: World Bank.
- Leithwood, K., & Jantzi, D.(2009) A review of empirical evidence about school size effects: A policy perspective. Review of Educational Research, 79(1), 464-490.
- LUFS(2008) The national society for neighbourhood schools in Norway. "Om LUFS/Presentation in English"
- Lyson, T. A.(2002) What does a school mean to a community?: Assessing the social

and economic benefits of schools to rural villages in New York. Journal of Research in Rural Education, 17, 131-137.

- Mathis, W.(2006) Anything but research-based state initiatives to consolidate schools and districts. Arlington, VA: Rural School and Community Trust.
- Mills, J. N., McGee, J. B., Greene, J. P.(2013) An analysis of the effect of consolidation on student achievement: Evidence from Arkansas. EDRE working paper (No. 2013-02).
- Patterson, C.(2006) School district consolidation and public school efficiency. Policy Perspective: Texas Public Policy Foundation.
- Pennsylvania School Boards Association(2009) Merger/consolidation of school districts: Does it save money and improve student achievement? Education Research & Policy Center.
- Portes, A.(1998) Social capital: Its origins and applications in modern sociology. Annual Review of Sociology, 24, 1-24.
- Putnam, R. D.(1993) The prosperous community: Social capital public life. The American Prospect, 13, 35-42.
- Putnam, R. D.(2000) Bowling Alone: The Collapse and Revival of American Community. New York: Simon and Schuster
- Spence, B.(2000) Long school bus rides: Their effects on school budgets, family life, and students achievement. Rural Education Issue Digest. ERIC No. ED 448955.
- Streifel, J. S., Foldesy, G., & Holman, D. M.(1991) The financial effects of consolidation. Journal of Research in Rural Education, 7(2), 13-20.
- Thorsen, H. S.(2017) The effect of school consolidation on student achievement. Discussion Paper, Norwegian School of Economics.
- Warren, M. R.(2001) Dry bones rattling: Community building to revitalize American democracy. Princeton, NJ: Princeton University Press.

제2장

농어촌지역 작은 학교의 교육적 가능성
"규모의 경제 논리에 대한 역발상"

이 글은 2014년도 전주교대 연구비지원에서 비롯되었으며, 출처는 "이동성(2015). 한 소규모 초등학교의 성공사례 분석연구. 초등교육연구, 26(1), 351-370)"임을 밝힙니다.

Ⅰ. 들어가며

최근에는 도심공동화 및 학령아동 감소 등으로 농어촌뿐만 아니라 도시지역에서도 소규모 학교의 폐교를 둘러싼 이슈가 지속적으로 대두되고 있다. 즉, 소규모 학교를 둘러싼 이슈와 딜레마는 급속한 학령인구의 감소와 도시화로 인하여 향후 지속적으로 증가할 것으로 예상된다(김춘진, 2010). 그럼에도 불구하고, 소규모 학교에 대한 국내 연구는 소규모 학교의 통폐합이라는 찬반양론의 이분법적 사고방식에 사로잡혀 실제로 작은 학교가 어떻게 작동하고, 기능하는가에 대한 경험적인 접근방식에 수복하지 못하고 있다.

농어촌 소규모 학교의 폐지를 찬성하는 쪽은 복식수업의 불가피성, 또래집단의 부재로 인한 학습동기의 저하, 교육재정의 비효율성, 지역주민의 정주 여건 악화 등을 이유로 소규모 학교에 대하여 부정적인 입장을 취하였다(교육인적자원부, 2006, 2007; 교육과학기술부, 2009; 국민권익위원회, 2010). 그러나 소규모 학교를 지지하는 입장은 소규모 학교에 대한 경제적 논리를 반박하면서, 지역적 특성에 부합한 소규모 학교 모델을 개발해야 한다고 주장하였다(강철호, 2012; 나승일, 2003; 남궁윤, 2006; 두춘희, 2007; 박계식, 2007; 박승배, 2014; 성미경, 2013; 이경한, 2012; 이정선, 2000; 전북교육연구소, 2014; 정일환, 2005; 정지웅 외,

2002; 허숙, 2003; 조명래 외, 1994; 최준렬·강대중, 2007; 최철영 외, 1995). 이처럼, 소규모 학교에 대한 국내 선행연구는 소규모 학교의 통폐합을 둘러싼 찬반양론에 주목함으로써 학교의 주요한 구성원으로 볼 수 있는 현장교사들이 소규모 학교에서 어떠한 교수적 경험을 하였으며, 그러한 교수경험이 소규모 학교의 유지와 발전에 어떠한 의미가 있는지를 탐구하지 못한 측면이 있다. 이러한 이유에서 이 연구는 현장교사의 입장에서 바라본 소규모 초등학교의 교육적 가능성과 장점에 주목함으로써 소규모 초등학교의 유지와 발전을 위한 경험적 근거를 찾아보고자 한다.

폐교 위기에 놓인 우리나라의 소규모 학교들 중에는 학교공동체 구성원들의 자구적 노력과 헌신으로 '작고 좋은 학교(good small school)'를 만든 성공사례들이 다수 있다(김춘진, 2010). 그러나 이러한 소규모 학교의 성공사례에 대한 연구는 일부 언론사나 정치인들에 의해 표피적 및 간헐적으로 수행됨으로써 다소 정치적이거나 피상적인 수준에 머무른 측면이 있다. 이와 같은 현상의 원인은 1982년 이후 현재에 이르기까지, 한국의 학교교육 정책은 교육적 및 경제적 효율성을 위하여 소규모 학교의 통폐합과 학교규모의 적정화(최근의 학교 총량제)라는 담론을 오랜 동안 고수해 왔기 때문이다(이혜영, 2010; 홍후조, 2011). 그러나 학령기 아동의 감소와 고령화 사회, 그리고 도시공동화로 대표되는 인구통계학적 변화는 소규모 학교의 통폐합 및 학교규모의 적정화 정책과 아울러, 현실적으로 존재하며 존재할 수밖에 없는 '작고 좋은 학교'에 대한 연구의 필요성을 촉발시키고 있다. 가령, 소규모 학교들 간 협동교육과정의 운영과 특성화된 프로그램 운영, 그리고 학교구성원의 협력 등과 같은 소규모 학교의 성공사례에 대한 분석은 현재 소규모 학교의 당면문제를 해결할 뿐만 아니라, 미래 공교육의 발전모형을 모색하는 데 가치가 있다.

대규모 학교는 학생 개개인의 교육적 성장과 경험보다 집단의 교육적 성과를 중시하는 경향이 있다(Sergiovanni, 1994). 그러나 성공적인 소규모 학교에서는 교육주체인 교사, 학부모, 학생들이 비전과 철학의 공유를 통해 학교를 변화시키고, 자신들이 원하는 방향으로 교육과정을 운영할 수 있다(김춘진, 2010: 58). 가령, 소규모 학교에서의 교장은 모든 학생들의 이름을 불러 줄 수 있고, 학생들은 학교공동체의 일원으로 교육활동에 참여할 수 있으며, 교사와 학부모는 평등한 교육주체로 학교교육에 참여함으로써 다수가 행복한 학교를 만들 수 있다(김춘진, 2010: 58). 이러한 맥락에서 세계의 여러 학자들은 '작은' 학교가 성공적인 학교를 만들기 위한 필요충분조건은 아닐지라도, 성공적인 학교의 필요조건이 될 수 있음을 주장하고 있다(김진경, 2004; 정일환, 2005; 佐藤 學, 2000; Darling-Hammond, 2002; Sergiovanni, 1994). 역설적으로, 학교가 작아지는 것은 교육적 위기이면서도 동시에 기회일 수 있다.

외국의 선행연구(Cotton, 2001; Darling-Hammond, 2002; Duke, 2006; Nathan & Thao, 2007; Nguyen, 2004; Ready, et al., 2004)는 소규모 학교의 효과성을 입증하는 주요한 요소들을 지목하였다. 성공적인 소규모 학교는 고도의 자율성을 지니며, 안정적인 심리적 및 물리적 환경을 조성하며, 자기선택적인 학생집단과 교직원을 보유하고 있다. 또한, 성공적인 소규모 학교는 학교계획의 융통성, 자기창조적인 비전과 미션, 사회적 지원과 학술적 출판의 강조, 명확하고 구체적인 학교운영 절차, 학생에 대한 충분한 이해, 비분리교육과 이종혼교성(heterogeneity)의 강조, 학교 구성원의 합의 형성, 교사의 자기주도적인 전문적 발달, 통합적 교육과정과 교수 팀, 다양한 수업전략, 다양한 형태의 평가, 진정성 있는 책임감과 신뢰 형성, 학구와 학교운영위원회의 지원, 타 학습공동체와의 네트워크, 체계적인 교육프로그램의 실행, 높은 출석률과 학구적 성취, 낮은 중도탈락률을 강조하고 있다. 특히, Darling-

Hammond(2002)는 '작은'이라는 말이 '성공적인'이라는 말과 동의가 아님을 강조하였다. 즉, 작은 학교는 효과적인 학교교육을 위한 필요조건이지만, 작은 학교 그 차제가 효과적이지는 않다. 또한, '작고 좋은' 학교를 창조하는 과정은 갈등 없이는 한 걸음도 나아갈 수 없기 때문에 성공적인 소규모 학교를 만드는 일은 고난의 연속이다(Darling-Hammond, 2002: iv).

이 연구는 질적 사례연구를 통하여 농촌지역에 위치한 어느 소규모 초등학교 운영에서의 성공요소를 해석적으로 분석함으로써 농어촌 소규모 학교를 활성화하기 위한 정책적 단초를 찾고자 한다. 이러한 연구목적을 달성하기 위한 구체적인 연구문제는 다음과 같다. "한 농촌지역 소규모 초등학교의 교사들이 경험한 작은 학교 운영에서의 성공요소는 무엇인가?" 한편, 한 소규모 초등학교 운영에서의 성공요소를 해석적으로 분석하기 위해서는 '좋은' 혹은 '성공적'인 학교란 무엇이며, '작은' 학교의 기준이 무엇인가에 대한 전제를 밝힐 필요가 있다. 이 연구가 가정하는 '성공적인' 학교는 학령기 아동 수가 전체적으로 감소함에도 불구하고, 전교생의 수가 일정하게 유지되거나 증가하면서 교사와 학생 그리고 학부모가 만족하는 공동체로서의 학교를 의미한다. 그리고 '작은' 학교의 기준은 현재 정부와 시도교육청이 인정하는 소규모 학교(전교생 60명 이하)를 의미한다.

II. 농어촌지역 소규모 학교에 대한 교육정책과 현황

1. 한국의 소규모 학교 교육정책

한국의 소규모 학교 통폐합 정책은 1982년부터 시작되었으며, 시도교육청의 자체적 추진(1단계), 정부 주도적 추진(2단계), 시도교육청 자체적 추진(3단계), 정부 주도적 추친(4단계)의 단계를 거쳐 왔고, 2010년 기준으로 총 5,452개의 학교들이 통폐합되었나(김춘진, 2010: 5). 한국의 소규보 학교 정책에서 주목할 만한 특징으로는 추진 단계별로 통폐합의 기준이 점차 낮아지고 있다는 점이다. 1단계 추진시기인 1981년 9월에는 단위학교 별 180명, 1993년 9월에는 100명이 권장되었다. 2단계 추진시기인 1999년과 3단계 추진시기인 2000년에서 2005년까지는 100명이 통폐합 기준이었고, 4단계 추진시기인 2006년 이후부터는 60명으로 점차 낮아지고 있다(이혜영 외, 2010: 47; 김춘진, 2010: 7).

서론에서 밝힌 바와 같이, 소규모 학교에 대한 국내의 학술적 논쟁은 소규모 학교의 통폐합을 둘러싼 교육적 효과의 찬반양론으로 대립되어 왔다. 정부와 교육부를 중심으로 한 찬성 담론은 학생들의 학습권 보장, 교육의 질 향상을 위하여 소규모 학교의 통폐합을 적극적으로 추진하자는 입장이다(국회교육과학기술위원회, 2011). 즉, 소규모 학교는 학급편제(복식학급), 또래집단의 부재와 고정된 학급에 따른 사회성 함양 미흡, 다양한 교육활동 및 단체 활동의 기회 부족, 상치교사 등 교직원의 인사 및 배치의 문제, 과다한 업무분장에 따른 학급경영과 교과운영의 제약, 교육재정의 지나친 비효율성 등으로 운영의 어려움이 많다(국회교육과학기술위원회, 2011: 64; 이혜영 외, 2010).

반대로, 소규모 학교의 통폐합을 거부하는 진영은 소규모 학교가 구성원들의 강한 소속감과 자발성을 바탕으로 공동체적 학습문화를 조성할 수 있으며, 학부모를 비롯한 지역사회 구성원들의 관심과 참여를 높인다는 점에서 장점이 있다고 주장하고 있다(김진경, 2004; 김춘진, 2010; 나승일, 2003; 이정선, 2000; 정일환, 2005; 정지웅 외, 2002; 정철영 외, 1995; 최준렬·강대중, 2007; 최경환·마상진, 2009). 이 연구들 가운데 성공적인 소규모 학교에 대한 대표적인 연구결과를 제시하면 다음과 같다. 김춘진(2010)은 소규모 학교 활성화 법안을 입법하기 위한 일환으로 전국의 성공적인 소규모 초등학교(7개)에 대한 사례연구를 수행하였다. 이 연구는 한국 소규모 학교 성공사례에 대한 질적 연구의 효시로 평가할 수 있다. 그는 소규모 학교 성공신화의 순례지인 남한산초등학교, 글쓰기 공부모임의 꿈을 실현하는 거산초등학교, 전국 최초 소규모 학교 간 통폐합의 성공사례인 삼우초등학교, 상주남부초등학교, 금성초등학교, 조현초등학교, 별량초 송산분교의 성장과정과 교육과정(특색프로그램), 그리고 성공요인과 과제를 제시하였다. 김춘진(2010)은 소규모 학교의 성공요인으로 교사의 헌신과 열정, 학부모의 지원, 지역자원 활용, 민주적 의사결정과 학교 운영, 공동체정신과 교육주체의 자발성을 지목하였다.

그리고 소규모 학교의 지속가능한 성공조건으로 교원 수급, 학교상과 학생상, 그리고 학부모상에 동의하는 관리자의 확보, 교육행정지원기관의 정책적 지원을 강조하였다. 그의 연구는 소규모 학교의 성공을 위한 조건(교사수급, 교육청과의 유대, 학부모와의 원만한 관계, 학교공동체 구성원들의 비전 공유)과 한계(중등교육과의 단절, 지역사회와의 결합)를 조명한 측면에서 연구의 가치가 있다.

하지만 지금까지 살펴본 국내 연구들은 주로 소규모 학교를 둘러싼 찬반 양론의 이분법적 논쟁에 머물러서 소규모 학교의 주요한 구성원으로 볼 수 있는 교사들이 소규모 학교에서 실제적으로 어떠한 교수경험을 하였으며, 그러한 교수경험이 소규모 학교의 유지와 발전에 어떠한 의미가 있는지를 심층적으로 조명하는 데 제한적이었다. 또한, 소규모 학교의 성공사례에 대한 실증적 연구의 효시(嚆矢)로 볼 수 있는 김춘진(2010)의 연구는 자료 분석과 해석에서의 타당성이 다소 낮은 한계가 있다. 따라서 이 연구는 이와 같은 문헌연구 결과에 기초하여, 한 농촌지역 소규모 초등학교의 운영 과정에서 현장교사들이 경험한 성공요소를 해석적으로 분석함으로써 소규모 학교 교육정책의 개선을 위한 정책적 아이디어를 제시하고자 한다.

2. 전라북도의 농어촌 소규모 학교 교육정책과 현황

전라북도 I군(가명)에 위치하고 있는 J초등학교를 입체적으로 파악하기 위해서는 학교의 정책적 맥락으로 볼 수 있는 전라북도교육청의 소규모 학교 관련 교육정책을 검토할 필요가 있다. 전라북도교육청은 정부와 교육부가 추진해 오고 있는 소규모 학교 통폐합 정책, 학교 규모의 적정화, 그리고 학교 총량제 정책과는 상반된 교육정책 기조를 유지해 오고 있다. 소위 '소규모 학교 활성화' 정책으로 대변되는 전라북도교육은 '작고 아름다운 학교' 육성 및 지원(2012년), '농어촌학교 에듀케어' 지원 사업(2013년), '어울림학교' 지원 사업(2014년 이후)을 지속적으로 추진해 오고 있다. 전라북도교육청이 이러한 소규모 학교 활성화 정책을 일관되게 추진하게 된 이유는 전라북도의 독특한 지역적 특성과 교육감의 정책적 의지를 반영하고 있다. 아래의 〈표 1〉은 학령인구의 감소로 인해 급격하게 소규모화 되어가고 있는 전라북도 학교의 상황을 나타내고 있다.

〈표 1〉 전라북도 농어촌 학교 현황(2012. 4. 1 기준, 전라북도교육청, 2014)

구분	학교 수			학급 수			학생 수		
	전체	농어촌	비율	전체	농어촌	비율	전체	농어촌	비율
초	419	261	62.3%	5,282	1,887	35.7%	112,715	23,190	20.5%
중	208	130	62.5%	2,370	669	28.2%	72,056	13,031	18.08%
고	132	63	47.7%	2,459	691	28.1%	75,084	17,685	23.5%
합계	759	454	59.8%	10,111	3,247	32.1%	259,855	53,906	20.7%

첫째, 2012년부터 시행되고 있는 작고 아름다운 학교 육성지원 사업은 전교생 60명 이하 작은 학교들 가운데 교육프로그램이 우수한 학교를 우선적으로 지원하는 사업이다(전라북도교육청, 2014). 이 사업은 체험중심 교육과정(문화예술 체험, 해양탐구 학습관 운영, 영어 체험 캠프 등)과 차별화된 방과후학교 운영에 초점을 둔다. 둘째, 에듀케어(Educare) 지원 사업은 전북교육의 역점 사업인 농어촌 작은 학교 희망 찾기 사업의 일환으로 2013년부터 추진되었다. 이 정책은 중단된 정부시책 사업(연중 돌봄 학교 및 전원학교)을 자체 사업으로 전환하여 지역교육공동체와 함께하는 교육, 문화, 복지 프로그램 개발을 지원한다(전라북도교육청, 2014). 셋째, 어울림학교 정책은 대규모 학교와 소규모 학교의 공동 학구를 지정함으로써 작은 학교로의 학생 유입을 가능하게 하는 정책적 장치이다. 이 정책은 농어촌 작은 학교와 인근 대규모 학

교 간 상생의 교육여건을 조성함으로써 소규모 학교의 활성화에 일부분 기여하고 있다.

어울림학교 지원 사업으로 상당수의 소규모 학교에서 학생 수가 증가하고 있지만, 물리적인 공동 학구의 지정으로 인한 교육적 한계가 나타났다. 따라서 전라북도교육청은 현행 어울림학교 지원 사업의 개선을 위해 어울림학교 운영의 방향(교육과정 운영의 학교자율권 확대, 건전하고 안전한 학교 시설, 학생 유입 기반조성, 인력의 적정배치 및 지원, 어울림학교 유형의 다양화, 농어촌 중학교 집중지원)을 개선하고 있다(전라북도교육청, 2014). 그러나 이 연구의 대상 학교인 J초등학교는 지금까지 살펴본 소규모 학교 활성화 교육정책의 대상에 선정되지 못한 일반적인 초등학교이다. 따라서 이 연구는 전라북도교육청의 지원 사업 밖에 있는 작은 초등학교 운영에서의 성공요소를 해적으로 분석하는 측면에서 나름의 가치가 있다고 볼 수 있다.

Ⅲ. 연구방법

1. 연구 참여자 및 대상 학교의 배경 및 특성

이 연구는 앞서 제시한 연구목적을 달성하기 위하여 전북지역에 위치하고 있는 한 소규모 초등학교(J초등학교)를 목적표집(purposeful sampling)하였다. 이 학교는 언론매체를 통하여 '작고 좋은 학교'로 명성을 획득하거나, 전라북도교육청이 지정한 혁신학교나 정책수혜 학교는 아니었다. 그러나 J초등학교는 학구의 학령기 아동이 감소함에도 불구하고, 전교생의 수가 일정하게 유지되거나 증가하고 있었으며, 무엇보다 학교교육의 주체인 학생과 학부모, 그리고 교사가 즐겁게 학교교육에 참여함으로써 배움과 돌봄의 학교공동체를 형성하고 있었다. 여기에서 말한 '학교공동체(school as community)'란 학생들과 교사 그리고 학부모와 지역주민이 주체적으로 교육활동에 참여함으로써 서로 배우면서 성장하는 공동체로서의 학교를 의미한다(佐藤 學, 2000; 김춘진, 2010; 이중현, 2011). 이 연구의 주요 대상인 J초등학교의 배경(학생현황)과 연구에 참여한 교사들의 인적 특성을 간략히 제시하면, 다음 〈표 2〉, 〈표 3〉과 같다.

〈표 2〉 J초등학교 학생 현황(유치원 포함)

학년		1	2	3	4	5	6	계	유치원
학생 수	남	3	3	1	0	4	4	15	8
	여	0	3	5	2	6	0	16	2
	계	3	6	6	2	10	4	31	10

〈표 3〉 J초등학교 연구 참여자들의 인적 특성

연구 참여자	성별	교직 경력	담당 학년	담당 업무
이필숙(가명)	여	16년차	3학년	독서교육
임성옥(가명)	여	23년차	유치원교사	유아교육
하세정(가명)	여	10년차	4학년	연구일반
신선미(가명)	여	2년차	특수교사	특수교육

2. 자료의 수집

이 연구는 J초등학교에 근무하고 있는 교사들(4명)을 대상으로 참여관찰 (2014년 9월부터 11월까지)과 문화기술적 인터뷰(Spradley, 1979)을 수행(개인당 2회, 총 8회)하여 '작으면서도 좋은' 학교의 성공요소와 관련된 질적 자료를 수집하였다. 또한, 연구자는 네 명의 참여자들을 대상으로 참여관찰을 할 때, 완전한 관찰자 혹은 관찰자로서의 참여자 역할을 통해 교사들의 교실 수업과 생활지도 장면을 관찰하였다.

또한, 이 연구는 소규모 학교의 운영사례에서 나타난 성공요소를 내부자 (교사)의 관점에서 깊이 있게 파악하기 위하여 추가적으로 FGI(Focus Group Interview, 2회)를 실시하였다. FGI 가이드에 담긴 질문내용(〈표 4〉 참조)은 소규모 학교운영을 위한 교육철학과 비전, 성공적인 학교와 교실을 만들게 된 계기와 동기, 소규모 학교 활성화를 위한 교육정책, 교사의 사기와 헌신, 학교교육과정의 재구성, 학교 및 교실의 심리적 및 물리적 환경조성, 교수

학습의 질과 특징, 학부모의 학교교육 참여형태, 지역사회 및 유관기관과의 협조, 작고 좋은 학교와 교실을 만드는 데 수반되는 교육적 딜레마와 갈등 등이었다. 참여관찰, 문화기술적 인터뷰, 그리고 FGI를 통해 수집된 질적 자료는 전사하여 관리하였으며, 질적 자료의 다양화를 위하여 소규모 학교 운영과 관련된 각종 문서를 수집하였다.

〈표 4〉 FGI 질문목록 예시

질문1	성공적인 작은 학교를 만들기 위한 특별한 교육철학이나 비전이 있었나요?
질문2	성공적인 학교나 교실을 만들게 된 특별한 계기나 동기는 무엇입니까?
질문3	성공적인 학교나 교실을 만들기 위하여 어떠한 정책이 필요하다고 생각합니까?
질문4	성공적인 학교나 교실을 만들기 위하여 교사로서 어떠한 일을 하셨습니까?
질문5	성공적인 학교나 교실수업을 위하여 어떻게 교육과정을 운영하셨습니까?
질문6	성공적인 학교를 만들기 위해 학교 및 학급의 환경을 어떻게 구성하셨습니까?
질문7	성공적인 학교를 만들기 위하여 동료들과 함께 어떠한 노력을 하였습니까?
질문8	선생님은 작은 학교에서 지역사회 및 유관기관과 어떻게 협력하셨습니까?
질문9	작고 좋은 학교에서 학부모와 지역사회의 역할은 무엇이라고 생각하십니까?
질문10	성공적인 학교나 교실수업을 만드는 데 어떠한 어려움이 있었습니까?

3. 자료의 분석 및 타당성 검토

이 연구는 수집된 질적 자료를 바탕으로 '원 자료의 전사 및 관리' → '주제별 코딩' → '주제의 발견'이라는 질적 자료 분석 단계(김영천, 2006)를 거쳐 소규모 학교운영에서의 성공요소를 추출하였다. 보다 구체적으로, 이 연구는 현장작업에서 수집된 자료들을 전사하고 관리하여 초기 코드(initial code)를 생성하였다. 그리고 서로 관련성이 있거나 유사한 내용을 담고 있는 코드들 가운데 출현빈도가 높은 영역(범주)을 중심으로 소규모 학교운영에서의 성공요소와 관련된 세 가지 주제(핵심 범주)를 생성하였다. 이러한 질적 자료 분석 과정을 통하여 최종적으로 생성된 세 가지 주제는 다음과 같다: ①개별화 수업의 실현을 통한 참 학력 신장, ②초등학생에 대한 심층적 이해와 총체적 생활지도, ③친밀성에 기반한 전문공동체 형성

한편, 이 연구는 사례연구 수행과정과 연구결과 도출에 있어 신뢰성을 확보하고, 타당도를 검증하기 위하여 자료 수집 방법의 삼각화(triangulation)를 시도하였다. 즉, 이 연구는 참여관찰, 문화기술적 인터뷰, 그리고 FGI를 통하여 다양한 질적 자료를 수집하고, 학교운영과 관련된 문서(학교 및 학급 운영 계획서, 각종 공문서 및 사진 등)를 추가적으로 수집, 분석하였다. 둘째, 이 연구는 규명된 성공요소의 적절성을 검토하기 위하여 참여자 검토(member checking)를 하였으며, 대학 연구자(교수 1명) 및 도교육청 장학사와의 동료자 검토(peer review) 과정을 통하여 연구결과의 타당성을 검증하였다. 셋째, 이 연구는 연구결과의 신뢰성과 타당도를 확보하기 위하여 전라북도의회(2014. 10. 29)와 전라북도교육청(농어촌교육 희망 찾기 TF팀 워크숍, 2014. 12. 22)에서 발표되었으며, 청중들의 지도조언에 따라 연구결과의 일부를 수정하였다. 마지막으로, 이 연구는 연구윤리를 확보하기 위하여 대상 학교와 참여자들의 이름을 가명처리 하였으며, 연구 참여자들이 부담스러워 하는 일부 내용을 수정, 편집, 삭제하였다.

Ⅳ. J초등학교 운영에서의 세 가지 성공요소

1. 개별화 수업의 실현을 통한 참학력 신장

이 연구에 참여했던 J초등학교 교사들은 3, 4학년 담임교사, 유치원 교사, 특수교사로서 역할을 수행하면서, 대규모 초등학교와 과밀학급에서 시도하기 힘들었던 개별화 수업을 실현할 수 있었다. 가령, 이필숙 교사는 6명의 학생들을 지도하면서 학생들의 다양한 학력 차이를 실감하였다. 그녀의 학급 학생들 중 2명은 자폐를 앓고 있는 특수아였으며, 2014년 6월에 전입한 학생은 기초학습부진과 교과학습부진 사이에 놓여 있는 학생이었다. 나머지 3명도 우수한 학력을 나타내는 학생에서부터 보통수준의 학력을 나타내는 학생까지 다양하였다. 그녀는 소인수 학급에서 수업을 거듭하면서 개별 학생들의 특징을 세밀하게 포착할 수 있었다. 왜냐하면, 대규모 학급에서와는 달리 그녀의 시야에 모든 학생들이 들어왔기 때문이다.

저는 15년 넘게 대규모 교실에서만 수업을 해왔어요. 수업을 하면서 안타까운 점은 모두를 꼼꼼하게 챙길 수 없다는 점이었죠. 수준별 수업을 하려고 해도, 학생들이 많다 보니 속수무책이었죠. 그래서 저는 지금까지 중간수준의 학생들을 중심으로 수업을 해 왔던 것 같아요. 하지만 올해는 상황이 달랐어요. 아이들의 수가 적다보니 모두가 품안으로 들어오는 거예요. 특히, 자폐를 앓고 있는 두 아이들을 꼼꼼히 챙길 수 있어서 좋아요. 큰 학교에서는 특수 아이들에게 항상 죄책감을 갖고 있었죠. 하지만 올해는 뭔가 가르치고 있다는 느낌이 들어요. 그리고 우리 반에는 학력이 떨어지는 현우라는 아이가 있어요. 학기 중간에 전학을 온 아이였는데, 학습부진이 상당한 아이였죠. 일대일로 부진아 지도를 계속하고 있는데, 이제는 읽기와 쓰기, 그리고 셈하기를 제법 해요. 만약 이 아이가 큰 학교에만 계속 있었다면 학습부진 상태에 머물러 있을지도 모르지요. 작은 학교에 근무하다 보니 이처럼 생각지도 못한 좋은 점도 있어요.

(2014. 9. 27. 이필숙 교사의 내러티브 전사자료)

이필숙 교사는 소인수 학급에서 수업을 전개하면서 색다른 수업상황을 직면하게 되었다. 가령, 대규모 학급에서의 교실수업은 다양한 학습활동을 포함하기 힘들다. 왜냐하면, 30여 명의 모든 학생들이 두세 가지의 학습활동에 참여하려면 물리적으로 상당한 시간이 소요되기 때문이다. 그러나 소인수 학급에서는 대규모 학급에서의 수업방식이 종료되고 나면, 상당한 시간적 여유를 확보할 수 있었다. 그녀는 이 여유시간을 활용하여 성적이 우수한 학생에게 보다 높은 수준의 과제를 제시하였고, 부진학생에게는 수준에 적합한 과제를 제시하였으며, 특수아들이 일반 교실수업에서 참여할 수 있는 별도의 학습과제를 제시하기도 하였다. 이처럼 소인수 학급이라는 물리적 및 사회심리적 환경은 담임교사로 하여금 개별화 수업을 가능케 함으로써 수준별 수업을 전개할 수 있는 여유를 제공하였다. 소인수 학급에서의 이러한 긍정적인 변화는 최근 강조되고 있는 '참 학력(authentic achievement)'신장에 기여하는 바가 크다고 볼 수 있다. 즉, 다양하고 특수한 요구를 지닌 초등학생들이 작은 학교와 교실에서 담임교사의 밀착지도를 통해 배움의 즐거움을 추구할 수 있기 때문이다.

한편, J초등학교 교사들은 작은 학교와 교실에서 개별화 수업을 전개하면서 교사로서의 보람과 행복감을 느낄 수 있었다. 그들은 자신들의 직접적인 가르침으로 학생들의 학력이 향상되는 것을 직접적으로 목격할 수 있었고, 학생들의 인성이 함양됨을 몸소 체감할 수 있었다. 또한, 그들은 작은 학교와 교실에서 학력지도와 인성교육이 분리된 것이 아니라 하나라는 점을 깨닫게 되었고, 학력지도와 인성교육이 조화를 이룰 때 비로소 참 학력이 신장됨을 경험하였다. 큰 학교와 교실에서의 학생들은 학교교사의 가르침뿐만 아니라 학원, 대중매체, 그리고 부모의 관심 속에서 성장하는 편이다. 따라서 큰 학교와 교실에서 학교교사의 영향력은 그다지 크지 않을 수도 있다. 그러나 작은 학교와 교실에서의 교사는 학생들의 전인적 성장에 직접적으로 가담함으로써 교사로서의 직업적 만족감과 자긍심을 가질 수 있었다. 결과적으로, 작은 학교와 교실은 학교교사로서의 직업적 '일뤼지오(illuzio)'를 추구할 수 있는 배경이 되었던 것이다.

작은 학교와 교실에서 살다보면, 교사가 참 보람된 직업임을 실감하게 됩니다. 큰 학교에 근무할 때는 교사로서 꽤나 힘들었거든요. 내가 교사로서 아이들에게 무슨 도움이 되는지를 체감할 수 없었거든요. 하지만 작은 학교에서는 교사로서의 존재감을 확인할 수 있습니다. 나의 보잘 것 없는 가르침에 감동하는 아이들을 보면 얼마나 행복한지 몰라요. (중략) 저는 때로 아이들에게 부모가 되기도 하고, 친구가 되기도 하죠. 물론 큰 학교에 비해 일이 많은 편이긴 하죠. 하지만 많은 일을 해낼 수 있는 것은 교사로서 보람을 느끼기 때문이죠. 어찌 보면 나의 의지가 아니라, 작은 학교의 아이들이 (나를) '진짜' 선생님으로 만들어 주는 것 같아요.

(2014. 10. 4. 하세정 교사의 내러티브 전사자료)

2. 초등학생에 대한 심층적 이해와 총체적 생활지도

거대한 학교와 과밀학급에서의 초등학교 교사는 학생들 개개인을 세밀하게 파악하기가 쉽지 않다. 교사가 대규모 학교와 과밀학급에서 학생을 파악할 수 있는 방법 가운데 하나는 학기 초에 아동기초조사서를 검토하는 것인데, 이를 통해 학생들의 특징을 대략적으로 가늠할 뿐이다. 그러나 초등학교 교사가 아동기초조사서의 제한된 정보로 모든 학생들을 온전히 이해하기란 불가능에 가깝다. 그러나 작은 학교와 교실에서 살아가고 있는 연구 참여자들은 대규모 학교와 과밀학급에서와는 달리 모든 학생들의 가정배경과 성장환경을 세밀하게 파악함으로써 총체적인 생활지도를 할 수 있었다.

작은 학교의 매력 가운데 하나는 아이들을 제대로 이해할 수 있다는 점입니다. 큰 학교의 교실에서 아이들을 관찰해 보면, 도저히 이해가 가지 않는 아이들이 있었어요. 학습태도도 엉망이고, 기본적인 생활습관이 형성되지 못한 아이들이 더러 있었죠. 나의 입장에서만 보면, 그런 아이들은 마냥 피곤한 대상이었죠. (중략) 하지만 작은 학교에 있다 보니, 그런 아이들의 부모를 만나게 되고, 가정방문도 가게 되었죠. 저는 올해 4월에 한 아이의 가정을 방문하게 되었는데, 충격 그 자체였습니다. 부모 모두가 아이의 양육을 포기하여 할머니 집에서 살고 있는 아이였는데, 조모조차도 아이의 양육을 포기하려고 하였어요. 내가 만약 그 아이의 입장이 된다면 어떤 기분이 들까 상상해 보았죠. 갑자기 분노와 공포가 밀려왔습니다. 나는 아이의 입장을 생각하지 못하고, 내 입장에서 착한 아이가 되기만을 고집했던 것이죠. '물건 훔치지 마라!' '아이들 때리지 마라!' 등등. 그 아이의 입장에서 학교란 어떤 곳이었을까요? 선생님이란 어떤 존재일까요?

(2014. 10. 4. 임성옥 교사의 내러티브 전사자료)

도교육청에서 농어촌 소규모 학교를 활성화 하겠다고 하는데, 농민인 나의 입장에서는 그다지 기대가 크지 않습니다. 왜냐하면, 작은 학교를 살리는 문제는 교육의 일만이 아니기 때문입니다. 농촌에 살고 있는 학부모들은 노동의 굴레에서 자유롭지 못합니다. 아침 일찍 일어나서 저녁까지 일을 해도 벌이가 시원치 않습니다. 이렇게 고단하게 하루하루를 보내는데, 아이들의 교육을 언제, 어떻게 신경을 씁니까? 이런 이유에서 교수님의 주장에 동의할 수 없습니다. 방과후학교보다 정규 교육과정을 강조하셨는데, 방과후학교가 제대로 운영되지 못하면 농어촌 학생들의 상당수는 가정에서 방치되기가 쉽습니다. 농어촌의 가정을 직접 방문해 보면, 전북의 참담한 농어촌 사회를 목격할 수 있을 겁니다. 농어촌 학교를 활성화 하려면 농어촌 경제를 살리는 것이 우선입니다. 마을에 인구가 늘면 자연스럽게 학생 수가 늘어나는 이치죠.

(2014. 10. 29. 전농 전북도연맹 간부의 내러티브. 참여관찰 자료. 전라북도의회)

위의 참여관찰 자료에서 확인할 수 있는 것처럼, 전북의 농어촌 마을에 살고 있는 다수의 학부모는 도시지역(도심공동화 지역 제외)에 살고 있는 학부모의 사회경제적 지위(SES)에 미치지 못할 가능성이 높다. 실제로, J초등학교는 농업과 축산업을 통해 생계를 유지하고 있는 학부모가 다수였는데, 그들의 살림살이는 그다지 넉넉하지 못한 편이었다. 또한 유치원을 제외한 전교생(31명)을 기준으로 하였을 때, 보편적인 가정환경을 지닌 학생들은 30%(10명 내외)에 불과한 수준이었다. 여기에서 말한 '보편적 가정환경'이란 부모 모두가 살아 있으며, 자녀교육에 어느 정도 개입할 수 있는 가정환경을 의미한다. 나머지 20명의 학생들은 한 부모 가정, 기초생활수급자 가정, 조손 가정, 다문화 가정의 자녀이거나 특수아였다. 학교의 이러한 인적 구성으로 인하여 교사들에게 '보편적인 가정'이 '특수한 가정'으로 간주될 정도였다. 이러한 맥락에서 현재 농어촌 학교 학생들의 학력이 저하되는 문제는 소규모 학교의 물리적 환경 문제로 환원할 수 없는 것으로 볼 수 있었다. 즉, 농어촌의 작은 학교가 학생들의 학력을 저하시키는 것이 아니라, 상대적으로 불리한 학생의 가정배경과 가정환경이 학력저하의 일차적인 원인인 것이다.

농촌의 작은 학교에서 근무하고 있는 네 명의 연구 참여자들은 농촌 사회의 이러한 현실을 온몸으로 느끼고 있었다. 따라서 그들은 자기 반의 학생들뿐만 아니라, 전교생의 집에 밥그릇과 숟가락이 몇 개가 있는지를 알 정도로 전교생의 삶을 심층적으로 이해하고 있었다. 여기에서 한 가지 흥미로운 점은 교사들이 대규모 학교와 과밀학급에서의 학생 생활지도 방식과 전혀 다른 방식으로 아이들을 지도하고 있었다. 가령, 대규모 학교에서는 한 명의 담임교사가 한 학급 학생들을 전담하여 책임지도 한다. 이러한 생활지도 방식은 한 교사가 다른 반 학생들의 생활지도에 개입하지 않는 '불간섭주의'를 만들어 낸다. 그러나 작은 학교와 교실에서는 학생 생활지도를 둘러싼 교사의 불간섭주의가 사라졌다. 즉, 한 교사의 입장에서 보았을 때 전교생 모두가 자신의 아이들이었고, 한 학급의 아이도 담임선생님뿐만 아니라 다른 학년의 선생님과도 대화하고 교류할 수 있었다. 이러한 총체적인 생활지도 방식은 교사와 학생 사이의 인간적 교류를 확장함으로써 작은 학교를 '돌봄의 공동체'로 만들었다.

> 작은 학교에서는 '내 아이', '너 아이'라는 개념이 없는 것 같아요. 제가 특수교사라서 그런지는 모르지만, 모두가 내가 맡고 있는 아이들 같아요. 이런 느낌이 자꾸 드는 이유는 작은 학교라서 가능한 것 같아요. 예를 들면, 학교 행사를 할 때 어쩔 수 없이 전교생 단위로 움직이게 돼요. 큰 학교처럼 특정 학년만을 대상으로 학교행사를 할 수가 없어요. 비용에 비해 참여자 수가 너무 적으면 상당히 비효율적인 행사가 될 수 있거든요. 이렇다 보니 학년 구분도 모호하고, 전담교사, 담임교사, 특수교사의 역할 경계도 모호해요. 처음에는 학교의 이런 모습이 이상하다고 생각했지만, 작은 학교도 좋은 점이 많은 것 같아요. 선생님이나 학생들이 가족이 된 기분입니다. 그래서 저는 가능하면 우리 학교처럼 작은 학교에 계속 근무하고 싶어요.
>
> (2014. 10. 18. 신선미 교사의 내러티브 전사자료)

3. 친밀성에 기반한 전문공동체 형성

작은 학교의 교사들은 제한된 공간에서 비롯된 인간적 만남과 업무의 비경계성, 그리고 상호이해와 대화를 통하여 친밀성에 기반한 전문공동체(professional community)를 형성하고 있었다. 대규모 초등학교의 교사들은 거대학교의 물리적 제약 때문에 하나의 공동체를 형성하기가 힘들다(이동성, 2007). 즉, 대규모 초등학교 교사들의 일부는 공동체(community)의 구성원으로 살아가기보다는, 관료제에 기초한 사회(society)의 일원으로 살아간다. 이러한 대규모 초등학교에서의 문제점은 교장과 부장, 그리고 평교사의 사무적이고 위계적인 관계 때문에 진정성 있는 의사소통이 힘들며, 하나의 구심점을 바탕으로 일관성 있는 학교교육을 전개하기가 힘들다(이동성, 2007). 예를 들어, 대규모 학교의 이러한 물리적 구조는 때로 구성원들 사이에 불신을 낳기도 한다. 학교장은 자신의 교육철학과 비전을 공유하지 못하는 평교사들을 질책하기도 하고, 업무 및 학년부장들은 교장과 평교사들 사이에서 역할갈등을 경험하며, 평교사들은 학교의 전제적 운영방식과 학교장의 독단에 불평을 토로하기도 한다. 이처럼 거대한 학교는 의도치 않게 구성원의 소외와 비인간화를 불러올 수도 있는 것이다.

전교생의 수가 31명에 그치는 J초등학교에서는 이처럼 거대학교에서 비롯될 수 있는 여러 가지 문제들이 자연스럽게 해결되었다. 이 연구에 참여했던 네 명의 교사들은 학기 초에 상당한 불만과 불안감을 안고 J초등학교에 근무하였다. 이필숙 교사는 타 시도에서 근무하다가, 남편의 직장 이동으로 이 학교에 근무하게 되었다. 사실 그녀가 근무하고 싶은 곳은 전주 시내의 내규모 초등학교였지만, 도내 인사규정으로 인하여 원하는 않는 곳(J초등학교)에 근무하게 되었다. 한편, 임성옥 교사는 지난해 J초등학교에 전입하였는데, 유치원 교사와 초등학교 교사 사이의 불평등한 권력관계로부터 자유롭지 못한 인물로 볼 수 있었다. 여기에서 말한 '불평등한 권력관계'란 초등학교 교사들 무리에서 적응해 살아가야 하는 병설유치원 교사의 직업적 위치를 의미한다. 즉, 일반적인 초등학교에서 병설유치원 교사는 소수자(minority)에 가깝다고 볼 수 있다. 그리고 하세정 교사는 타 시도에서 근무하다가 육아문제로 인해 전주 시내에 근무하기를 원했으나, 그녀의 희망과 상관없이 J초등학교에 근무하게 되었고, 신규교사인 신선미 교사는 낮은 교직경력으로 인해 학교적응에 어려움을 겪을 수도 있었다. 그러나 이 연구에 참여한 모든 교사들은 작은 학교가 제공하는 물리적 및 인적 특성으로 인해 학교교사로서의 삶에 연착륙할 수 있었다.

처음에 발령지를 보고 얼마나 놀랐는지 몰라요. 제가 이 학교에서 근무를 할 수 있을지 두려웠죠. 전주에서 차로 50분이 걸리니까 운전도 부담스럽고, 무지 시골이라 어떻게 살아갈지 막막했죠. 마음에 드는 건 학교경치와 학교의 크기뿐이었죠. 하지만 두 달 정도 지나고 나니 금방 적응을 하는 거예요. 나도 나 자신이 대견스러웠어요. 어떻게 이렇게 빨리 적응했는지 생각해 보니, 바로 작은 학교 때문이었죠. 알고 보니 대부분의 교사들이 나와 비슷한 처지였습니다. 1학년 선생님을 제외하고, 자신이 원해서 이 학교에 온 사람이 한 명도 없더군요. 정말 '백도 비전'도 없는 선생들이 모인 거죠. 하지만 큰 학교와는 달리, 선생님들 서로가 금방 친해졌어요. 우리의 의지와 상관없이 자주 봐야 하고, 일도 같이 해야 하고, 카풀도 하니까 서로를 조금씩 알아가고, 이해하게 되더라고요. 교사들 모두가 식구인 셈이죠.

(2014. 12. 6. 이필숙 교사의 내러티브. 1차 FGI 전사자료)

이필숙 교사의 내러티브에서 확인할 수 있는 것처럼, 작은 학교는 자연스럽게 친밀감을 제공해 주었다. 그들 대부분은 학기 초에 원하지 않는 작은 학교에 근무하게 되었지만, 이제는 작은 학교에만 근무하고 싶을 정도로 교사로서 만족감을 느끼고 있었다. 연구 참여자들이 이처럼 작은 학교를 선호하는 이유는 바로 작은 학교가 교사들에게 서로 믿고 의지할 수 있는 심리적 환경을 제공했기 때문이다. 만일, 그들이 대규모 초등학교에 근무했다면 이와 같은 친밀성을 공유하기가 쉽지 않았을 것이다. 왜냐하면,

그들은 특수교사, 유치원 교사, 초등교사로 구분되어 있었고, 출신 대학도 달랐으며, 교직경력 면에서도 상당한 차이가 있었기 때문이다. 하지만 그들은 작은 학교에 살아가면서 강력한 소속감과 연대감을 형성하였고, 친밀감 형성에서 한 걸음 더 나아가 학교교육의 개선을 위한 전문공동체를 형성하였다. 상이한 인적 배경과 담당학년 및 담당업무의 차이에도 불구하고, 그들이 전문공동체를 형성할 수 있었던 이유는 서로를 마치 '동학년 교사'로 인식했기 때문이다. 즉, J초등학교에 근무하는 모든 교사의 수는 대규모 초등학교의 동학년 교사 수와 유사했으며, 공통된 교수경험으로 인해 동질감을 형성할 수 있었다.

> 학기 초에는 서먹했지만 이제는 가족과 다름없어요. 우리가 얼마나 친하냐 하면, 큰 학교의 동학년 연구실을 연상하시면 되요. 작은 학교는 큰 학교의 동학년과 별다른 차이가 없거든요. 자신의 의지와 상관없이 자주 만나서 이야기를 나누니까 자연스럽게 정이 들었죠. 어느 정도 친해지니까 마음을 열고 학교 이야기를 하게 되고, 학부모 이야기도 하고, 수업 이야기도 하게 되었죠. 모두가 비슷한 경험을 하다 보니 예상 밖으로 마음이 잘 맞는 거예요. 서로 이야기를 하고, 공감을 하다 보니 학교가 조금씩 바뀌었어요. 그 때 느꼈죠. 학교개혁이란 게 별거 아니구나. 이렇게 선생님들의 마음만 맞으면 학교를 바꿀 수 있구나! 그래서 저는 학교개혁이 특별하다고 생각하지 않아요. 자신이 경험한 학교의 문제점을 솔직하게 이야기하고, 같이 토론해서 실천을 하는 거죠. 그래서 작은 학교는 매력이 있어요. 우리로 인해 변해가는 학교를 실감할 수 있으니까요. 이제는 가능하다면, 작은 학교에서 계속 근무하고 싶어요.
>
> (2014. 12. 6. 하세정 교사의 내러티브. 2차 FGI 전사자료)

하세정 교사의 내러티브에서 엿볼 수 있는 것처럼, J초등학교 교사들은 강력한 소속감과 연대의식에 기초하여 전문공동체를 형성하였다. 거대학교에서는 교사들이 모두 모여 학교의 운영을 위한 아이디어를 공유하기가 쉽지 않다. 왜냐하면, 거대학교의 구성원들은 서로 다른 방식으로 살아가기 때문에 다른 교사들의 삶과 사고를 깊이 있게 이해하기 힘들고, 상이한 교수경험과 사고로 인해 학교의 변화를 위한 공감대를 형성하기가 쉽지 않기 때문이다. 또한, 교사들이 학교를 변화시키려 해도 자신들이 거대한 조직의 일원이기 때문에 학교를 전반적으로 변화시키기가 힘들다. 그러나 작은 학교 교사들은 모두가 학교의 주요한 업무를 담당하고 있었으며, 해당 업무를 효율적으로 추진하기 위해서는 교사 간 불간섭주의를 넘어 상부상조해야만 했다. 즉, 작은 학교에서는 인적 및 물리적 구조 때문에 업무의 경계가 모호했으며, 학생 수가 제한적이라서 모든 학생들이 학교행사에 참여하는 경우가 많았다.

J초등학교 교사들의 직업적 삶에서 한 가지 흥미로운 점은 교직에 대한 만족도와 행복감이 높았다는 점이다. 연구 참여자들이 작은 학교에서 이처럼 높은 직업적 만족감과 행복감을 느끼는 이유는 자신들이 학교운영의 핵심적인 주체라는 사실을 자각했기 때문이다. 또한, 교사의 직업적 만족과 보람은 바로 자신이 학교와 학생들에게 필요한 존재라는 점을 자각하는 데서 비롯되었다. 이러한 이유에서 작은 학교는 교사의 직업적 삶을 행복하게 만드는 필요조건이며, 행복한 교사들의 의지와 실천 정도에 따라 변화 및 발전 가능성이 크다. 즉, 교사들이 친밀성을 기반으로 하여 전문공동체를 형성하고, 공통의 교수경험과 아이디어의 공유를 통해 일관성 있게 교육활동을 전개할 수 있다면, 학교의 변화는 가능한 것이다. 또한, 작은 학교에서 교사들이 행복하면 즐겁게 수업을 할 것이고, 즐거운 수업은 행복한

학생들을 만들 것이다. 이러한 맥락에서 작은 학교와 교실은 교사와 학생들이 행복한 삶을 영위할 수 있는 터전을 제공하였다고 볼 수 있다.

V. 나가며

결론에서는 지금까지의 연구결과를 요약하고, 농어촌 소규모 학교의 유지와 발전을 위한 정책적 아이디어를 제시하고자 한다. 우선, 연구결과를 요약하면 다음과 같다. 이 연구는 질적 사례연구를 통하여 농촌지역에 위치한 한 소규모 초등학교 운영에서의 성공요소를 해석적으로 분석함으로써 농어촌 소규모 학교를 활성화하기 위한 정책적 단초를 찾고자 하였다. 농촌지역 소규모 학교의 성공요소로는 ①개별화 수업의 실현을 통한 참 학력 신장, ②초등학생에 대한 심층적 이해와 총체적 생활지도, ③친밀성에 기반한 전문공동체 형성이었다. 첫째, 농촌지역 작은 초등학교의 교사들은 작은 교실에서 개별화 수업을 실현할 수 있었다. 둘째, 교사들은 학생들의 가정배경과 성장환경을 세밀히 파악하여 총체적인 생활지도를 하였다. 셋째, 교사들은 인간적 만남과 업무의 비경계성, 그리고 상호이해와 대화를 통하여 친밀성에 기반한 전문공동체를 형성하였다.

이와 같은 결론에 기반하여 한국의 농어촌 소규모 학교의 유지와 발전을 위한 정책적 제언을 제시하면 다음과 같다. 첫째, 최근에 정부와 교육부는 학교 총량제의 정당성으로 소규모 학교의 학력저하 문제를 지목하였다. 즉, 작은 학교의 비효율성으로 인하여 학생들의 학력이 저하된다는 것이 학교 총량제의 정책적 당위성이다. 그러나 이러한 정책적 당위성은 작은 학교의 실제적인 구성원들이 누구이며, 그들이 어떻게 살아가고 있는지를 간과하고 있다. 이 연구에서 확인할 수 있는 것처럼, 농어촌 작은 학교의 학부모들과 학생들은 사회문화적으로 매우 불리한 위치에 처해 있다. 따라서 농어촌 소규모 학교 학생들의 학력저하 현상은 학교의 작은 규모에서 비롯된 것이 아니라, 학부모의 낮은 사회경제적 지위(SES)에 일차적인 원인이 있을 수도 있다. 과연 소규모 학교가 통폐합되어, 농어촌 학생들이 대규모 학교로 전학을 간다면, 그 학생들의 학업성취도는 향상될 수 있을까? 이러한 이유에서 소규모 학교는 학생들의 학력저하를 유발하는 원인이기보다는, 오히려 학력저하 문제를 해결할 수 있는 전제조건에 가깝다. 따라서 정부와 교육부는 도농 간 교육격차 해소와 보편적 교육복지를 위하여 현행 소규모 학교정책(학교 적정규모화, 학교 총량제)을 재고할 필요가 있을 것이다.

하지만 이 연구의 결과처럼, 한국의 대다수 소규모 학교들이 학생들의 학업성취도 향상에 실제적인 기여를 하고 있는지도 검토해 볼 필요가 있다. 이 연구의 결과와는 달리, 일부 소규모 학교에서는 활동과 체험위수의 교육, 그리고 아동중심주의라는 명분아래 학생들의 학력을 소홀이 여기고 있는지도 모른다. 소위 혁신학교나 대안학교 등은 기존의 학력주의를 비판하고, 체험과 활동중심의 교육을 전개하며, 인성교육을 강조하고 있다. 그러나 학력향상과 인성교육은 대립적인 교육적 가치가 아니며, 활동과 체험, 그리고 아동중심의 교육이 학생의 인성함양을 담보하지도 않는다. 진정한 '참 학력'은 학력향상과 인성함양을 포괄해야 하며, 교사와 학생들 모두가 교육의 주체가 되어야 한다. 이러한 맥락에서 학교와 교사들은 학력을 경시하는 최근의 이분법적 발상에 대하여 특별한 주의를 해야 한다. 오히려 농어촌 사회의 지역적 특수성을 고려한다면, 체험과 활동중심의 창의적 교육은 학생들의 학력향상과 반드시 직결되어야 한다.

둘째, 농어촌 소규모 학교를 대상으로 한 기관평가는 학생에 대한 심층적 이해와 총체적 생활지도 정도에 초점을 두어야 한다. 이 연구의 결과에서 확인할 수 있는 것처럼, 농어촌 소규모 학교는 대도시의 대규모 학교와는 상이한 방식으로 작동하고 기능한다. 따라서 시도교육청이나 지역교육지원청이 농어촌의 소규모 단위학교를 평가할 때는 대규모 초등학교를 대상으로 하는 평가방식과 다른 기준을 마련해야 한다. 즉, 학교의 구성원들(교장, 교사, 행정직원 등)이 학생들의 삶과 교육을 어느 정도 깊이 있게 이해하고 있으며, 어떠한 방식으로 학생들을 돌보는지를 가늠해야 한다. 따라서 학생에 대한 심층적 이해와 총체적 생활지도 정도를 평가하기 위해서는 질적 기관평가를 과감하게 도입해야 할 것이다. 또한, 기관평가의 결과는 농어촌 소규모 학교들의 줄 세우기 목적으로 활용하는 것이 아니라, 상대적으로 교육적 여건이 열악한 소규모 학교를 발견하고 개선하는 데 쓰여야 할 것이다. 이러한 이유에서 일부 우수한 소규모 학교를 대상으로 행정적 및 재정적 지원을 하는 현행 교육정책은 재고될 필요가 있다. 즉, 농어촌 소규모 학교를 활성화하기 위해서는 우수한 학교에 대한 선별적 지원보다는 모든 농어촌 학교의 지원으로 나아가야 할 것이다.

셋째, 이 연구의 대상학교에 근무하고 있는 교사들은 친밀성에 기반 한 전문공동체 형성하였다. 그러나 우리나라 농어촌 소규모 학교의 교사들 모두가 친밀성에 기반 한 전문공동체를 형성하는 것은 아닐 것이다. 오히려 농어촌의 작은 학교에서 교사들 사이에 반목과 갈등이 발생할 경우, 대규모 학교에서보다 더욱 심각한 인간소외가 발생할 것이며, 반목과 불통이 가득한 작은 교육공동체는 거대한 사회보다 못한 학교조직으로 전락할 수도 있다. 이러한 맥락에서 관리자와 교사들은 작은 학교가 자연스럽게 제공하는 물리적 이점을 최대한 활용할 필요가 있다. 즉, 학교의 구성원들은 잦은 인간적 교류와 공유된 경험을 바탕으로 상호 이해의 폭을 넓히고, 갈등과 마찰이 발생할 경우 대화와 협력을 통해 학교의 문제를 슬기롭게 해결해야 할 것이다. 결국, 작은 학교는 학교 구성원들의 친밀성을 높일 수 있는 전제조건이지만, 작은 학교 자체가 친밀성을 가져오는 것이 아님을 유념해야 할 것이다.

또한, 농어촌 작은 학교의 구성원들이 친밀성을 공유한다고 해서 좋은 학교가 만들어 지는 것은 아니다. 학교를 '작고 좋은 공동체'로 만들기 위해서는, 교사들이 친밀성을 기초로 하여 전문공동체를 형성해야 한다. 전문공동체의 일원인 교사들은 서로의 교수적 장점과 노하우를 공유하며, 작은 학교의 크고 작은 문제를 해결하기 위해 집단지성을 발휘할 것이다. 그러나 현행 교원 인사정책과 연수체제는 지속가능한 전문공동체를 형성하고 지원하는 데 있어서 제한적이다. 이 연구의 사례에서 확인할 수 있는 것처럼, 농어촌 소규모 학교의 교사들은 자발적인 구성원이 아니었으며, 작은 학교와 교실에 적합한 전문적 지식과 기술을 외부기관이나 타자로부터 체계적으로 학습하기가 어려웠다. 만일, 작은 학교의 교사들이 다른 지역의 학교로 떠나고, 그들이 구축한 전문적 지식과 노하우가 새롭게 충원되는 교사들에게 공유되지 못한다면, 작고 좋은 공동체로서의 학교는 한시적으로 존재하다가 사라지게 될 것이다. 따라서 정부와 지역교육청은 지속가능한 작고 좋은 학교를 만들기 위하여 기존 교원 인사정책과 교사지원 연수 프로그램을 재정비할 필요가 있을 것이다. 가령, 농어촌 소규모 학교에 근무하는 학교관리자와 교사들에게 행정적 및 재정적인 인센티브를 강화하고, 농어촌 소규모 학교의 교사들이 교수 전문성을 공유할 수 있도록 권역별 교사연구동아리(Teacher Study Group)를 지원하며, 소규모 학교와 교실 운영에 유용한 맞춤형 연수체제와 연수프로그램을 마련하는 것도 하나의 정책적 대안이 될 수 있을 것이다.

참고문헌

- 강철호(2012) 농촌학교 교사의 연수 요구 분석. 교육연구, 27(1), 1-20.
- 교육과학기술부(2009) 농산어촌 소규모 학교 통폐합을 통한 적정 규모 학교 육성 계획.
- 교육인적자원부(2006) 농산어촌 소규모 학교 통폐합과 적정 규모 학교 육성 계획.
- 교육인적자원부(2007) 농산어촌 소규모 학교 통폐합 실태 분석과 개선방안.
- 국민권익위원회(2010) 소규모 학교 통폐합 고충해결 및 폐교 활용 촉진을 위한 제도개선.
- 국회교육과학기술위원회(2011). 농산어촌 교육발전·복지·지원 특별법안 및 소규모 학교 활성화 등에 관한 법률안에 대한 공청회 자료집.
- 김영천(2006) 질적 연구방법론 1. 서울: 문음사.
- 김진경(2004) 소규모 학교의 통폐합의 문제점과 개선방안에 관한 연구. 경남대학교교육 대학원 석사학위논문.
- 김춘진(2010) 공교육의 새로운 모델: 소규모 공동체학교: 교장공모제를 넘어 교원팀공모 제로. 2010 국정감사 정책자료집.
- 나승일(2003) 농어촌 소규모 학교의 육성 및 운영 모형 탐색. 한국농업교육학회지, 35(1), 47-62.
- 남궁윤(2006) 농어촌 소규모 학교 통폐합 정책 연구: 전북지역을 중심으로. 미래교육연구, 13(1), 81-115.
- 두춘희(2007) 소규모 초등학교 공동교육과정 운영 실태와 효과. 한국교원대학교 교육대 학원 석사학위논문.
- 박계식(2007) 교육공동체의 자율과 참여를 통한 소규모 학교 발전 가능성 탐색: 충남 아 산 거산초등학교 폐교위기 극복사례를 중심으로. 한국교원대학교 교육정책대학원 석사학 위논문.
- 박승배(2014) 폐교위기를 극복한 농촌의 한 작은 학교에 대한 질적 연구. 교육종합연구, 12(2), 79-102.
- 성미경(2013) 소규모 학교의 교육적 가능성에 관한 질적 사례 연구. 전주교육대학교 교육 대학원 석사학위논문.
- 이경한(2012) 농산어촌 소규모 학교: 그 존재만으로도 존재할 이유가 있다. 열린전북, 153, 40-44.
- 이동성(2007) 철새초등학교 동학년 연구실의 교사문화에 대한 해석적 분석. 교육인류학 연구, 10(2), 101-129.
- 이정선(2000) 소규모 학교 통폐합의 부당성: 문제 제기와 논의. 비교교육연구, 10(1), 43-44.
- 이혜영(2010) 농산어촌 소규모 학교의 당면 과제와 발전 방안. 현안보고 OR 2010-04-5. 한국교육개발원.
- 이혜영 외(2010) 농산어촌 소규모 학교 통폐합 효과 분석. 한국교육개발원.

- 전라북도교육청(2014) 제17대 전라북도교육감 출범준비위원회 활동 백서.
- 전북교육연구소(2014) 농어촌 소규모 학교 활성화 정책 토론회 자료집.
- 정일환(2005) 농어촌 소규모 학교의 자율적 운영 제고를 위한 학교공동체의 활성화 방안. 한국정책과학학회보, 9(2), 225-249.
- 정지웅 외(2002). 농어촌 교육 발전 방안 연구. 농어촌교육발전위원회.
- 정철영·이용환·송해균·이무근·김진구(1995) 농촌 학교의 소규모화에 따른 대응 전략. 농업교육과 인적자원개발, 27(3), 13-30.
- 조명래·최용섭·김순애·윤관중·김남순(1994) 소규모 학교 경영개선에 관한 연구. 생활지도연구, 14, 1-34.
- 최경환·마상진(2009) 농촌학교의 활성화 실태와 시사점. 한국농촌경제연구원.
- 최준렬·강대중(2007) 농산어촌 소규모 학교 통폐합 실태 분석과 개선 방안. 교육인적자원부.
- 허숙(2003) 학교규모와 학업성취의 관계: 적정 학교규모의 탐색. 한국교사교육, 20(3), 337-358.
- 홍후조(2011) 소규모 학교 통폐합(적정규모 학교 육성)을 통한 교육 정상화. (pp. 34-64). 소규모 학교 교육정상화를 위한 정책토론회. 정책토론회 자료집.
- 佐藤 學(2000) 손우정 역(2006) 수업이 바뀌면 학교가 바뀐다. 서울: 에듀케어.
- Cotton, K.(2001) New small leaning communities: Findings from recent literature. Portland, OR: Northwest Regional Educational Laboratory.
- Darling-Hammond, L.(2002) Redesigning high schools: What matters and what works. School Redesign Network.
- Duke, D. L.(2006) Keys to sustaining successful school turnarounds. Darden-Curry Partnership for Leaders in Education, University of Virginia.
- Nathan, J. & Thao, S.(2007) Smaller, safer, saner successful schools. National Clearinghouse for Educational Facilities, Washington, D.C.
- Nguyen, T. S. T.(2004) High schools: Size does matter. Issue Brief, 1(1), 1-7.
- Ready, D. et al.(2004) Educational equity and school structure: School size, overcrowding, and schools-within-schools. Teachers College Record, 106(10), 1989-2014.
- Sergiovanni, T.(1994) Building community in schools. San Francisco: Jossey-Bass Publishers.
- Spradley, J. P.(1979) The ethnographic interview. 박종흡(역) (2003). 문화기술적 면접법. 서울: 시그마프레스.

제2부

작은 학교의 생존을 위한 전략
"전라북도교육청 어울림학교 정책"

작은 학교를 되살리는 일은 죽어가는 고목에 새싹을 나게 하는 것보다 어려운 일일지도 모른다. 왜냐하면, 농어촌지역의 소규모 학교가 통합 및 폐지되는 현상은 교육정책의 문제뿐만 아니라, 사회경제적 맥락 및 조건에 기인하기 때문이다. 한국사회는 산업화 이후 이촌향도가 가속화되었고, 농어촌지역에 거주하는 사람들의 수는 지속적으로 감소함으로써 학령인구도 줄어들게 되었다. 결국, 농수산업의 발전과 국토의 균형발전이 이루어지지 않는 이상 작은 학교를 유지 및 존치시키는 것은 현실적으로 힘들다고 볼 수 있다.

우리는 이러한 지역 불균형에서 비롯된 지방소멸과 그에 따른 소규모 학교의 통폐합 정책을 수용해야만 하는가? 해외 선진국들은 오히려 농수산업을 적극적으로 보호하고 있으며, 소규모 학교를 폐지하기보다는 활성화 방안을 모색하고 있다. 해외 선진국들이 소규모 학교를 유지하는 이유는 바로 작은 학교가 지역사회에서 교육 그 이상의 기능을 수행하기 때문이다. 즉, 농어촌지역의 작은 학교는 지역사회 구성원들 사이에서 신뢰, 규범, 네트워크를 구축하는 구심적 역할을 수행한다. 이러한 맥락에서 농어촌지역의 작은 학교를 되살리는 일은 지방소멸을 막고, 국토의 균형발전을 이루기 위한 첫 단추가 될 수 있다. 만일 우리가 이러한 주장을 수용한다면, 작은 학교의 생존을 위한 전략을 적극적으로 모색할 필요가 있다.

전라북도교육청은 농어촌지역 작은 학교의 유지와 생존을 위한 교육정책을 펼쳐왔는데, 그것의 결정체가 '어울림학교 정책'이다. 전라북도교육청은 농어촌지역 작은 학교를 되살리기 위해 네 가지 전략을 구사하였다. 첫째, 대도시의 큰 학교와 농어촌지역의 작은 학교를 연결하여 소규모 학교를 활성화하는 정책이다. 이 생존전략은 학구 제한 규정을 완화하고, 학생들에게 교통편의를 제공함으로써 도농지역 학교들의 상생을 유도하는 정책이다. 둘째, 작은 학교들의 결합을 통해 공동으로 학교교육과정을 운영하는 정책이다. 이 전략은 단위학교의 고립을 방지하고, 학교교육에서의 역동성과 다양성을 강화하는 정책이다. 셋째, 작은 학교와 마을을 연결하여 지역사회에서의 앎과 삶을 일치시키는 교육정책이다. 마지막으로, 농어촌지역에 특화된 교육과정을 마련하여, 단위학교의 강점 및 장점을 살리는 방안이다. 제2부에서는 이러한 네 가지 생존 기제를 질적 연구방법으로 추적함으로써 어울림학교 정책의 교육적 가능성을 심층적으로 논의하고자 한다.

제3장

작은 학교와 마을을 결합하기
"마을학교협력형"

이 글은 2015년 대한민국 교육부와 한국연구재단의 지원을 받아 수행된 연구이며(NRF-2015S1A5A8010846), 출처는 "이동성(2017). 농어촌지역 소규모 마을학교의 운영 기제 탐색: 초중등 교원들의 생애사를 중심으로. 한국교원교육연구, 34(2), 1-25)"임을 밝힙니다.

Ⅰ. 서론

최근 한국사회는 무한경쟁을 강조하는 사회문화적 맥락을 뛰어넘어 '협력', '돌봄', '공감', '공존', '상생', '일상', '공동체' 등의 가치를 복원하고 있으며, 이러한 시도는 학교와 마을의 관계에서도 예외는 아니다(양희준, 박상옥, 2016: 5). 학교는 교육을 통하여 점차적으로 쇠락해가는 농어촌지역의 마을을 활성화할 수 있으며, 마을의 인적 및 물적 자원은 학교의 유지 및 발전에 기여할 수 있다(Harmon & Schafft, 2009; Kilpatrick et al., 2002: 2-4; Lyson, 2002: 136; Miller, 1993: 84; Potapchuk, 2013). 이러한 맥락에서 미국, 영국, 호주 등의 선신 국가들은 섬처럼 고립되었던 학교를 마을학교로 전환함으로써 학교와 마을의 연결을 성공적으로 구현하고 있다(정제영, 2015: 2). 즉, 학교와 마을의 협력에 기초한 마을학교는 학교의 교육적 기능을 강화하고, 학생들의 교육적 성장을 촉진하며, 마을의 사회자본과 복지를 증진하는 데 유용할 수 있다(정제영, 2015: 3; Kretzmann & McKnight, 1993; Miller, 1995).

우리나라에서도 2015년을 전후로 하여 일부 시·도교육청(서울특별시교육청, 경기도교육청, 전라북도교육청, 강원도교육청 등)을 중심으로 학교와 마을의 협력을 도모하는 마을학교 정책을 통하여 학교혁신, 마을의 활성화, 지역사회 구성원들의 평생교육 실천을 시도하고 있다. 현재 마을학교는 지자체 및 시·도교육청에 따라 다양한 이름으로 불리고 있는데, 서울특별시교육청은 '마을결합형학교'로, 서울특별시는 '마을과 함께 하는 학교'로, 경기도교육청은 '마을교육공동체'로, 전라북도교육청은 '어울림학교(마을학교협력형)'로, 강원도교육청은 '온마을학교'로 다양하게 칭하고 있다. 그러나 그 이름이 무엇이든지 간에, 마을학교는 학교와 마을의 협력과 파트너십을 통하여 상생을 추구하는 측면에서 개념적 유사성을 공유하고 있다. 따라서 이 연구는 학교와 마을의 결합(school-community linkage, school-community partnership)기제에서 파생된 여러 명칭들을 '마을학교(community school)'로 통칭하고, 농어촌지역의 마을과 소규모 학교의 결합에서 비롯된 학교를 '소규모 마을학교'로 칭하고자 한다.

학교와 마을의 연계에 대한 연구는 1990년대 이후 미국과 영국, 그리고 호주를 중심으로 활발히 전개되고 있다. 특히, 마을학교에 대한 외국의 선행연구는 마을의 허브 혹은 센터로서의 학교, 학교 교육과정으로서의 마을, 학교 기반 경제교육이라는 운영 기제(operational mechanism)를 강조하였다 (Bauch, 2001; Gugerty et al., 2008; Graves, 2011; Harmon & Schafft, 2009; Lyson, 2002; McShane, Watkins, & Meredyth, 2012; Miller, 1995). 여기에서 말하는 마을학교의 '운영 기제'란 학교와 마을이 결합하여 교육의 목적을 극대화할 수 있는 협업의 관점과 원리, 방법과 절차를 의미한다. 우선, 마을 센터로서 마을학교는 평생학습을 위한 자원이 되며, 광범위한 사회적 서비스(보건, 식생활, 주민복지, 보육, 스포츠, 영화, 음악 등)를 전달하기 위한 도구로 기능할 수 있다. 이러한 접근은 1970년대 마을학교 운동 및 탈학교론(de-schooling)과 그 맥을 같이 한다. 두 번째 접근은 마을학교를 학생들의 사회적 탐구를 위한 교육과정으로 간주하는 것이다. 세 번째 접근인 학교 기반 경제교육(school-based enterprise)은 학생들이 마을학교에서 가치 있는 직업역량과 기술을 키우고, 자신들의 직업적 흥미와 관심을 테스트할 수 있는 실질적인 기회를 얻을 수 있으며, 마을의 어른들과 함께 의미 있는 관계를 형성함으로써 지역의 산업과 조직에 종사할 수 있는 기회를 잡을 수 있다(Bauch, 2001: 215; Gugerty et al., 2008; Miller, 1995: 165). 또한, 학생들은 학교 기반 경제교육을 통하여 리더십, 팀워크, 의사결정, 문제해결, 분석적 사고, 기술 관련 일을 배울 수 있다. 이러한 학교 기반 경제 발전 및 교육은 최근 직업진로 교육 분야에서 주목하고 있는 '앙트레프레너십(起業家精神, entrepreneurship)'과 관련이 있다.

또한, 외국의 선행연구(Bauch, 2001; Blank & Langford, 2000; Graves, 2011; Harmon & Schafft, 2009; Kilpatrick et al., 2002; McShane, Watkins, & Meredyth, 2012; Miller, 1993, 1995; Murphy, 1995; Potapchuk, 2013)에서는 마을학교를 성공적으로 만들기 위한 전략을 추출하였다. 성공적인 마을학교를 구축하기 위해서는 프로그램을 세심하게 디자인하기, 교육 프로그램 및 프로젝트에서 학생들의 참여를 강화하고 권한을 부여하기, 변화를 위한 광범위한 지원 체제를 개발하기, 마을의 자원과 문제를 명료화하기, 공통의 비전을 세우기, 변화를 위한 체계화된 설자와 예산을 마련하기, 마을학교 조성을 위한 시간과 인내심 갖기, 공동체의 합의와 파트너십을 강조하기, 마을학교의 구성원들이 공동체의 강점과 요구를 자각하기, 지자체의 공무원을 교육하고 격려하기, 교원들을 대상으로 소규모 마을학교에 적합한 수업 기술 및 전문성 개발하기, 교원의 헌신과 책무성, 학교장의 리더십과 헌신, 마을학교의 성과를 체계화하고 축하하기, 변화를 위한 생산적이고 편안한 학교풍토를 조성하기, 지자체 및 상급교육기관의 행정 및 재정적인 지원, 마을학교에 대한 구성원들의 강력한 주인의식과 다양성 존중 등이 필요하였다(Miller, 1995: 168; Murohy, 1995: 1-10).

한편, 마을학교에 대한 국내 선행연구는 마을학교 관련 정책연구(박상현, 2015; 서용선 외, 2015; 서울특별시교육청, 2015; 정건화 외, 2015), 마을학교의 개념 연구(김동택, 2014; 김종선, 이희수, 2015; 양희준, 박상옥, 2016), 마을학교 교육과정의 개발 및 실천사례 연구(박제명, 2014; 차혁성 외, 2015)로 구분할 수 있었다. 이러한 국내 연구동향은 마을학교의 개념과 유형, 그리고 교육적 가능성을 이론적으로 탐구하고, 여러 마을학교의 교육과정과 실천사례를 조사한 측면에서 연구의 가치가 있었다. 그러나 국내 연구는 주로 문헌연구, 설문조사, 현장탐방 등의 방법에 의존함으로써 마을학교의 형성을 둘러싼 내부자들의 생생한 경험과 목소리를 재현하는 데 한계가 있었다. 또한, 마을학교 사례는 주로 수도권 외곽의 혁신학교나 교육복지네트워크 구축지역, 마을공동체사업 지역으로 한정되어 있어서 농어촌지역 소규모 학교와 마을의 결합에 기초한 '소규모 마을학교'의 운영 기제를 포착하는 데 제한적이었다. Bauch(2001), Harmon & Schafft(2009: 6)의 지적처럼, 농어촌지역 소규모 마을학교는 거대 도시나 도심 외곽에 위치한 마을학교와는 다른 상황에 놓여있을 수 있다. 따라서 이 연구는 농어촌지역의 소규모 학교에서 마을학교를 성공적으로 운영했던 초중등 교원들을 대상으로 주제중심 생애사를 시도함으로써 '좋은' 소규모 마을학교의 운영 기제를 추출하고자 한다. 이러한 연구목적을 달성하기 위한 세부적인 연구 질문은 다음과 같다. "농어촌지역 소규모 학교의 교원들은 어떠한 방식으로 학교와 마을을 성공적으로 연결하였는가?" 이 연구의 결과는 성공적인 소규모 마을학교의 운영 기제를 세밀하게 포착함으로써 농어촌지역 소규모 학교와 마을의 상생과 협력을 위한 교육적 아이디어 및 통찰을 제공할 수 있을 것이다.

Ⅱ. 선행연구 검토

앞서 말한 바와 같이, 마을학교에 대한 국내 선행연구는 시·도교육청과 산하 연구기관(교육연구정보원) 수준의 마을학교 정책연구(박상현, 2015; 서용선 외, 2015; 서울특별시교육청, 2015; 정건화 외, 2015), 공동 및 개인 수준의 마을학교 관련 개념 연구(김동택, 2014; 김종선, 이희수, 2015; 양희준, 박상옥, 2016), 마을학교를 실현하기 위한 학교 교육과정 개발 및 실천사례 연구(박제명, 2014; 차혁성 외, 2015)로 구분할 수 있었다. 이러한 국내 연구동향을 간략하게 종합하면 다음과 같다.

첫째, 시·도교육청 및 산하 연구기관의 마을학교 정책연구는 서울, 경기, 전북을 중심으로 수행되었는데, 여기에서는 지면관계상 서울과 경기 지역을 중심으로 연구결과를 제시하고자 한다. 서울특별시교육청(2015)은 학생들의 교육적 성장을 위한 마을학교의 유형 연구와 관련하여 '마을을 통한 교육', '마을에 관한 교육', '마을을 위한 교육'을 강조하였다(박상현, 2015). 여기에서 말하는 '마을을 통한 교육'이란 마을의 인적 및 물적 자원을 교육에 활용하는 것을 의미하고, '마을에 관한 교육'은 마을의 역사, 자연, 문화, 산업, 마을의 가치관과 생활방식을 학습하고 공유하는 것을 의미하며, '마을을 위한 교육'은 학생을 지역사회의 건강하고 유능한 인재로 키우는 것을 의미한다(서울특별시교육청, 2015: 86). 서울특별시교육청은 이러한 마을학교를 "유아, 아동, 청소년이 학교의 정규교육과정 속에서 마을과 함께 성장하고, 방과후에 마을에서 다양하고 즐거운 배움이 이루어지는 교육안전망을 구축한 학교"로 정의한다(정건화 외, 2015: 34). 한편, 경기도교육청도 서울특별시교육청과 매우 흡사한 마을학교의 실천적 의미를 제시하고 있다. 경기도교육청이 말하는 마을학교의 세 가지 실천적 의미란 마을의 모든 주체와 기관이 학생교육에 적극적으로 동참하고('마을을 통한 교육'), 마을이 학생들의 배움터가 되며('마을에 관한 교육'), 학생들을 마을을 위한 주인 혹은 시민으로 성장시키는 것('마을을 위한 교육')을 의미한다(서용선 외, 2015: 65-67). 경기도교육청은 이러한 마을학교의 주요한 작동원리로서 생태주의, 사회자본, 협력적 거버넌스를 강조하였다. 이 같은 시·도교육청 수준의 연구는 마을학교를 구축하기 위한 정책적인 틀을 마련한 측면에서 연구의 가치가 있다.

둘째, 마을학교에 대한 두 번째 연구동향(김동택, 2014; 김종선, 이희수, 2015; 양희준, 박상옥, 2016)은 마을학교의 개념에 대한 공동 및 개인 수준의 이론적 탐구이다. 대표적으로, 김종선과 이희수(2016)는 마을학교의 개념적 지도를 조명함으로써 마을학교가 마을공동체 형성의 구심점임을 밝혀주었다. 그리고 양희준, 박상옥(2016)은 우리나라의 마을학교 정책적 가능성과 한계를 평생교육의 차원에서 논의하였다. 이 연구결과에 따르면, 우리나라의 마을학교 교육정책은 사회혁신, 학교혁신, 평생교육 실천이라는 사회문화적 맥락에서 출현하였는데, 이 정책은 공존, 협동과 같은 가치와 대안적인 교육형태를 통해 학생들의 교육적 성장에 주목한 측면에서 가능성이 있다(양희준, 박상옥, 2016). 또한, 김동택(2014)은 마을학교의 지속가능한 모델을 한국의 정치 및 경제적 제도에 연결함으로써 마을학교에 대한 문제의식과 현실성을 강조하였다. 이와 같은 공동 및 개인 수준의 이론연구는 마을학교의 가능성을 개념적으로 논의한 측면에서 연구의 가치가 높았지만, 마을학교에 대한 경험적인 연구로 나아가지 못한 한계가 있다.

셋째, 마을학교에 대한 또 다른 국내 선행연구(박제명, 2014; 차혁성 외, 2015)는 마을학교를 만들기 위한 학교 교육과정의 개발 및 마을학교의 실천사례를 질적으로 조명하였다. 우선, 차혁성 등(2015)은 마을학교에 대한 사례조사와 관계자 심층 면담을 통해 마을학교 교육과정의 특징을 도출하였다. 이 연구에 따르면, 마을학교의 교육과정은 단순 연계형(인적 및 물적 자원의 단순한 연결)에서 네트워크형(학교와 마을의 연계가 체계화 및 조직화 되는 단계), 참여 및 통합형(학교 내 교육활동과 마을에서의 교육활동이 유기적으로 통합된 단계)로 발전하였는데, 대부분의 사례가 서울 외곽 중산층 거주지역의 혁신학교, 지역교육복지네트워크 구축지역, 지자체의 마을공동체사업지역으로 한정되어 있었다(차혁성 외, 2015). 한편, 박제명(2014)은 질적 사례연구를 통하여 한 마을학교의 형성 배경과 과정을 분석하고, 다양한 교육활동과 삶의 특징을 기술함으로써 마을학교의 교육적 함의를 논의하였다. 이 연구는 마을학교의 운영을 위한 요소로서 구성원들의 철학과 비전의 공유, 공동체를 위한 교육문화 및 환경 조성, 교사로서의 성장과 헌신을 강조하였다(박제명, 2014).

지금까지 살펴본 바와 같이, 마을학교에 대한 국내 선행연구는 마을학교의 개념과 유형, 그리고 교육적 가능성을 이론적으로 탐구하고, 마을학교의 교육과정과 실천사례를 질적으로 조명한 측면에서 연구의 가치가 있었다. 그러나 마을학교의 개념과 유형에 대한 시·도교육청 및 산하 연구기관의 정책연구는 주로 문헌연구, 설문조사, 현장탐방 등의 방법에 의존함으로써 마을학교의 형성을 둘러싼 구성원들의 생생한 경험과 목소리를 재현하는 데 한계가 있었다. 특히, 서울특별시교육청과 경기도교육청의 정책연구 대상 마을학교 사례는 주로 교육복지 구축지역, 마을공동체 사업지역으로 한정되어 있어서 농어촌지역 소규모 학교와 마을의 결합에 기초한 소규모 마을학교의 운영방식을 포착하는 데 제한적이었다. 물론, 전라북도교육청과 강원도교육청은 최근에 소규모 마을학교의 개념을 제시하고는 있으나, 이러한 소규모 마을학교의 실제적인 운영 기제를 심층적으로 분석하지 못하고 있는 실정이다. 따라서 이 연구는 농어촌지역의 소규모 학교와 마을의 결합에 기초하여 소규모 마을학교를 성공적으로 만들었던 초중등 교원들의 생애담을 해석적으로 분석함으로써 농어촌지역 소규모 마을학교의 운영 기제를 추출하고자 한다.

III. 연구방법

1. 연구 참여자들의 인적 특성

이 연구는 농어촌지역 소규모 마을학교를 성공적으로 운영했던 교원들을 대상으로 내러티브 인터뷰(narrative interview)를 시도함으로써 마을학교의 운영 기제를 포착하고자 하였다. 이 연구에서 의미하는 '성공적인 소규모 마을학교'란 읍면지역에 위치한 작은 학교(전교생 60명 미만의 통폐합 대상 학교)가 마을과의 유기적인 협력을 통해 학생 수를 일정하게 유지 및 증가시키고, 교육의 질을 개선함으로써 폐교의 위기를 극복한 우수한 학교를 지칭한다. 이 연구는 농어촌지역 소규모 마을학교의 운영에 초점을 두었기 때문에 전라북도 지역의 교원들(강원도의 경우, 마을학교 정책이 최근에 시행되어 연구대상에서 제외)을 주요 참여자들(N=8)로 선정하였고, 타 지역(경남)의 보조 참여자들(N=2)을 추가적으로 선정하여 '주제중심 생애사' 탐색을 수행하였다. 여기에서 말하는 주제중심 생애사(topic centered life history)란 개별 참여자들의 생애 전반에 주목하는 것이 아니라, 특정한 연구주제와 삶의 국면에 한정하여 여러 참여자들의 내러티브(구술)를 분석하는 연구방법이다. 따라서 이 연구는 전라북도 농어촌지역에서 소규모 학교를 마을에 연결함으로 써 폐교위기의 학교를 되살려낸 여덟 명의 학교 이야기에 주목하였다. 이 연구에 참여한 교원들(아래 세 명의 장학사들은 현재 교원은 아니지만, 한때 교원 신분 에서 마을학교를 만들었기에 교원으로 포함하여 표기함)의 인적 특성을 간략하게 제 시하면, 아래 〈표 1〉과 같다.

〈표 1〉 연구 참여자들의 인적 특성

참여자 특성	젠더 및 세대	근무처	직위(현)	주요 특징	참여 형태
정우성(가명)	남/40대 후반	도교육청	장학사	혁신학교 담당	주요 참여자
강석우(가명)	남/40대 후반	도교육청	장학사	어울림학교 담당	주요 참여자
이현빈(가명)	남/40대 후반	지역교육청	장학사	혁신특구 담당	주요 참여자
남보원(가명)	남/40대 후반	초등학교	교감	교육학 박사	주요 참여자
남궁민(가명)	남/50대 초반	고등학교	부장교사	교육학 박사	주요 참여자
소지섭(가명)	남/50대 초반	중학교	부장교사	노조 사무처장	주요 참여자
안중근(가명)	남/40대 후반	초등학교	부장교사	대학 강사	주요 참여자
배일호(가명)	남/40대 중반	초등학교	부장교사	대학 강사	주요 참여자
차승원(가명)	남/40대 중반	초등학교	부장교사	마을학교 근무	보조 참여자
송명섭(가명)	남/60대 초반	초등학교	(퇴)교원	퇴직교원	보조 참여자

정우성(초등) 장학사는 익산 지역에서 마을학교(S초등학교)를 일군 인물로 서 현재 전라북도교육청에서 학교혁신 업무를 맡고 있다. 강석우 장학사(중 등)는 3년 전부터 현재까지 도교육청의 어울림학교(공동통학구형, 작은 학교협력 형, 마을학교협력형, 테마형) 정책을 맡고 있으며, 마을학교 운영에 대한 이해도 와 전문성이 높은 인물이다. 이현빈 장학사(초등)는 완주(C초등학교) 및 임실 (J초등학교) 지역에서 마을학교들을 일구었는데, 현재 정읍 지역의 장학사로 근무하고 있다. 외국에서 교육학 박사학위를 취득한 남보원(초등) 교감은 순창 지역의 소규모 학교에서만 교직생활을 하였으며, 현재도 어울림학교 를 운영하고 있다. 남궁민(중등) 교사는 김제 지역의 한 소규모 중학교를 되

살린 인물로서 현재 교육연구소 소장을 맡고 있다. 소지섭(중등) 교사는 완주 및 임실 지역의 소규모 중학교에서 대부분의 교직생활을 보냈으며, 학생자치 중심의 마을학교 운영에 남다른 전문성을 갖고 있는 인물이다. 안중근(초등) 교사는 진안 지역에서 한 마을학교(M초등학교)를 되살린 인물인데, 전북지역 마을학교 만들기의 아이콘이다. 마지막으로, 배일호(초등) 교사는 진안 지역의 한 초등학교(J초등학교)를 되살린 인물인데, 창의적인 교육 및 저술 활동을 통해 세간의 주목을 받고 있는 인물이다. 한편, 이 연구는 전북 지역의 교원들에 한정하여 표집을 했기 때문에 연구결과에 대한 한계가 있을 수도 있다. 따라서 연구자는 타 지역 마을학교 전문 교원을 추가적으로 선정하여 표집의 한계를 보완하고자 하였다.

2. 질적 자료의 수집, 분석, 해석

이 연구는 두 제보자들(정우성 및 이현빈 장학사)을 중심으로 한 눈덩이 표집(snowball sampling)을 통하여 참여자들의 내러티브를 수집하였다. 이 연구의 기간은 2016년 8월부터 2017년 2월까지였으며, 총 10명을 대상으로 개별적인 내러티브 인터뷰(1인당 1시간 40분부터 5시간까지 소요)를 수행하였다. 내러티브 인터뷰는 연구자의 연구실이나 참여자들의 근무지에서 수행되었으며, 녹음된 모든 음성파일은 연구자 및 보조 연구 인력(2명)에 의해 전사되었다. 그리고 내러티브 인터뷰 자료에 대한 타당성과 신빙성을 확보하기 위하여 연구 참여자들이 출판한 서적과 사진, 학교교육계획서, 카페 게시물, 각종 교수학습 자료, 신문기사 등을 추가적으로 수집하였다. 연구 참여자들의 대부분이 고도의 교수 전문성과 경력을 지닌 인물들이었기 때문에 이론적 및 개념적 추상도가 상당히 높은 질문목록을 구성하여 내러티브 인터뷰를 수행하였다.

〈표 1〉 주제중심 내러티브 인터뷰 질문 목록(예시)

질문목록	학부모 및 지역사회와의 협업 방법
질문1	선생님은 그동안 새만금중학교 학부모와 어떻게 지내셨습니까?
질문2	학부모와의 관계에서 가장 인상적인 점은 무엇이었습니까?
질문3	학부모와의 연대는 작은 학교의 운영과 어떠한 관계가 있습니까?
질문4	선생님은 지역사회의 인프라와 학교교육 프로그램을 어떻게 연결하셨습니까?
질문5	새만금중학교의 학부모들은 '기업후원형 돌봄 사업'을 어떻게 도와주었습니까?
질문6	퇴임 교장선생님은 '기업후원형 돌봄 사업'에 어떠한 방식으로 참여하셨습니까?
질문7	이하 생략

이 연구는 여러 연구 참여자들을 연구의 대상으로 설정하는 주제중심 생애사 연구를 의도하였기에 Lieblich, Truval-Mashiach, & Zilber(1998)가 제안한 총체적 내용 접근(holistic content approach)을 채택하였다. 주제 분석을 중심으로 하는 총체적인 내용 접근은 한두 명을 대상으로 하는 생애사의 연구의 특성(맥락성, 내러티브, 인간화)을 재현하기는 힘들지만, 특정 연구주제에 대한 여러 참여자들의 간주관성(intersubjectivity) 및 공유된 의미를 도출하는 데 유용한 접근방법이다. 한편, 이 연구는 이동성, 김영천(2014)의 '실용적 절충주의에 기초한 포괄적 분석절차'에 따라 다음과 같이 주제 분석을 시도하였다: ①원 자료에 대한 반복적인 읽기 및 관리 ②연구자의 반성과 통찰을 중심으로 한 분석적 메모를 지속적으로 작성하기 ③1차 코딩: 첫 번째 코딩을 통한 초기 코드 및 범주의 생성 ④2차 코딩: 두 번째 코딩을 통한 새로운 코드와 범주의 생성 및 이들의 관계 파악하기 ⑤3차 코딩: 최종적인 코딩을 통한 범주들의 통합 및 핵심 주제 생성하기 ⑥내러티브를 중심으로 연구결과를 구성하고 재현하기.

이러한 여섯 단계의 순환적인 질적 자료 분석 과정을 통하여 최종적으로 8개의 범주(2차 코딩 결과: 학교와 마을의 협력을 통한 사회자본의 확충: "보상교육을 넘어 더불어 살기", 소규모 마을학교의 생성을 위한 이니셔티브(initiative): "방아쇠인 교원", 소규모 마을학교를 위한 민주적인 거버넌스: "학생 및 학교 자치를 실현하기", 마을의 자원으로 학교의 교육과정을 실현하기: "마을을 통한 교수학습", 마을을 중심으로 대안적인 가르침과 배움을 실천하기: "마을이 교육과정이다", 학생들이 배움의 주인이 되는 교육과정 디자인하기: "기초 및 기본 교육의 강조", 마을학교를 위한 교원들의 헌신과 기다림: "마을학교의 모호함을 인내하기", 권한부여와 신뢰를 통한 마을학교의 지속가능성 추구: "이 대신 잇몸으로")와 3개의 핵심범주 혹은 주제(3차 코딩 결과: 농어촌지역의 소규모 학교를 마을의 학습 센터로 전환하기, 마을에서의 앎과 삶을 학교의 공식적인 교육과정으로 연결하기, 교원의 헌신과 학부모의 신뢰를 기반으로 학교와 마을을 연결하기)를 도출하였다.

3. 타당성 확보 및 글쓰기 전략

생애사 연구에서 이야기의 신뢰성과 진실성을 확보하는 것은 최종적인 연구결과에 대한 타당도와 직결된다(Dhunpath & Samuel, 2009; Lieblich, Truval-Mashiach, & Zilber, 1998). 따라서 이 글은 연구결과에 대한 신뢰성 및 진실성을 확보하기 위하여 다음과 같은 타당도 전략을 구사하였다. 첫째, 이 연구는 특정한 농어촌지역에 근무하는 참여자들의 제한점을 보완하기 위하여 타 지역 교원을 추가적으로 선정하였다. 둘째, 이 연구는 자료 수집에서의 다양성을 확보하기 위하여 내러티브 인터뷰 자료뿐만 아니라, 각종 보조 자료(서적 및 사진 자료, 학교교육계획서, 카페 게시물, 각종 교수학습 자료, 신문기사 등)를 추가적으로 수집하였다. 셋째, 생애사 연구는 연구자와 참여자 사이의 수평적이고 인간적인 관계를 강조하기 때문에, 연구자는 자료의 수집 및 구성원 검증 과정에서 최대한으로 낮은 입장에서 화자들의 내러티브를 경청하고자 하였다. 넷째, 타당성이 담보된 '좋은' 생애사를 서술하기 위해서는 연구자의 방법적 민감성과 이론적 전문성이 중요하다. 연구자는 생애사 연구 방법에 대한 전문 서적과 학술논문을 출판한 경험이 있으며, 농어촌지역의 소규모 학교와 관련한 학술논문(3편)을 작성하였다. 다섯째, 이 글은 연구결과에 대한 타당도를 확보하기 위하여 농어촌 학교교육 전문가(교대 소속 교수 2명)를 대상으로 동료자 검증을 받았다. 한편, 이 연구는 최종적인 연구결과를 효과적으로 재현하기 위하여 분석적 및 해석적인 글쓰기를 시도함으로써 연구주제에 적합한 글쓰기 스타일을 채택하였다.

Ⅳ. 연구결과

1. 농어촌지역의 소규모 학교를 마을의 학습 센터로 전환하기

연구 참여자들은 소규모 학교를 마을에 연결하기 위하여 기존의 학교를 지역사회의 학습 센터로 전환하였다. 즉, 그들은 성공적인 마을학교 만들기 위하여 학생들의 사회자본을 확충하였고, 마을학교의 형성을 위한 방아쇠역할을 하였으며, 학생 자치 및 학교 자치를 중심으로 민주적인 거버넌스를 구축하였다.

가. 학교와 마을의 협력을 통한 사회자본의 확충:
"보상교육을 넘어 더불어 살기"

연구 참여자들은 소규모 학교의 기능을 마을을 학습 센터로 전환함으로써 학생들의 교육적 성장을 촉진하기 위한 '사회자본'을 확충할 수 있는 데서 찾았다. 여기에서 말하는 사회자본이란 자발적인 사회적 네트워크, 상호신뢰, 호혜적인 규범을 의미한다(서용선 외, 2015; 정제영, 2015; Bauch, 2001; Kilpatrick et al., 2002; Miller, 1995; Onyx & Bullen, 2000; Putnam, 1993). 사회적 네트워크는 구성원들(교원, 학생, 학부모, 지역사회 인사)의 자발적이고 수평적인 참여를 통한 연대의식을 강화하고, 상호신뢰는 타인의 사고와 행위에 대한 지속적인 이해와 관심을 유도하며, 호혜적 규범은 공동체의 가치(헌신, 나눔, 배려, 협력 등)를 실현하는 규율 및 규칙을 의미한다(서용선 외, 2015; Kilpatrick et al., 2002).

이러한 사회자본은 가족뿐만 아니라, 공동체의 사회적 구조 혹은 조직에 파묻혀 있는데(Coleman, 1987: 36), 연구 참여자들은 마을의 학습 센터로서 소규모 학교를 운영함으로써 농어촌지역 학생들의 열악한 가정배경에서 비롯된 사회자본의 한계를 보완할 수 있었다. 특히, 소규모 마을학교의 교원들은 학습 센터로서의 학교운영을 통해 일시적 차원의 보상교육을 넘어, 학생들이 다른 사람들과 더불어 살아갈 수 있는 능력을 키워줄 수 있었다. 마을학교 학생들의 이러한 '더불어 살아가기'는 '더불어 사는 평민'을 기르기 위해 풀무학교를 운영했던 홍순명(2006: 8-13)의 교육철학(지역에서 배우고 고향을 사랑하는 마음, 따뜻한 눈빛과 마음의 교감을 이루는 대화)과 일부분 맞닿아 있었다. 또한, 연구 참여자들은 마을학교 운영(마을 공부방, 교육협동조합, 주민자치센터 돌봄 프로그램 등)을 통하여 학생들이 자기 확신과 자기 존중감을 강화할 수 있는 계기를 마련하였다.

도시문화 탐방 같은 프로그램을 운영해봤지만, 일시적인 효과밖에 없었어요. 오히려 어떤 아이들은 도시의 사람들을 보고나서 자존감이 낮아지기도 했어요. 제가 봤을 때는 이러한 체험위주의 프로그램보다는 돌봄을 중심으로 한 심리적 접근이 더 중요한 거 같아요. 정서적 안정감 이런 것이요. 예를 들면, '엄마품 책 읽어주기' 같은 프로그램이죠. 마을학교는 거창한 것이 아니라, 그냥 동네의 옆집 아줌마가, 할머니가 아이들에게 책을 읽어 주는 거죠. 어떤 아이들은 자기네 집에서 도저히 경험할 수 없는 마음의 영양제를 맞는 것이지요.

(중략) 한 아이를 키우려면 온 마을이 필요하다는 게 이런 것이 아닐까요?

(차승원 교사의 인터뷰 전사본, 2016. 12. 27)

마을학교를 운영하면서 오히려 '결핍 프로젝트'를 했어요. 왜냐하면, 아이들이 학교에서 제공하는 문화적 자원의 소중함을 느끼지 못했기 때문입니다. 마을의 일부 아이들과 학부모들은 일방적으로 지원받는 것을 당연시 합니다. 예를 들면, 아이들은 수영장이나 스키장에서 학교가 무상으로 제공하는 빵과 음료수를 먹지 않고 버리기도 했어요. 일시적이고 일방적인 원조는 교육적 한계가 분명했던 것이죠.

(안중근 교사의 인터뷰 전사본, 2016. 12. 23).

나. 소규모 마을학교의 생성을 위한 이니셔티브(initiative): "방아쇠인 교원"

학교를 운영하는 핵심적인 주체로서의 교원이 마을학교를 만들기 위해 '마중물'이 되는 일은 매우 중요하다(서용선 외, 2015: 59). 반대로, 학교와 마을의 연계 작업에서 석극적인 참여를 유도하기에 어려운 대상 또한 교원들이다(정제영, 2015; Cushing & Kohl, 1997). 왜냐하면, 교원들은 기존의 학교를 외부 사람들에게 공개하거나 공유하지 않으려는 영역주의(territorialism) 교직문화를 갖고 있으며, 지난한 마을학교의 형성 과정에서 업무 피로감을 직접적으로 느끼는 당사자들이기 때문이다(정제영, 2015; Epstein, 1995). 그러나 단 하나의 사례(정우성 장학사)를 제외한 일곱 명의 주요 참여자들은 소규모 마을학교의 생성을 위한 '이니셔티브' 혹은 '방아쇠'로서의 역할을 수행하였다. 참여자들이 외국 및 한국 대도시 인근지역의 마을학교 사례와 달리, 방아쇠 역할을 담당해야 했던 이유는 학교와 마을을 둘러싼 사회문화적 및 생태적 환경이 외국 및 대도시 인근지역에 비하여 상대적으로 열악했기 때문이다.

대다수의 참여자들은 기존의 소규모 학교를 학습 센터로서의 마을학교로 전환하기 위하여 의도적으로 방아쇠가 된 것은 아니었다. 그들은 상이한 학교에 근무하면서 농어촌지역의 학생들과 주민들의 삶을 깊이 있게 이해하게 되었고, 무엇보다 소규모 학교의 '교육적 가능성'을 몸소 체험하였다. 그들이 말하는 교육적 가능성이란 단 한 명의 교원이라도 교육에 몰입을 하게 되면, 단위학교 학생들의 학력과 인성이 가시적으로 향상됨을 의미한다. 이러한 농어촌지역 소규모 학교 학생들의 교육적 가소성은 참여자들이 자연스럽게 마을을 학습할 수 있는 계기를 마련하였다. 참여자들은 소수의 학생들을 제대로 가르치기 위해 학생들의 가정과 마을을 알아야 했고, 학부모들에게 먼저 다가가 학교교육에 동참할 것을 권유하였다. 결국, 농어촌지역 학습 센터로서의 마을학교는 상급 교육기관이나 지자체의 상명하달 방식의 교육정책에서 비롯되는 것이 아니라, 소규모 학교의 교육적 가능성에 대한 교원들의 자발적인 열정과 확신에서 시작되었다.

나는 도교육청이 홍보하는 마을학교에 대해 다른 생각을 갖고 있어요. 도교육청이 어울림학교(마을학교) 정책을 잘 세워서 마을학교가 생겨난 게 아니거든요. 교사가 농어촌의 작은 학교를 좋은 학교로 만들려면 마을과 만날 수밖에 없거든요. 위에서 마을학교의 개념을 잡고, 무엇을 시켜서가 아니라, 교사들 스스로가 필요에 의해 마을과 학교를 연결시킨 것이죠.
(남보원 교감의 인터뷰 전사본, 2016. 12. 15)

어울림학교 정책을 혼자서 담당하니까 너무 힘들었죠. 혼자서 백 개가 넘는 어울림학교를 관리하기가 쉽지 않더라고요. 그런데 여력이 없어 어울림학교들을 챙기지 못했는데, 3년차가 되니까 어울림학교들이 자리를 잡는 거예요. 그때 느꼈죠. 아! 교육문제에 대한 해법은 현장에 있구나! 도교육청에서 간섭을 하지 않아 더 좋았던 거죠. 농어촌지역 마을학교의 성패는 교사한테 달려 있는 거 같아요.

(강석우 장학사의 인터뷰 전사본, 2016. 10. 27)

다. 소규모 마을학교를 위한 민주적인 거버넌스: "학생 및 학교 자치 실현하기"

마을학교의 개념 자체는 이미 협력적인 혹은 '민-관' 거버넌스의 성격을 내포하고 있다(정건화, 2015: 23). 여기에서 말하는 민-관 거버넌스란 교육의 국면에서 민과 관이 어떠한 수단과 방법으로 특정한 교육기관(도교육청, 지역교육청, 단위학교 등)을 통제할 것인지에 대하여 의사결정을 하고, 정책을 개발하는 것을 의미한다(서용선 외, 2015). 흥미롭게도, 연구 참여자들은 우선적으로 학생 자치 및 학교 자치를 중심으로 민주적인 학교문화를 구성하였다. 그리고 이러한 학생 및 학교 자치를 토대로 하여, 소규모 마을학교는 지역사회(읍면), 군청, 지역교육지원청, 도교육청, 도청 등과 협력함으로써 학습센터로 기능할 수 있었다. 즉, 마을학교의 민주적인 거버넌스는 학생 및 학교 자치에서 비롯되었으며, 소규모 마을학교의 민주적인 거버넌스는 지역사회, 유관 기관 및 상급 기관과 협력할 수 있는 촉매제로 작용하였다.

연구 참여자들이 소규모 마을학교를 구축하는 과정에서 학생 자치를 무엇보다 강조한 이유는 학생들의 자발적인 성장이 무엇보다 중요했기 때문이다. 또한, 학생들이 학교와 마을에서 자신들의 삶을 스스로 세우지 못하고, 배움의 의미를 찾지 못한다면, 마을과 학교의 협력은 공염불에 불과한 것이었다. 따라서 연구 참여자들은 학생들이 학교와 마을을 중심으로 다양한 자치활동을 스스로 계획하고 실천할 수 있는 교육적 기회를 제공하였다. 한편, 학교 자치를 실현하기 위해서는 교사와 학부모의 협력과 자치도 중요하였다. 연구 참여자들은 교사 및 학부모 자치를 이룩하기 위해 상당한 시간(대략 3년 정도)을 보냈으며, 심각한 갈등도 경험하였지만, 학생들의 가시적인 교육적 성장은 그들이 지속적으로 연대하고 대화할 수 있는 힘과 정당성을 제공하였다. 이와 같은 학생, 교사, 학부모 자치는 학교와 마을의 미시적인 거버넌스 차원에 머무는 것이 아니라, 지자체, 상급 및 유관기관 등과 긴밀하게 협력할 수 있는 동력으로 작용하였다. 결국, 학생의 교육적 성장을 중심으로 하는 학생 및 학교 자치는 마을학교의 운영을 위한 민-관 거버넌스의 방향과 방법을 결정할 뿐만 아니라, 마을학교의 지속가능한 발전을 담보하였다.

마을학교가 지속적으로 유지되고 발전하기 위해서는 학생 자치, 교사 자치, 학부모 자치가 무엇보다 중요했어요. 학생들의 주체성이 없는 마을학교가 무슨 소용이 있을까요? (중략) 저는 농어촌지역에서 교직생활을 하면서 더러 좋은 학교들을 봐왔어요. 그런데 그 학교들이 오래 가지는 못했어요. 왜냐하면, 그런 학교들은 한 두 명의 열정적인 교사가 독단적으로 학교를 이끌어갔던 것이죠. 이 교사가 떠나버리면 좋은 학교도 사라지고 마는 겁니다. 따라서 좋은 마을학교를 지속하기 위해서는 혼자 힘으로는 힘듭니다. 교사들이 모여서 대화하고 연대를 해야 합니다. 교사들이 이렇게 자치를 이룩하면, 학부모들도 조금씩 모이게 되어있어요. 이렇게 학교 내부에서부터 에너지가 차올라야 비로소 학교 밖의 사람들과 제대로 협력을 할 수 있는 것이지요.

(소지섭 교사의 인터뷰 전사본, 2016. 12. 19)

우리학교는 1학년부터 6학년 학생들 모두가 모여서 회의를 해요. 처음에는 이게 가능할까 반신반의 했죠. 그런데 직접적인 삶의 주제를 중심으로 회의('다모임')를 하니까 가능하더라고요. 회의 방식이나 절차가 중요한 것이 아니라, 서로의 생각을 이야기하고, 공동으로 의사결정을 하는 것이 중요한 것이지요. 그래서 우리학교에는 1년 동안 회의할 주제가 미리 정해져 있지 않아요. 아이들 스스로가 회의 주제를 상정하고, 의사결정을 해요. 아이들이 자기 삶의 주인이 되는 것이지요. 교사들의 다모임도 마찬가지입니다.

(안중근 교사의 내러티브 전사본, 2016. 12. 23)

2. 마을에서의 앎과 삶을 학교의 공식적인 교육과정에 연결하기

연구 참여자들은 농어촌지역의 소규모 학교를 마을에 연결하기 위하여 마을에서의 앎과 삶을 학교의 공식적인 교육과정에 연결하였다. 즉, 그들은 마을의 인적 및 물적 자원을 통하여 학교의 교육과정을 실현하고, 마을을 교육과정으로 간주하였으며, 기초 및 기본교육을 중심으로 학생들이 배움의 주인이 되는 교육과정을 실현하였다.

가. 마을의 자원으로 학교의 교육과정을 실현하기:"마을을 통한 교수학습"

농어촌지역의 작은 학교는 규모 때문에 도시의 대규모 학교에 비해 교육적 자원이 그다지 넉넉지 못한 편이다. 소규모 학교의 이러한 제약조건은 교원들이 학교의 교육과정을 실현하는 데 걸림돌로 작용할 수도 있다. 그러나 연구 참여자들은 소규모 단위학교를 둘러싸고 있는 마을의 인적 및 물적 자원을 적극적으로 발굴하고 활용함으로써 교육과정과 수업을 점차적으로 개선해 나갈 수 있었다. 이러한 마을을 통한 교육과정과 수업의 개선 방법을 보다 구체적으로 이야기하면 다음과 같다.

연구 참여자들은 마을로부터 고립된 학교의 교육과정과 교과서만으로는 학생들이 배움의 의미를 제대로 찾기 힘들다고 보았다. 왜냐하면, 국가수준의 교육과정과 교과서가 농어촌지역 학생들의 실제적인 삶과는 다소 유리되어 있었기 때문이다. 대다수의 학생들은 자신들의 일상적인 삶과 직결되지 않는 교육과정과 수업에 흥미를 갖지 못했으며, 학력 또한 낮은 편이었다. 따라서 연구 참여자들은 국가수준의 교육과정과 교과별 성취기준을 학생들의 실제적인 일상에 연결함으로써 학생의 앎과 삶을 하나로 일치시키고자 노력하였다. 우선적으로, 연구 참여자들은 학교주변의 마을과 지역사회를 직접적으로 탐방하면서 학생과 학부모들 그리고 지역 주민들의 생생한 삶의 모습을 이해하게 되었다. 그리고 이를 바탕으로 교육과정과 수업을 실현하기 위한 인적 및 물적 자원을 발굴할 수 있었다. 연구 참여자들의 이러한 노력으로 인하여, 학생들은 주어진 교과서의 내용뿐만 아니라, 마을 사람들의 실제적인 삶의 모습과 이야기(자서전), 마을의 동물과 식물, 마을의 축제와 유적지 등을 통하여 삶과 앎이 일치되는 교육적 경험을 하였다. 마을은 학교와 분리된 공간적 차원으로 머무는 것이 아니라, 교사와 학생들이 학교의 교육과정과 수업을 제대로 실현할 수 있는 교육적 소재로 기능하였다.

> 아이들은 담벼락의 낙서, 기역자로 꺾여있는 나무, 할머니의 낡은 유모차를 보물이라고 하더라고요. 처음에는 아이들이 왜 그렇게 얘기하는지 잘 몰랐어요. (중략) 담벼락의 낙서에는 동네 선배들의 재미있는 이야기가 적혀있고, 기역자 모양의 나무는 시각적인 아름다움을 선사하며, 오래된 유모차는 굽어지고 아픈 할머니의 허리를 펼 수 있는 보물이었던 셈이죠. 아이들은 이렇게 마을의 일상을 통해서 교과서나 교육과정을 받아들이기 시작했어요. 아이들이 살고 있었던 마을의 일상이 일종의 교과서인 셈이었죠.
> (정우성 장학사의 인터뷰 전사본, 2016. 10. 27)

> 저는 하나의 주제를 중심으로 수업을 할 때, 교과서 내용으로 바로 들어가지 않았어요. 지역사회의 인적 자원이나 물적 자원을 연결시키는 프로젝트 수업을 많이 한 거죠. 프로젝트 수업을 진행하면서, 아이들에게 배우는 것들이 손 뻗으면 닿는 거리에 있다는 사실을 늘 강조했어요.
> (이현빈 장학사의 인터뷰 전사본, 2016. 12. 15)

나. 마을을 중심으로 대안적인 가르침과 배움을 실천하기:

"마을이 교육과정이다"

마을은 도시 지역과는 달리 강력한 노동 윤리, 이웃을 위한 관심, 낮은 범죄율, 쾌적한 환경, 공동체 정신 등의 자산과 규범을 갖고 있는데(Miller, 1995: 163), 학생들은 마을의 이러한 사회문화적 자산과 규범을 통하여 자신들의 정체성을 정당화 하고, 마을 구성원으로서의 연대감과 소속감을 키울 수 있다(Bauch, 2001: 212-216; Miller, 1993: 98). 이와 유사한 맥락에서, 연구 참여자들은 마을의 인적 및 물적 자원이 학교의 공식적인 교육과정과 수업을 실현하기 위한 소재로써 기여할 뿐만 아니라, 마을 그 자체가 하나의 대안적인 교육과정이 될 수 있다고 생각하였다. 앞서 이야기 한 마을의 인적 및 물적 자원으로 교육과정과 수업을 실현하는 방식이 마을을 '통한' 교수학습이었다면, 마을을 중심으로 한 대안적인 교수학습은 마을 자체에 '대한', 혹은 마을을 '위한' 교육활동이었다. 후자의 관점에서 볼 때, 마을은 그 자체가 또 다른 교육과정인 셈이다. 연구 참여자들은 방과후학교나 창의적 체험활동 등의 시간을 통하여 마을에 대한 혹은 마을을 위한 교육을 전개하였으며, 이러한 시도는 토착적이고, 자생적이며, 고유한 교육과정으로 발전하였다. 또한, 연구 참여자들이 마을을 하나의 대안적인 교육과정으로 간주할 수 있었던 용기는 앎과 삶을 일치시키고자 했던 교육적 철학뿐만 아니라, 국가수준의 교육과정에 대한 고도의 이해와 교수 전문성이 수반되었기 때문이다.

풀무학교의 사례가 전북의 마을학교에 의미하는 바가 크다고 생각해요. 이 학교의 교육과정은 국가수준에서 제시한 성취기준만을 풀어가는 게 아니라, 마을의 문제를 수업의 중심에 두고, 그것을 풀어가려고 해요. 그 과정에서 아이들이 마을의 문제를 해결하기 위한 주체가 되는 것이죠. 가령, 마을에 독거노인이 많다면, 그걸 수업에서 이야기를 하고, 문제해결을 위한 기획을 하고, 구체적인 실천을 하는 거죠. 이러한 과정에서 학생들도 성장을 하고, 마을공동체도 단단해지는 거죠.

(강석우 장학사의 인터뷰 전사본, 2016. 10. 27).

교사시절에 학부모들이 제 부모님이 어떤 분이냐고 물었어요. 제 인성이 좋다고 생각하셨나 봐요. (웃음) 그런데 저의 어머니는 초등학교도 나오지 않은 분이셨어요. 우리 부모님 세대들은 일제 강점기나 전쟁 때문에 학교에 가지 못했지만, 마을에서 지식이나 삶의 지혜를 터득했던 것 같아요. (중략) 위에서 내려오는 공식적인 교육과정도 중요하지만, 학생들이 마을 어른들의 삶의 지혜를 배우는 것도 필요하다고 생각해요. 방과후학교에서 이런 식의 교육을 한다면, 아이들은 자신들이 어디로부터 왔으며, 왜 이렇게 살고 있으며, 앞으로 어떻게 살아가야 할지에 대한 방향을 잡을 수 있다고 생각해요.

(이현빈 장학사의 인터뷰 전사본, 2016. 12. 15)

다. 학생들이 배움의 주인이 되는 교육과정 디자인하기:
"기초 및 기본교육의 강조"

연구 참여자들이 마을학교의 교육과정에서 학생들의 앎과 삶을 일치시키고자 하는 이유는 학생들이 배움의 주체가 되기를 희망했기 때문이다. 마을학교의 학생들이 배움의 주체가 된다는 것은 학교와 마을의 공생 및 지속가능한 발전이 가능함을 의미한다(정건화, 2015: 24; ACER, 2010: 9). 그러나 이 지점에서 한 가지 흥미로운 사실은 '마을을 통한', '마을에 대한', '마을을 위한' 교수학습을 할지라도, 기초 및 기본교육을 중심으로 한 학력의 중요성을 간과하지 않았다는 점이다. 외국의 사례에서도, 성공적인 마을학교의 본질은 바로 학생들이 마을학교에서 학구적 성과(리터러시 및 계산능력, 예체능 교과의 기능, 과학 기반 프로젝트, 수학 및 과학, 이중 언어 사용능력, 역사와 문화에 대한 이해 등)와 학력을 높이는 데 있다(ACER, 2010: 9).

연구 참여자들은 마을학교의 교육과정이 점차적으로 성숙해질수록 교육의 질을 고민하게 되었다. 그들이 학교의 담장을 낮추고 마을과 협력했던 이유는 바로 학생들에게 보다 나은 교육을 하기 위함이었다. 그러나 연구 참여자들이 마을의 인적 및 물적 자원을 적극적으로 활용하고, 마을 자체를 교육과정으로 받아들이다 보니 기존의 학력(學力) 개념이 와해되기 시작하였다. 왜냐하면, 마을학교의 대안적인 교육과정과 수업방식은 대안적인 평가방식을 필요로 하였고, 급기야 지필평가를 중심으로 한 시험 성적은 그다지 중요한 것이 아니게 되었다. 연구 참여자들의 이러한 급진적이고 낭만적인 학력 개념은 마을학교의 연차가 깊어질수록 한계에 봉착하게 되었다. 왜냐하면, 소규모 마을학교의 학생들은 졸업과 동시에 한국사회에 존재하고 있는 '학력주의'를 다시 만나야했기 때문이다. 따라서 마을학교 3, 4년차에 접어든 참여자들은 비록 유연한 교육과정과 수업을 전개할지라도, 기초교육과 기본교육의 중요성을 새삼 깨닫게 되었다. 즉, 마을학교 교육의 핵심은 학생들이 배움의 주체가 되어 기초학력과 기본학력을 끌어올리는 일이었으며, 이를 위해서는 교원들이 교육과정을 재구성할 수 있는 고도의 교수 전문성이 필요하였다.

우리 학교는 다른 학교에서 체험학습이라고 부르는 '겪기'를 해요. 한 가지 특이한 점은 겪기를 하고 나서 선생님과 아이들이 함께 글쓰기를 해요. 체험을 통해 마음의 결을 느꼈다면, 그것을 글로 표현하게 하는 것이 중요하거든요.

체험을 하고나서 생각을 하고, 그것을 표현하지 않는다면 체험은 단지 경험에 머무를 뿐입니다. 겪기에서의 결론은 글쓰기인 것입니다. 체험하고, 생각하고, 글을 쓰기는 것!

(배일호 교사의 인터뷰 전사본, 2016. 12. 28)

7년 동안 마을학교를 운영하면서 수업에 대한 생각이 달라졌어요. 배움의 공동체, 아이의 눈으로 수업보기 등의 수업실천을 하면서 깨닫게 되었죠. 우리학교 선생님들은 각자 다른 수업방식을 존중하지만, 이런 생각은 공유하고 있어요. 수업은 결코 보여주는 쇼가 아니다. 수업은 아이들이 스스로 무엇인가 탐구할 수 있는 기회를 주는 거다.

(배일호 교사의 인터뷰 전사본, 2016. 12. 28)

3. 교원의 헌신과 학부모의 신뢰를 기반으로 학교와 마을을 연결하기

연구 참여자들은 헌신과 기다림으로 마을학교 형성 과정에서의 모호함을 인내하였고, 학부모에 대한 권한부여와 신뢰를 통해 학교교육의 지속가능성을 추구하였다.

가. 마을학교를 위한 교원들의 헌신과 기다림:"마을학교의 모호함을 인내하기"

연구 참여자들의 대부분은 폐교 위기에 처한 농어촌지역의 소규모 학교를 극적으로 되살린 전설(legend)이며, 전라북도 소규모 마을학교의 에토스(ethos)을 상징하는 아이콘(icon)이다. 앞서 밝힌 것처럼, 그들은 애초에 마을학교를 만들기 위해 의도적인 시도를 한 것이 아니었다. 그들은 작은 학교를 좋은 학교로 만드는 과정에서 마을학교를 만나게 되었다. 그렇다면, 그들은 어떠한 생애사적 맥락 때문에 마을학교의 방아쇠 혹은 선구자가 되었을까? 연구 참여자들의 생애담을 분석한 결과, 그들의 다수는 자신들이 태어나고 자라난 고향(군 단위)으로 돌아가 교직생활을 시작했으며, 대부분의 교직생활을 그 지역에서 보내고 있었다. 또한, 일부 참여자들(안중근, 배일호 교사)은 아예 자신들이 근무하고 있는 학교 주변 마을에 가족들과 함께 정주하고 있었다. 이처럼 연구 참여자들은 농어촌지역의 학교와 마을 사람들에 대한 남다른 애향심과 소속감을 갖고 있었고, 소규모 학교의 폐교를 막기 위하여 기꺼이 희생하고 헌신할 수 있는 마음의 준비가 되어 있었다. 또한, 그들은 강력한 애향심, 애교심, 소속감을 갖고 있었기 때문에 농어촌지역의 작은 학교가 좋은 학교로 변화해 나가는 지난한 과정을 참고 또 참아낼 수 있었다.

나는 김제 만경에서 태어나 지금까지 김제에서 교직생활을 하고 있어요. 제 선친께서 마을의 유지들과 함께 세운 학교라서 이 학교에 남다른 애정을 갖고 있지요. 김제평야는 예나 지금이나 만경창파인데, 학교는 계속 작아지다가 폐교 직전까지 가버렸어요. 지역에 인구가 줄어드니까 어쩔 수 없는 일이기도 하지만, 학교나 선생님들이 아이들을 잡지 못하는 부분도 있어요. 마을 사람들이 농촌 마을의 중·고등학교를 신뢰하지 않거든요. 오후 4시 30분만 되면 부리나케 퇴근하는 선생님들을 보면, 마을 주민들은 씁쓸한 거죠. 저 사람들은 때가 되면 떠나는 사람들이다. 우리와는 다른 사람들이다. 우리 마을의 학교는 더 이상 희망이 없다. 이렇게 생각하는 거예요.

(남궁민 교사의 내러티브, 2016. 12. 19)

세르반테스(Cervantes)는 시간성과 관련하여 "로마는 하루아침에 만들어지지 않았다(Rome wasn't built in a day, 프랑스 격언)"라는 경구를 남겼다. 그리고 '더불어 숲'이 되려면 반드시 일정한 시간과 기다림이 필요하다. 교원들이 마을학교를 만드는 데 있어서 걸림돌 중 하나는 여러 교육주체들과 함께 오랜 시간을 공유하는 일이다(정제영, 2015). 즉, 마을학교를 만드는 일에도 일정한 시간과 기다림이 반드시 필요했던 것이다. 일반적으로, 우리나라의 초중등 교원들은 순환근무제로 인하여 특정한 단위학교에 최장 5년까지 근무할 수 있다. 이러한 교원인사 정책은 학교발전의 지속가능성을 약화시킬 뿐만 아니라, 학교발전을 위한 물리적인 시간을 확보하는 데도 상당한 어려움을 유발한다. 그러나 참여자들과 도교육청은 이러한 시간적인 문제를 개인적 및 제도적 차원에서 해결하였다. 즉, 연구 참여자들은 마을학교에서 최장 5년을 근무한 이후, 잠시 다른 학교에 근무하다가 마을학교로 다시 복귀하였다. 또한, 도교육청은 이러한 마을학교의 특수성을 참작하여, 참여자들이 2년 동안 추가적으로 근무(유예)할 수 있는 복무여건을 조성하였다. 하지만 마을학교를 만들기 위해서는 이러한 물리적인 시간뿐만 아니라, 작은 학교가 좋은 학교로 변모해가는 과정에서 수반되는 혼돈과 갈등, 그리고 모호성을 인내할 수 있는 심리적 시간도 아울러 중요하였다.

마을학교를 만들려면 최소 3년이라는 시간이 필요한 것 같아요. 첫해는 혼자서 고군분투해야 했어요. 그런데 다음 해가 되니까 동료 선생님들이 동참하기 시작했어요. 아이들이 조금씩 변하는 것을 본 것이지요. 그리고 3년차가 되니까 학부모들이 학교와 선생님에 대한 의심을 거두기 시작했어요. 학부모들이 조금씩 학교에 오기 시작했고, 선생님들을 도와주었어요. 한 송이 국화꽃을 피우기 위해 많은 시간과 노력이 필요한 것처럼, 마을학교를 만드는 일도 마찬가지인 거 같아요.

(남궁민 교사의 내러티브 인터뷰 전사본, 2016. 012. 19)

나. 권한부여와 신뢰를 통한 마을학교의 지속가능성 추구:"이 대신 잇몸으로"

앞서 밝힌 것처럼, 참여자들은 헌신과 기다림으로 마을학교 형성 과정에서의 지난함과 모호성을 이겨냈지만, 이것만으로는 소규모 마을학교의 지속가능한 발전을 담보할 수가 없었다. 왜냐하면, 열성적이고 헌신적인 교원들이 모두 떠나고 나면, 마을학교는 다시 예전의 폐쇄적인 학교로 되돌아갈 수 있기 때문이다. 실제로, 교육운동가에 의해 일시적으로 기획된 마을학교의 생명력은 그다지 길지 않은 편이었다. 그 교육운동가가 다른 학교로 떠나버리면, 마을학교도 그와 함께 떠나거나 사라져버렸기 때문이다. 이러한 이유에서 일부 교원들의 헌신과 노력만으로는 마을학교를 유지하기가 힘들다고 볼 수 있다. 또한, 마을학교를 새롭게 만드는 것보다 더 힘든 일은 그러한 마을학교를 지속적으로 유지하고 개선하는 일이다. 연구 참여자들은 이러한 문제를 해결하기 위하여 동료 교사들과 협력하여 마을학교를 공동으로 운영하였고, 특히 마을학교의 운영을 둘러싼 학부모들의 관심과 참여를 유도함으로써 학교교육에 대한 학부모의 신뢰와 이해를 이끌어 내었다. 연구 참여자들의 이 같은 권한부여 전략은 이가 없이도 잇몸으로 살아가는 이치와 비슷하였다. 즉, 마을학교에서 교원들이 이라면, 학부모들은 잇몸이었던 것이다.

마을학교의 지속가능한 발전을 위해서는 학부모들이 교원들과 함께 학교의 비전과 목표를 새롭게 음미하고 갱신하며, 파트너십을 강화하기 위한 새로운 기회와 문제를 면밀하게 검토할 필요가 있다(Bauch, 2001: 213; Kilpatrick et al., 2002: ix). 또한, 마을학교의 학부모들은 지역단체와 연대하고,

학생의 질 좋은 삶을 위해 생태, 환경, 유기농 먹거리 등에 관심을 가질 필요가 있다(서용선 외, 2015: 59). 잇몸으로서의 학부모들은 마을학교에 헌신하는 연구 참여자들을 위해 교육적 동반자로서의 역할과 정체성을 새롭게 구성하였다. 보다 구체적으로, 학부모들은 교원들의 손이 닿지 않는 부분(학교-마을 연계 행사, 안전요원, 학습준비물 준비 등)을 도와주거나, 마을학교의 교육과정을 기획하고 평가하는 데 참여하기도 하였다. 특히, 학교와 마을을 연결하는 과정에서 학부모들 중 오피니언 리더(opinion leader)의 역할이 중요한데(Kilpatrick et al., 2002: ix), 참여자에게 우호적인 일부 학부모들이 학교와 마을의 연결에서 수반되는 문제를 원만하게 중재하였다.

제가 근무했던 마을학교는 지속가능한 발전과 관련하여 큰 의미가 있다고 생각해요. 제가 이 학교를 떠난 지가 꽤나 오래되었지만, 여전히 좋은 학교로 명성을 날리고 있지요. 어떤 선생님이라도 이 학교에 발령이 나면 신발끈을 다시 묶게 돼요. 이 학교가 이렇게 될 수 있었던 이유는 바로 학부모의 역할 때문입니다. 이 학교의 학부모들은 학교의 운영과 관련하여 일정한 지분과 권한을 갖고 있어요. 그들은 학교교육을 위한 들러리가 아니라, 학교교육의 주제로서 자리매김을 하고 있지요. 학모들이 이런 역할을 할 수 있었던 것은 바로 그 당시 교사들이 학부모들에게 그러한 권한을 주었기 때문이죠. "이 학교의 오랜 주인은 교사가 아니라 학부모이다!" "학부모가 스스로 서야 좋은 학교가 오랫동안 유지될 수 있다!"

(정우성 장학사의 인터뷰 전사본, 2016. 10. 27)

Ⅴ. 논의 및 결론

이 연구는 주제중심 생애사 연구를 통하여 성공적인 소규모 마을학교의 세 가지 운영 기제(농어촌지역의 소규모 학교를 마을의 학습 센터로 전환하기, 마을에서의 앎과 삶을 학교의 공식적인 교육과정으로 연결하기, 교원의 헌신과 학부모의 신뢰를 기반으로 학교와 마을을 연결하기)를 포착하였다. 여기에서는 이러한 연구결과에 기초하여, 농어촌지역 소규모 학교와 마을의 상생과 협력을 위한 교육적 통찰을 제시하고자 한다.

첫째, 서론에서 밝힌 바와 같이, 외국의 마을학교 유형은 지역사회의 허브 혹은 센터로서의 학교, 학교 교육과정으로서 마을, 그리고 학교 기반 경제교육으로 정리할 수 있었다. 이와 관련하여, 우리나라의 농어촌지역 마을학교도 지역사회의 허브, 교육과정으로서의 마을이라는 공통적인 운영 기제를 나타내었다. 그러나 이 연구에서는 학교 기반 경제교육이라는 운영 기제가 거의 나타나지 않았다. 이 같은 연구결과는 일차적으로 표집(주요 참여자들 중 초등학교 사례 5개, 중등학교 사례 3개)에 따른 제한일 수도 있지만, 중등학교 수준에서 학교와 지역사회의 경제를 연계한 직업진로 교육이 활성화되지 못한 우리나라의 교육현실을 대변하고 있다. 따라서 도교육청과 지자체 그리고 중등학교는 농어촌지역 소규모 학교와 지역사회의 경제를 연결할 수 있는 직업진로 교육을 보다 강화해야 할 것이다. 특히, 도교육청, 지자체, 그리고 중등학교는 마을학교의 중고등 학생들이 지역사회의 기업이나 전문대학과 협업하여 자신들의 경제적인 기획(enterprise)을 연구하고, 계획하고, 구성하고, 운영하고, 평가할 수 있는 교육의 장을 마련해야 할 것이다.

둘째, 농어촌지역 마을학교의 교육적 가능성은 지자체와 상급 교육기관의 경제적 지원에 기초한 문화자본을 단위학교나 학생들에게 시혜적으로 제공하는 것에 있는 것이 아니라, 사회적 네트워크, 상호신뢰, 호혜적인 규범 등의 사회자본을 확충하는 데 있었다. 막대한 경제자본과 보상교육을 통해 사회 및 교육 불평등을 해소하려고 노력했지만, 오히려 교육격차가 심화되고 있는 미국의 교육개혁 사례가 이 같은 주장을 뒷받침을 한다. 물론, 교육 불평등과 교육 격차를 해소하기 위해서는 문화자본과 사회자본을 동시에 확충하는 노력이 필요하다. 그러나 기관 및 제도적 차원의 일방적이고 일시적인 경제적 지원으로는 학생들의 문화자본을 확충하는 데 한계가 있다. 이 같은 현상은 단위학교가 지자체나 교육청이 제공한 한시적인 예산으로 일회성 혹은 외유성 행사에 치중하는 것과 그 맥을 같이 한다. 따라서 마을학교를 기획하고 운영하는 교육자들은 학생들의 사회자본을 확충할 수 있는 실천방안을 적극적으로 모색해야 할 것이다.

셋째, 농어촌지역의 소규모 마을학교는 외국이나 우리나라 수도권 지역의 마을학교 사례와는 달리 방아쇠로서의 교사 역할이 무엇보다 중요하였다. 즉, 마을학교의 시작과 성패여부는 교원들의 자발적인 헌신과 열정에 달려 있었다. 이 같은 연구결과는 아직까지 자기충족적인 마을공동체와 지역주민을 갖고 있지 않은 농어촌사회의 현실을 여실히 드러내고 있다. 그러나 좋은 소규모 마을학교를 지속적으로 생성하고, 유지하며, 발전하기 위해서는 이른바 방아쇠 교원들의 '열정 페이'에 의존해서는 곤란하다. 왜냐하면, 일부 교원들의 헌신과 열정은 유한한 자원이며, 그들도 언젠가는 늙고 지쳐가기 때문이다. 이러한 문제를 근본적으로 해결하기 위해서는 교사교육기관이 '좋은 교사'를 많이 양성하는 것일 것이다. 그러나 보다 현실적인 해법은 방아쇠로서의 교원들이 동료교사 및 학부모들과 연대하고 협력하여 마을학교의 운영에 대한 권한부여를 시도하는 것이다. 내가 떠나면, 동료 교사가, 동료 교사가 떠나가면 학부모가 마을학교를 지키고 가꾸는 방법이다. 이러한 맥락에서 교원과 학부모가 함께 성장할 수 있는 학습공동체를 마을학교에 만드는 것도 하나의 대안일 될 수 있을 것이다.

넷째, 마을학교에 대한 외국의 연구사례를 보면, 학교와 마을의 연계를 촉진하기 위한 학교장의 역할과 리더십이 무엇보다 중요하였다. 그러나 이 연구의 결과에서 확인할 수 있는 것처럼, 농어촌지역의 소규모 마을학교 운영사례에서 학교장의 뚜렷한 비전이나 철학, 그리고 교육적 활동을 감지하기가 쉽지 않았다. 오히려 일부 연구사례에서는 학교장이 초창기 마을학교의 형성 과정에서 행정적 및 재정적 걸림돌로 작용하기도 하였다. 이 같은 원인은 '좋은' 학교장이 농어촌지역의 마을학교에 근무하지 않아서일 수도 있지만, 마을학교에 적합한 학교장의 역할과 역량에 대한 고민이 부족했기 때문이다. 마을학교의 민주적인 거버넌스는 학교장에게 새로운 역할과 리더십을 요구한다. 따라서 도교육청은 공모제 등과 같은 인사제도를 통하여 마을학교에 최적화된 교장을 선발하고, 교장연수를 통해 마을학교에 대한 전문성과 리더십을 강화해야 할 것이다.

다섯째, 소규모 마을학교의 교원들은 직접적인 교수경험과 자기성찰을 통해 개별 마을학교에 적합한 맞춤형 교육과정을 지속적으로 개발하고, 학생들이 주체가 되는 교수학습 활동을 통하여 기초 및 기본교육을 강조하였다. 그러나 그들은 학교와 마을을 연계하는 교육과정을 디자인하거나, 극소규모 교실수업에 적합한 교수학습 방법을 찾아가는 과정에서 상당한 모호함과 시행착오를 경험해야만 했다. 따라서 교원 양성기관은 교사들이 소규모 마을학교에 적합한 교육과정과 수업을 디자인하고 실천할 수 있는 전문적 지식과 방법을 추가적으로 제공해야 할 것이다.

끝으로, 마을학교에 대한 국내의 선행연구는 문헌연구나 설문조사를 통하여 마을학교의 개념 및 유형을 이론적으로 탐구하거나, 현장탐방 및 견학 등의 엄밀성이 낮은 방법으로 특정한 마을학교의 교육과정과 실천사례를 기술적으로 보고하는 수준에 머물렀다. 그러나 이 연구는 농어촌지역 여러 마을학교들의 형성을 둘러싼 교원들의 생생한 교수 경험과 목소리를 해석적으로 분석함으로써 농어촌지역 소규모 마을학교를 활성화기 위한 핵심적인 운영 기제(농어촌지역의 소규모 학교를 마을의 학습 센터로 전환하기, 마을에서의 앎과 삶을 학교의 공식적인 교육과정으로 연결하기, 교원의 헌신과 학부모의 신뢰를 기반으로 학교와 마을을 연결하기)를 생성한 측면에서 이론적 가치를 지닌다고 볼 수 있다. 이러한 맥락에서, 이 연구가 생성한 농어촌지역 마을학교의 세 가지 운영 기제는 장차 새로운 마을학교를 만들고자 하는 이들에게 마을학교의 개념적 지도를 그릴 수 있는 이론적 가이드라인이 될 수 있을 것이다.

- 권동택(2014) 사회적 경제로서의 마을학교: 자급자족 원리의 제도화를 위하여. 시민사회와 NGO, 12(2), 37-70.
- 김종선·이희수(2015) 개념지도에 근거한 마을학교 정체성 연구. 평생교육학연구, 21(2), 73-107.
- 박상현(2015) 마을결합형학교의 개념과 유형화 연구. 2015 정책개발 현안과제 보고서(서교연 2015-55). 서울특별시교육연구정보원.
- 박제명(2014) 마을과 학교가 함께 만들어 가는 교육공동체에 관한 사례연구: 하늬교육마을을 중심으로. 한국교원대학교대학원 석사학위 논문.
- 서용선 외(2015) 마을교육공동체 개념 정립과 정책 방향 수립 연구. 수시연구. 경기도교육연구원.
- 서울특별시교육청(2015) 2015 주요업무계획.
- 양희준·박상옥(2016) '마을' 연계 학교 정책의 문제의식과 가능성 논의. 교육연구논총, 37(2), 1-22.
- 이동성·김영천(2014) 질적 자료 분석을 위한 포괄적 분석절차 탐구: 실용적 절충주의를 중심으로. 교육종합연구, 12(1), 159-184.
- 정건화 외(2015) 학교와 지역사회 교육역량 강화를 위한 서울시-교육청간 협력방안 연구: 마을결합형 학교를 중심으로. 서울특별시교육청.
- 정제영(2015) 미국의 학교와 지역사회 간 연계 사례와 시사점: '커뮤니티 스쿨' 사례를 중심으로. 교육정책네트워크 세계교육정책 인포메이션(현안보고 CP 2015-02-5). 한국교육개발원.
- 차혁성 외(2015) 마을결합형학교 실현을 위한 학교교육과정 편성·운영 방안 연구. 2015 교육정책 연구과제 보고서(서교연 2015-36). 서울특별시교육연구정보원.
- 홍순명(2006) 풀무학교 이야기. 서울: 부키.
- ACER(2010) School-community partnerships in Australian schools. Australian Council for Educational Research Report November.
- Bauch, P. A. (2001) School-community partnerships in rural schools: Leadership, renewal, and a sense of place. Peabody Journal of Education. 76(2), 204-221.
- Blank, M. J. & Langford, B. H. (2000) Strengthening partnerships: Community school assessment checklist. The Finance Project, Coation for Community Schools.
- Coleman, J. S. (1987) The relations between school and social structure. In M. Hallinan (Ed.). The social organization of schools: New conceptualizations of the learning process (pp. 177-204). New York: Plenum Press.
- Cushing, E. & Kohl, E. (1997) Allies for education-community involvement in

school change: A two year exploration. San Francisco: San Francisco School Volunteers and the William and Flora Hewlett Foundation.

- Dhunpath, R. & Samuel, M. (Eds.)(2009)Life history research: Epistemology, methodology and representation. Sense Publishers.
- Epstein, J.(1995) School/family/community partnerships: Caring for the children we share. Pi Delta Kappan, May, 701-712.
- Graves, D.(2011) Exploring schools as community hubs: Investigating application of the community hub model in context of the closure of Athabasca school, Regina, Saskatchewan, Canada and other small schools. Community Research & Action Fund, Community Research Unit, University of Regina.
- Gugerty, J. et al.(2008) Developing and operating school based enterprises that empower special education students to learn and connect classroom, community, and career-related skills. The Journal for Vocational Special Needs Education. 31(1-3), 19-56.
- Harmon, H. L. & Schafft, K.(2009) Rural school leadership for collaborative community development. The Rural Educator. 30(3), 4-9.
- Kilpatrick, S. et al.(2002)More than an education: Leadership for rural school-community partnerships. Rural Industries Research & Development Corporation.
- Kretzmann, J. & Mcknight, J.(1993) Building communities from inside out: A path toward finding and mobilizing a community's assets. Chicago, IL: Assisting Christians to Act Publications.
- Lieblich, A. Truval-Mashiach, R., & Zilber, T.(1998) Narrative research: Reading, analysis and interpretation. Thousand Oaks, CA: Sage Publications.
- Lyson, T. A.(2002) What does a school mean to a community?: Assessing the social and economic benefits of schools to rural villages in New York. Journal of Research in Rural Education. 17(3), 131-137.
- McShane, I. Watkins, J., & Meredyth, D.(2012) Schools as community hubs: Policy contexts, educational rationales, and design challenges. Joint AARE APERA International Conference, Sydney 2012.
- Miller, B. A.(1993) Rural distress and survival: The school and the importance of "community". Journal of Research in Rural Education. 9(2), 84-103.
- Miller, B. A.(1995) The role of rural schools in community development: Policy issues and implications. Journal of Research in Rural Education. 11(3), 163-172.
- Murphy, N.(1995) Designing effective state policies for youth service. Symposium conducted at the National Service Learning Conference, Philadelphia, PA.

- Onyx, J. & Bullen, P.(2000) Measuring social capital in five communities. Journal of Applied Behavior Science. 36, 23-42.
- Potapchuk, W. R.(2013) The role of community schools in place-based initiatives: Collaborating for student success. A publication of Coalition for Community Schools, Policy Link, IEL, West Coast Collaborative.
- Putnam, R. D.(1993) The prosperous community: Social capital and public life. The American Prospect. 13, 35-42.

제4장

작은 학교들의 결합으로 공동교육과정 운영하기
"작은 학교협력형"

이 글은 2015년 대한민국 교육부와 한국연구재단의 지원을 받아 수행된 연구이며(NRF-2015S1A5A8010846), 출처는 "이동성(2017). 농어촌지역 소규모 초등학교 교사들의 공동교육과정 운영경험에 대한 사례연구: 한 지붕 세 가족. 초등교육연구, 30(2), 81-106)"임을 밝힙니다.

Ⅰ. 들어가며

농어촌지역 소규모 초등학교는 학생 수가 적기 때문에 교수학습의 질을 높일 수 있고, 교사와 학생 사이 빈번한 인격적 상호작용을 통하여 학생들의 인성을 함양하는 데 용이하며, 학교공동체를 형성할 수 있는 등의 교육적 강점과 장점이 있다(Bray, 1987; Cotton, 2001; Darling-Hammond, 2002; Duke, 2006; Fullan & Hargreaves, 1991; Nathan & Thao, 2007; Nguyen, 2004; Ready, et al., 2004; Sergiovanni, 1994). 그러나 농어촌지역 일부 초등학교들은 이와 같은 소규모 학교의 교육적 가능성과 잠재력을 실현하기보다는, 소규모 학교의 한계에 머물러 있는 실정이다(Galton & Hargreaves, 1995: 175; Lock, 2011: 3). 왜냐하면, 소규모 학교는 학생 수의 급감에서 비롯되는 행정적 및 재정적 문제 때문에 효율성이 낮으며, 학습의 역동성 저하 문제 등을 유발할 수도 있기 때문이다. 즉, 학습활동에서 역동성 저하와 문화적 동일성으로 농어촌지역 소규모 학교의 학생들은 이른바 '우물 안의 개구리'가 될 위험성에 처해 있다. 우리나라 농어촌지역 소규모 초등학교도 이러한 문제로 통폐합의 위기에 내몰려 있다. 이러한 맥락에서 볼 때, 농어촌지역 소규모 학교가 처해 있는 상황은 교육적 기회보다는, 교육적 위기에 가깝다고 볼 수도 있다.

농어촌지역 소규모 학교들은 경제적 및 교육적 효율성을 강조하는 사회문화적 조건에서 생존하기 위하여 대규모 단위학교에 버금가는 교육적 전문성과 가능성을 지역사회 주민들과 학부모들에게 증명해야 한다(Galton & Hargreaves, 1995: 174). 1980년대 이후, 세계 여러 국가의 농어촌지역 소규모 학교들은 단위학교의 활성화 및 생존기제(survival mechanism)의 방안으로써 '학교군(school clustering)'에 기초한 공동교육과정 운영에 주목하고 있다 (Bell & Sigsworth, 1987: 237; Bray, 1987; Collarbone & West-Burnham, 2008; Galton & Hargreaves, 1995: 174; Hill & Matthews, 2008, 2010; Lock, 2011: 3; Smith, 2009: 14). 농어촌지역에서 학교군 정책은 공동교육과정을 통하여 한 지역사회에 산재해 있는 여러 개의 소규모 단위학교들을 하나로 묶고, 다리를 연결함으로써 통합적이고 상호의존적인 관계를 형성할 수 있으며, 교수학습에서의 문화적 이종혼교성(heterogeneity)을 강화하는 데 기여할 수 있다(Collarbone & West-Burnham, 2008: 28; Smith, 2009: 14).

앞에서 말한, '학교군(學校群)' 정책이란 행정적 및 교육적 목적을 위해 단위학교들을 무리 짓는 것을 지칭하는데(Bray, 1987: 7), 단위학교 교장이나 교사늘이 자발적으로 또는 지역교육청의 정책적 의도에 따라 다른 학교들과 공동으로 학교교육과정을 운영하는 방식을 의미한다. 이러한 학교군 정책은 세 개 이상의 단위학교들(3개~8개 학교)이 보다 개선되고 확장된 학교교육과정을 실현하기 위하여 여러 학교들의 자원과 시설 등을 공유하고, 상호 협력함으로써 학교의 교육과정을 공동으로 운영한다(Galton & Hargreaves, 1995: 174). 특히, 학교군 정책은 공동교육과정의 운영과 교수 자원의 공유 및 협력적 교수를 통하여 농어촌지역 소규모 단위학교의 단점과 소외, 그리고 한계를 극복할 수 있는 교육적 방안으로 평가받고 있다(Bray, 1987; Galton & Hargreaves, 1995; Hill, 2007; Hill & Matthews, 2008, 2010; Lock, 2011;

Sarason, 1990).

이처럼, 세계 여러 국가들은 1980년대부터 오늘날에 이르기까지 농어촌 지역 소규모 학교를 활성화하기 위한 일환으로 학교군에 기초한 공동교육 과정에 지속적인 관심을 기울이고 있다(Bray, 1987; Galton & Hargreaves, 1995; Hargreaves, 2010; Lock, 2011). 학교군에 기초한 공동교육과정 운영에 대한 외국의 연구(Bray, 1987; Galton & Hargreaves, 1995; Hargreaves, 2010; Lock, 2011)는 학교군 정책의 교육적 효과성에 대한 거시적 수준의 분석을 시도하고(Bray, 1987), 학교군 형성 과정과 공동교육과정, 그리고 현장교사의 전문성 발달에 주목하였다(Galton & Hargreaves, 1995; Hargreaves, 2010; Lock, 2011). 특히, 학교군 및 공동교육과정에 대한 외국의 연구동향은 성공적인 공동교육과정 운영 사례의 교육적 효과성 및 가능성을 교사들의 전문성 발달에 초점을 두어 논의함으로써, 현장교사들이 농어촌지역 소규모 학교 공동교육과정 운영에서의 핵심적인 동력이자 주체임을 강조하였다.

한편, 우리나라에서도 일부 시도교육청을 중심으로 2000년대 초반부터 농어촌지역 소규모 초등학교의 활성화를 위하여, 학교군에 기초한 공동교육과정의 교육적 가능성에 주목하기 시작하였다. 특히, 국내 선행연구(김훈기, 2006; 두춘희, 2007; 장곡초등학교, 2003; 장국영, 2005; 청라초등학교, 2004)는 초등학교 공동교육과정의 실천방안과 운영 실태를 기술함으로써 공동교육과정의 교육적 장점과 제한점을 보고하였다. 그러나 연구시범학교의 실천중심 보고서(장곡초등학교, 2003; 청라초등학교, 2004)는 학술적 엄밀함이 다소 낮았으며, 양적 연구방법에 기초한 계량적 연구들(김훈기, 2006; 두춘희, 2007; 장국영, 2005)은 공동교육과정의 운영을 둘러싼 학교 구성원들의 생생한 목소리와 체험을 직접적으로 담아내는 데 한계가 있었다. 또한, 국내의 선행연구는 공동교육과정 운영에서의 교육적 제한점을 극복하고, 교육적 장점을 극대화할 수 있는 실천방안을 조명하는 데 한계가 있었다.

　따라서 이 연구는 위와 같은 국내외 선행연구 결과에 기초하여, 한 성공적인 학교군 및 공동교육과정 운영 사례를 현장교사들의 입장과 맥락에서 조명하고자 한다. 이러한 연구목적을 달성하기 위한 구체적인 연구 질문은 다음과 같다: "학교군('어울림학교') 정책을 성공적으로 실현하고 있는 세 초등학교의 교사들은 공동교육과정을 운영하면서 어떠한 경험을 하였는가? 특히, 이 연구는 현장교사들의 내부적 관점에서 학교운영에서의 중핵적인 요소로 볼 수 있는 학습문화, 교수문화, 그리고 교육과정을 조명하고자 한다. 이 연구는 한 농어촌지역 소규모 초등학교들의 성공적인 공동교육과정 운영 사례를 현장교사들의 맥락에서 조명함으로써 농어촌지역 소규모 초등학교의 생존과 지속가능한 발전을 위한 학교군 정책의 교육적 가능성을 구체화하는 데 기여할 수 있을 것이다.

II. 선행연구 고찰

1. 국내 연구동향: 학교군 및 공동교육과정의 장단점

농어촌지역 소규모 초등학교의 학교군 및 공동교육과정에 대한 국내 연구는 연구시범학교 보고서의 형태로 출간되거나, 학교군 및 공동교육과정에 대한 학교 구성원들의 인식과 학교운영 실태를 경험적으로 파악하는 것이었다. 이러한 연구동향을 간략하게 제시하면 다음과 같다.

농어촌지역 소규모 초등학교의 공동교육과정에 대한 첫 번째 연구동향은 공동교육과정을 실제적으로 운영했던 시범 및 연구학교의 운영결과 보고였다(장곡초등학교, 2003; 청라초등학교, 2004). 대표적으로, 청라초등학교는 세 학교들 간 결합에 기초한 학교군과 공동교육과정이 교수·학습의 효율성 증대, 학생의 특기신장 및 자기표현의 기회 확대, 공동체 의식과 사회성 함양, 교사의 전문성 신장을 통한 수업의 질 개선, 학부모 만족 등의 긍정적 효과를 가져왔다고 보고하였다(청라초등학교, 2004). 그러나 동시에 세 학교의 공동교육과정은 학생이동에 따른 사고의 위험성 증가, 지속적인 인적, 물적, 행정적 지원체제의 미흡, 단위학교 중심 교육과정 운영의 혼란을 초래하였다(청라초등학교, 2004). 또한, 장곡초등학교(2003)는 공동교육과정을 통하여 교사의 업무경감, 협동학습과 팀티칭에 기초한 수준별 수업 실현, 학생의 특기 및 적성 신장, 사회성 및 교우관계 등을 개선할 수 있었다. 그러나 학생이동에 따른 안전문제와 불편함, 그리고 공동교육과정 운영에 대한 교사나 학부모의 의식 개선이 필요하였다(장곡초등학교, 2003).

한편, 농어촌지역 소규모 초등학교의 공동교육과정에 대한 두 번째 연구동향(김훈기, 2006; 두춘희, 2007; 장국영, 2005)은 양적 연구방법에 기초하여 공동교육과정의 운영(공동교육과정 편성 및 교수 조직, 지원체제, 운영의 효과 등)에 대한 학교 구성원들의 인식과 실태를 계량적으로 조사하는 것이었다. 가령, 김훈기(2006), 두춘희(2007)는 공동교육과정이 학교관리자 및 교사들의 공동교육과정에 대한 이해부족, 학생이동에 따른 번거로움 및 안전사고의 위험, 교구 및 기자재의 비효율적 관리, 공동교육과정에 대한 평가 및 환류 미흡, 단위학교 중심의 폐쇄적인 학교문화 등으로 인하여 현실적인 한계와 제약이 따른다고 보고하였다. 그리고 이러한 공동교육과정의 한계와 제약을 해결하기 위해서는 교사에 대한 교수적인 자율권 부여, 교수·학습에 대한 공동연수, 공동교육과정 편성 시점 제시, 중심학교와 주변학교의 역할에 따른 차별적이고 효율적인 교수매체의 관리, 학교시설의 효율적인 공유와 관리 등을 제안하였다(장국영, 2005).

이러한 국내 연구동향은 새로운 교육적 시도로 볼 수 있는 공동교육과정의 실천방안과 운영 실태를 기술하고, 학교군에 기초한 공동교육과정 운영의 교육적 장단점을 계량적으로 파악한 측면에서 연구의 가치가 있다고 볼 수 있다. 그러나 앞서 언급한 바와 같이, 연구 및 시범학교의 실천중심 보고서는 연구결과의 학술적 엄밀함이 약하다고 볼 수 있으며, 양적 연구방법에 기초한 계량적 연구들(석사학위 논문 형태)도 공동교육과정의 운영을 둘러싼 학교 구성원들의 생생한 목소리와 체험을 직접적으로 담아내는 데 한계가 있었다. 특히, 국내의 연구동향은 학교군 및 공동교육과정 운영에서의 교육적 단점을 최소화하고, 교육적 장점을 극대화할 수 있는 실천방안을 세밀하게 조명하는 데 한계가 있었다.

2. 해외 연구동향: 소규모 학교의 생존을 위한 학교군 및 공동교육과정

해외 여러 나라들은 1980년대를 기점으로 하여 농어촌지역 소규모 학교의 생존 기제로 학교군 정책에 기초한 공동교육과정의 교육적 효과성에 주목하였다. 학교군 및 공동교육과정에 대한 외국의 연구동향(Bray, 1987: Galton & Hargreaves, 1995: Hargreaves, 2010: Lock, 2011)은 ①학교군의 교육적 효과성에 대한 국제적 및 거시적 수준의 종합보고서 ②학교군의 형성과정과 공동교육과정, 그리고 교사 전문성 발달에 대한 질적 사례연구로 구분할 수 있었다. 학교군 및 공동교육과정 운영에 대한 대표적인 연구사례를 제시하면 다음과 같다.

첫 번째 연구동향은 학교군의 교육적 효과성에 대한 국제적 및 거시적 수준의 종합 보고서이다. 대표적으로, Bray(1987)는 유네스코(UNESCO)와 유니세프(UNICEF)의 협력 아래, 농어촌지역 소규모 학교들의 생존을 위한 세계 각국의 학교군 정책에 대하여 국제적 수준(스리랑카, 태국, 인도, 페루, 코스타리카, 파푸아뉴기니 등)의 연구를 수행하였다. 이 보고서는 학교군 정책의 효과성 연구에 대한 효시로 볼 수 있는데, 학교군의 목적과 효과를 경제적, 교수적, 행정적, 정치적 측면으로 구분하였다(Bray, 1987: 9-10). 우선, 학교군은 경제적 차원에서 볼 때, 시설과 교직원을 공유하고, 교구의 대량구입을 통하여 공동체의 재정적 지원을 촉진할 수 있다. 또한, 학교군은 교수적인 측면에서 볼 때, 교사의 발달과 교육과정의 개선, 학교혁신을 위한 환경 제공, 학교 프로젝트 학습에서의 협력 강화, 학생들 사이의 학구적 및 비학구적인 경쟁 강화, 상이한 학교 수준의 통합, 학교교육과 비형식교육의 통합에 기여할 수 있다. 그리고 학교군은 행정적 측면에서 학교운영을 위한 정보수집의 센터 역할을 수행한다. 또한, 학교군은 정치적 측면에서 지역적 및 사회적 불평등을 해소하고, 의사결정의 과정에서 공동체의 참여를 강화하며, 단위학교와 지역사회의 침체와 저개발의 원인에 대한 의식을 고양할 수 있다(Bray, 1987: 13-25).

두 번째 연구동향은 학교군 및 공동교육과정의 형성 과정과 모델, 그리고 교사 전문성 발달에 대한 질적 사례연구이다. 대표적인 연구사례를 제시하면 다음과 같다. 우선, Galton과 Hargreaves(1995: 176)는 영국 농어촌 지역 소규모 학교의 생존 기제로써 학교군의 발전 및 교사의 전문성 발달과 관련한 모델(SCENE project)을 제시하였다. 학교군 모델은 시간적 흐름에 따라 3단계(*개시 단계: 첫해에서 이듬해까지, *통합 단계: 첫해부터 셋째 해까지, *재지향 단계: 셋째 해부터 여섯째 해까지)로 구분되며, 각 단계의 주요한 특징은 다음과 같다(Galton & Hargreaves, 1995: 177-178). 첫째, 개시 단계에서는 학교들 사이 기능적 접촉(예를 들면, 학교 간 공동행사)이 주로 이뤄지며, 각 단위학교 교사들은 학교군의 목적을 인정하면서도, 학교군의 교육적 이익과 비용을 비교한다. 둘째, 통합단계에서는 공동교육과정의 운영을 위한 교사들의 현직연수를 강화하는데, 교사들은 협력적인 교육활동을 공유한다. 교사들은 협력적인 교육과정의 운영을 통해 각 단위학교의 강점을 공유하고, 약점을 보완할 수 있는 교육적 방안을 모색한다. 마지막으로, 재지향 단계에서는 기존 단계에 대한 평가를 통해 보다 개선된 공동교육과정을 디자인하고 실행하며, 단위학교의 교사들은 학교군에 대한 소유의식을 바탕으로 학교군의 일원 혹은 조정자로서 헌신하게 된다(Galton & Hargreaves, 1995: 177-178).

한편, Lock(2011)은 학교군 정책을 통한 공동교육과정의 운영("SIP 프로그램": same school improvement partner)이 모든(8개의 초등학교) 단위학교 교육의 개선에 직접적으로 기여할 수 있음을 강조하였다. 특히, 단위학교의 학교장과 교사들은 SIP 프로그램으로 외부(타교) 동료들과의 지속적인 지원과 지지를 통해 협력적인 집단을 구성함으로써 단위학교 교육과정의 개선을 위한 실천과정에서 리더십을 발휘할 수 있었다. 그리고 농어촌지역 여러 단위학교의 교장과 교사들은 학교군을 통해 서로의 교수경험과 전문성을 공유함으로써 단위학교의 발전을 도모하고, 학생들의 학업성취에 걸림돌로 작용할 수 있는 사회문화적 고립을 극복할 수 있었다. 하나의 학교군으로 묶여 있는 농어촌지역의 소규모 초등학교들이 교육의 질을 개선할 수 있었던 원인은 지리적 인접성으로 인하여 교류가 활발하고, 유사한 학교상황에 따른 교육적 가치를 서로 공유했기 때문이다.

또한, Hargreaves(2010)는 농어촌지역의 학교군을 통하여 지속가능한 학교발전과 자기-개선적인 학교체제를 꾀할 수 있다고 보았다. 학교군을 통한 단위학교들의 발전과정에서 지속가능성과 자기주도성이 강조된 이유는 여러 단위학교의 구성원들이 상명하달의 방식으로 학교교육과정을 전달하기 보다는, 대화와 협력을 통해 공동교육과정을 자발적으로 디자인하고 실행했기 때문이다. 보다 구체적으로, 여러 단위학교 구성원들은 다음과 같은 교육적 이득을 얻게 되었다. 하나의 우산 아래 있는 여러 단위학교들은 새로운 지도자들을 지지하고, 그들의 구성원들을 보호하며, 학교혁신을 확산하고, 전문적 지식과 기술을 학습하며, 학교의 자원을 공유함으로써 학교운영의 효율성을 극대화할 수 있었다(Hargreaves, 2010: 6). 그리고 학교군의 이러한 교육적 이점은 지리적 근접성, 학교 간 교직원들의 면대면 접촉과 이동가능성으로 인해 극대화 되었다(Hargreaves, 2010: 13).

지금까지 살펴본 바와 같이, 외국의 선행연구는 성공적인 학교군 및 공동교육과정의 교육적 가능성을 미시적 및 거시적 수준에서 논의하고, 질적 사례연구를 통하여 공동교육과정의 형성 과정과 모델을 제시한 측면에서 연구의 가치가 높다. 특히, 학교군 및 공동교육과정에 대한 외국의 연구동향은 성공적인 공동교육과정 운영 사례의 교육적 효과성과 가능성을 교사들의 전문성 발달에 초점을 두어 논의함으로써, 현장교사들이 농어촌지역 소규모 학교 공동교육과정 운영에서의 핵심적 동력이자 주체임을 입증하였다. 이 연구는 이와 같은 외국의 선행연구 결과에 기초하여, 한국의 사회문화적 맥락과 조건을 반영한 한 공동교육과정 운영 사례를 현장교사들의 입장과 맥락에서 조명하고자 한다. 특히, 이 연구는 한 성공적인 공동교육과정 운영 사례의 교육적 가능성을 교사들의 교수문화와 전문성 발달뿐만 아니라, 학생들의 학습문화, 그리고 공동교육과정의 측면에서 조명하고자 한다. 이 연구의 시도는 현장교사들의 입장에서 한 성공적인 학교군 및 공동교육과정 운영 사례를 조명함으로써 농어촌지역 소규모 초등학교의 생존과 지속가능한 발전을 위한 학교군 정책의 교육적 가능성을 구체화할 수 있을 것이다.

Ⅲ. 연구방법

1. 연구의 배경 및 대상

이 연구는 농어촌지역 소규모 초등학교 교사들의 공동교육과정 운영경험을 해석적으로 조명하기 위하여 내러티브 인터뷰에 기초한 질적 사례연구를 채택하였다. 왜냐하면, 내러티브 인터뷰에 기초한 질적 사례연구는 연구참여자들의 지난 삶과 이야기에 배태된 교육적 경험과 의미를 포착하는 데 유용하기 때문이다. 이 연구의 배경은 4년(2013년부터 2016년까지)동안 학교군('어울림학교')을 운영하고 있는 세 초등학교들의 공동교육과정이며, 연구기간은 2015년 12월부터 2016년 11월(1년)까지이다. 이 연구의 주요 참여자들은 공동교육과정을 주도적으로 운영했던 세 초등학교의 연구부장(3명)과 교무부장(1명, 코디네이터)이다. 이 연구가 농어촌지역 소규모 학교의 공동교육과정과 관련하여, 현장교사들의 내러티브에 주목한 이유는 농어촌지역 소규모 학교 공동교육과정이 무엇보다 교사들의 관점 및 전문성 발달과 깊은 관련이 있기 때문이다. 특히, 이 연구에 참여한 세 학교 네 명의 부장교사들은 공동교육과정의 운영을 둘러싼 핵심적인 주체들로서, 일반교사뿐만 아니라 초등학생들 및 학부모의 교육적 경험을 풍부하게 구술하고 재현할 수 있는 위치에 있었다.

지금부터는 학교군인 '어울림학교'의 개념을 명료화하고, 세 초등학교의 배경과 공동교육과정, 그리고 연구 참여자들(4명: 봉숭아초등학교 교사 2명, 민들레초등학교 교사 1명, 채송화초등학교 교사 1명)의 인적 특성을 개략적으로 제시하고자 한다. 전라북도교육청이 추진하고 있는 '어울림학교'는 농어촌지역 소규모 학교를 대상으로 민주적 자치 공동체와 전문적 학습 공동체를 구축하여 학생들의 인성, 지성, 사회성을 기르고, 교육과정의 창조적 재구성을 통하여 도시와 농어촌 사이의 교육격차를 완화하는 학교군 정책을 의미한다(전라북도교육청, 2015a, 2015b). 어울림학교 정책은 농어촌지역 소규모 학교들 사이의 결합 및 운영 방식에 따라 네 가지 유형(공동통학구형, 작은 학교협력형, 마을학교협력형, 테마형)으로 구분되는데, 이 연구의 주요 배경인 세 초등학교는 과거 '학교군(school clustering)'으로 묶여 있다가 2015년도를 기점으로 하여 '작은 학교협력형'으로 지정된 어울림학교이다. 어울림학교의 한 유형인 작은 학교협력형(2015년 기준, 전북도내 19개 지정)은 인근 학교들과의 공동교육과정 운영으로 농어촌지역 소규모 단위학교의 교육을 활성화하는 것을 목적으로 한다(전라북도교육청, 2015a, 2015b).

〈표 Ⅲ-1〉세 초등학교의 배경(2016년 3월 기준)

학교명 \ 배경	학급 및 학생 수	전체 교직원 수	어울림학교의 역할
봉숭아초등학교	6학급/21명	13명	중심학교(2013년 지정)
민들레초등학교	5학급/25명	12명(교감 없음)	협력학교(2013년 지정)
채송화초등학교	6학급/41명	13명	협력학교(2013년 지정)

한편, 이 연구의 배경으로 볼 수 있는 세 초등학교들의 배경은 위 〈표 Ⅲ-1〉과 같다. 전라북도 평화시(가명)에 위치한 세 초등학교의 공동교육과정

은 2013년에 학교군 정책에서 출현하였으며, 2015년부터는 어울림학교로 지정되어 현재(2016년 11월)까지 운영 중이다. 세 초등학교의 공동교육과정은 최초 중심학교(봉숭아초등학교)의 한 교사의 교육적 노력과 시도에서 비롯되었다. 2013년 당시, 봉숭아초등학교의 연구부장이었던 김수일(가명) 교사는 소속 학교를 혁신학교로 만들고 싶었으나 뜻을 이루지 못하였고, 대신 학교군 사업을 신청하게 되었다. 그는 봉숭아초등학교를 중심으로 공동급식을 하고 있으며, 지리적으로 매우 인접한 두 개의 초등학교(민들레초등학교, 채송화초등학교) 교사들과 함께 공동교육과정을 운영하게 되었다. 세 초등학교의 교사들이 초창기(2013년, 1년차)에 어울림학교를 운영한 것은 협력적인 교육실천보다는, 단위학교의 예산을 확보하는 차원이었다. 그러나 세 학교의 여러 교사들은 4년 동안 어울림학교를 운영하면서, 농어촌지역의 작은 초등학교를 되살리기 위한 공동교육과정의 교육적 가능성을 점차적으로 자각하게 되었다. 한편, 전라북도교육청은 어울림학교들에 대한 컨설팅 및 중간평가(2015년, 3년차)를 하였는데, 세 학교의 공동교육과정이 도내 어울림학교(작은 학교협력형)의 우수사례로 선정되었다.

세 초등학교의 공동교육과정(2015학년도 기준)이 지향하는 운영 목적은 다음과 같다(김수일, 2016: 1). 첫째, 세 단위학교가 인적 및 물적 자원을 공유함으로써 소규모 단위학교가 안고 있는 교육적 한계를 극복한다. 둘째, 교직원 간의 합동 연수와 공동 연구를 통해 교육실천의 질적 향상과 아울러 교원들의 전문성을 신장한다. 셋째, 지역주민들과의 소통을 중심으로 평생교육 프로그램을 마련함으로써 단위학교들이 지역사회의 구심점이 된다.

사업 분야	세부 내용	산출 기초	금액(원)
수업 혁신 / 전문성 신장	공동연수	-강사비: 200,000원×3회기×2회 -연수준비물 및 운영비: 400,000원	1,600,000
	워크숍 및 협의회 운영	-협의회 운영비: 300,000원×4회 -워크숍 운영비: 400,000원×3회	2,400,000
교육과정	연합 수업	-학습준비물구입비: 5,000원×70명×8회 -공동수업 이동 차량비: 100,000원×9회	3,700,000
	교과관련 체험학습	-체험학습 활동비: 10,000원×70명×4회 -체험학습 차량비: 350,000원×6대×3회	9,100,000
지면의 제한으로 이하 생략			

위 〈표 Ⅲ-2〉에서 확인할 수 있는 것처럼, 세 초등학교가 운영했던 공동교육과정의 세부 프로그램(2015년도 기준)을 간략하게 제시하면 다음과 같다(김수일, 2016: 2-12): ① 작가와 함께하는 꿈나무 독서캠프(연 2회, 채송화초등학교, 전일제 운영), ② 공동수업 및 교과 관련 체험학습 운영(연 7회, 세 단위학교 및 유관기관 등, 전일제 운영), ③ 어울림학교 공동영어캠프 운영(2일, 임실영어체험학습센터, 1박2일), ④ 어울림학교 한마당 축제 운영(1회, 채송화초등학교, 전일제 운영), ⑤ 어울림학교 인성 및 창의성 캠프 운영(1일, 봉숭아초등학교, 민들레초 및 봉숭아초, 오전반 운영) ⑥ 어울림학교 교직원 합농 연수 운영(연간 총 11일: 디베이트 토론 2회, 뉴 스포츠를 활용한 교실틈새 체육활동하기 2회, 공동교육과정 운영협의회 4회, 학교군 공동 워크숍 3회). 세 초등학교의 학생들은 1년을 기준으로 13일 동안 함께 배웠으며, 교사들 또한 학생들과 함께 사제동행을 하였다. 또한, 세 초등학교의 교사들은 1년 기준 11일(회)의 합동연수를 운영하였다. 세 초등학교의 교사들이 공동교육과정을 운영하기 위해 함께한 시간은 1년을 기준으로 하여 24일에 달하였다.

한편, 이 연구는 성공적인 공동교육과정 운영 사례를 선정하기 위해 목적표집을 하였다. 전라북도교육청 어울림학교의 정책자문을 맡은 연구자

〈표 Ⅲ-3〉 연구 참여자들의 인적 특성(2016년 3월 기준)

특성 교사명	나이	젠더	교육 경력	교내 보직	근무지 및 근속
김수일	42세	남	17년차	교무부장	봉숭아초 5년차
박종서	38세	남	7년차	연구부장	봉숭아초 2년차
김향숙	51세	여	28년차	연구부장	민들레초 3년차
김지숙	30세	여	6년차	연구부장	채송화초 6년차

는 여러 어울림학교 대상 컨설팅과 학교평가 활동을 통해 '작은 학교협력형(19개 사례)' 가운데 한 우수사례를 찾을 수 있었다. 우선, 연구자는 중심학교에서 4년 동안 어울림학교의 주무를 맡고 있는 김수일 교사를 만나 연구 참여를 부탁하였다. 그는 이 연구의 목적과 연구문제를 확인한 후 연구 참여에 동의하였다.

김수일 교사는 세 학교 공동교육과정 운영에서의 핵심적인 교사들(3명)을 추천하고, 그들을 연구 참여자로 섭외해 주었다. 교육경력이 17년차이며, 교육학 박사(교육사회학 전공)인 김수일 교사는 세 학교 공동교육과정의 코디네이터 역할을 담당하였다. 한편, 교육경력이 7년차인 박종서 교사는 김수일 교사의 권유로 봉숭아초등학교에 전입하게 되었다. 올해 봉숭아초등학교의 연구부장을 맡고 있는 그는 세 단위학교 사이의 연대와 결합의 방식을 고민하고 있는 인물이다. 그리고 협력학교인 민들레초등학교에 근무하는 김향숙 교사는 교감 자격연수를 받고 있는 경력교사인데, 어울림학교의 교육적 필요성과 효과성에 공감하는 교사이다. 마지막으로, 또 다른 협력학교(채송화초등학교)의 연구부장으로 근무하는 김지숙 교사는 김수일 교사와 마찬가지로 4년 동안 어울림학교의 공동교육과정을 운영하고 있는 인물이다. 그녀는 소규모 초등학교의 학생 충원을 위한 어울림학교의 정책적 특성을 온몸으로 체감한 교사로 볼 수 있다. 이러한 연구 참여자들의 인적 특성을 간략하게 제시하면 〈표 Ⅲ-3〉와 같다.

2. 자료의 수집과 분석, 그리고 타당도 작업

이 연구는 공동교육과정을 성공적으로 운영했던 연구 참여자들의 경험을 파악하기 위하여 1년 동안(2015년 12월부터 2016년 11월까지) 개인별 내러티브 인터뷰를 실시하였다. 보다 구체적으로, 이 연구는 네 명의 주요 연구 참여자들을 대상으로 개인별 2회(1회기 기준 2시간, 개인별 총 4시간)의 인터뷰(4명×4시간, 총 16시간)를 수행하였다. 개인별 내러티브 인터뷰는 어울림학교 및 공동교육과정을 둘러싼 세 단위학교의 상이한 상황과 맥락을 파악하는 데 유용하였다.

한편, 농어촌지역 세 초등학교 교사들의 공동교육과정 운영경험을 보다 생생하게 포착하기 위해서는 실제적인 교육프로그램 및 교육활동을 참여관찰 하는 작업이 필요하다고 볼 수 있다. 그러나 세 학교 공동 교육프로그램의 일부가 동학년 단위로 동시다발적으로 이뤄졌고, 일부 활동은 사후적 성격이 강하여 참여관찰이 용이하지 않았다. 따라서 이 연구는 참여관찰을 대체할 수 있는 집단 인터뷰(3회, 1회기 3시간, 9시간)를 추가적으로 실시하였다. 집단 인터뷰는 공동교육과정에 대한 참여자들의 집단적 사고와 공유된 의미를 도출하는 데 유용하였다. 그리고 공동교육과정 운영을 입체적으로 포착할 수 있는 다양한 참조자료(도교육청 정책 자료집 2부, 도교육청 회의자료 1부, 어울림학교 운영계획서 4부, 어울림학교 결과보고서 3부, 공동교육과정 관련 사진, 신문기사 등)로 내러티브 인터뷰의 한계를 보완하였다.

연구자와 두 명의 보조 연구자들은 음성녹취록(11개 음성파일)을 반복적으로 청취한 후 전사 및 분석적 메모를 작성하였으며, 나머지 보조 자료는 자료의 형태에 따라 분류하여 분석하였다. 이 연구는 '포괄적 분석절차(반복적 자료 읽기→분석적 메모 작성→1,2,3차 코딩→연구결과 재현)'에 따라 최종적으로 세 가지의 범주(①학습에서의 문화적 이질성과 집단 역동성 확보: "다다익선(多多益善)", ②단위학교 기반의 고립적인 교수문화 극복하기: "송무백열(松茂栢悅)", ③세 학교의 공존과 연대에 기초한 공동교육과정: "화이부동(和而不同)")를 생성하였다. 한편, 이 연구는 이와 같은 연구결과를 분석적 및 해석적 글쓰기 방식으로 재현하였다. 왜냐하면, 세 학교 네 교사들의 같은 듯 서로 다른 이야기들을 하나의 공통된 이야기로 묶어내기 위해서는 개별 참여자들의 직접적인 목소리를 기술하기보다는, 연구자의 해석적인 서술이 보다 적절하였기 때문이다. 따라서 이 논문의 저자는 연구 참여자들 개인적인 이야기를 종합적으로 재현하는 해석적 존재로 볼 수 있다.

한편, 이 연구는 최종적인 연구결과에 대한 신뢰성(trustworthiness)을 확보하기 위하여 다음과 같은 타당도 전략을 적용하였다. 첫째, 이 연구는 특정한 사례에 대한 연구결과의 타당도를 확보하기 위하여 다른 지역의 작은 학교협력형 운영 사례(익산교육지원청 및 남원교육지원청의 작은 학교협력형 사례, 교당 집단 인터뷰 2회 실시)를 대상으로 자료를 수집 및 분석함으로써 연구결과의 타당도를 검증하였다. 둘째, 이 연구는 구술 자료의 전사본과 연구결과에 대하여 구성원 검증(4명 모두 실시)을 하였으며, 그들의 다양한 의견과 해석을 반영하여 지속적인 다시쓰기를 시도하였다. 셋째, 연구자는 전라북도 교육청 어울림학교 담당 장학사(1명) 및 질적 연구 전문가(교육대학교 초등교육과 전임교수 1명)와 함께 연구의 설계 및 결과에 대한 동료자 검증을 받았다. 넷째, 이 연구는 충분한 시간(1년)을 확보하여 다양한 질적 자료를 수집하였고, 연구 참여자들의 직접적인 내러티브를 생동감 있게 재현하고자 노력하였다. 마지막으로, 연구자는 세 학교와 연구 참여자들을 윤리적으로 보호하기 위하여 가명처리하고, IRB 승인을 받아 연구를 수행하였다.

Ⅳ. 연구결과

1. 학습에서의 문화적 이질성과 집단 역동성 확보:
"다다익선(多多益善)"

농어촌지역 소규모 학교에서의 문제 가운데 하나는 매우 적은 학생 수로 인하여 교수학습 장면에서 문화적 다양성과 집단 역동성이 저하된다는 점이다(Brulles & Winebrenner, 2011). 가령, 소규모 초등학교에서의 단순하고 단소로운 교실생활은 협소한 인간관계와 편협한 사고를 초래하고, 학생들이 집단 내에서 의견 차이를 조정하고 갈등을 해결할 수 있는 민주성과 사회성을 함양하는 데 제한적일 수 있다(청라초등학교, 2004). 반면, 다양한 학생들로 이루어진 교실수업은 이종혼교적인 문화적 이질성을 바탕으로 사회적 및 정서적 이득, 학구적 수월성과 영재성, 비판적 사고력을 함양하는 데 유용하다(Brulles & Winebrenner, 2011: 3). 특히, 문화적 이질성과 집단 역동성이 담보된 교실환경은 학생들이 문화적 역량을 획득하는 데 효과적이다. 여기에서 말한 '문화적 역량'이란 학생들이 열린 대화에 기초하여 팀워크와 협력적 학습을 시도하고, 공감적인 의사소통을 할 수 있는 배움의 기술 혹은

〈표 Ⅳ-1〉 4학년 협력수업 세부계획 예시(출처: 2016. 어울림학교 운영계획서)

월일	교시	교과	학습 주제	활동 영역 및 차시	자료 및 준비물	장소	담당 교사
3.23 (수)	1	통합수업 (릴레이)	전라북도 깨치기 1	(사) 전라북도생활 1. 새로운 궁궐이 필요해(1/2) -전라북도 지형도 만들기	-클레이(흰색, 노란색, 초록색,파란색, 검은색) -두꺼운 도화지 (8절지) -이쑤시개 -스크래치아트 페이퍼 -백제 미륵사지 석탑 만들기	봉숭아초	채송화초
	2			(사) 전라북도생활 1. 새로운 궁궐이 필요해(2/2) -전라북도 지형도 만들기			
	3			(미) 2. 우리의 공간 꾸미(3/4) -전라북도의 자연유산, 문화유산 표현			민들레초
	4			(미) 2. 우리의 공간 꾸미(4/4) -전라북도의 자연유산, 문화유산 표현			

비판적 사고력을 지칭한다(Keast, 2006: 8).

한 교실에서 두 세 명의 아이들을 가르치는 일이 생각만큼 쉽지는 않았어요. 시골 아이들이라 학력이 높지 않은 탓도 있지만, 그보다도 학생 수 때문에 수업 자체가 재미가 없는 거예요. 수가 너무 적다 보니까 문답과정도 건조하고, 발표를 해도 별다른 감흥이 없는 거예요. 서로를 너무 잘 아니까 활기가 떨어지는 거죠. (중략) 특히, 예체능 과목은 더욱 심각했어요. 예를 들면, 체육시간에 게임을 하려고 해도 상대팀이 없으니 할 수 있는 활동이 별로 없어요. 이러한 현상은 미술수업이나 음악시간도 마찬가지였어요.

(2016. 02. 19. 박종서 교사의 내러티브. 1차 집단 인터뷰 전사본)

일반적으로, 학교 간 공동교육과정을 운영하기 위한 학습조직 편성으로는 학년별 편성, 복식학년 편성, 무학년제, 복수진도계획, 상호협력학습, 플래툰 편성 등이 있다(김훈기, 2006; 두춘희, 2007). 세 초등학교의 교사들은 극소인수 교실수업에서의 낮은 집단 역동성과 문화적 단조로움을 해결하기 위한 일환으로 공동교육과정에 기초한 협력학습을 진행하였다.

〈표 IV-1〉에서 확인할 수 있는 것처럼, 세 초등학교의 협력학습은 복식학년이나 무학년제 등의 학교 수준 결합보다는, 여섯 개 동학년을 기본단위로 하여 결합 활동(joint activities)을 강조하였다는 점이다. 이러한 세 학교의 동학년 수준 결합 전략(joint strategies)은 공동교육과정의 내실 있는 운영과 아울러 공동교육과정의 지속가능성을 강화하였다. 왜냐하면, 동학년 수준의 결합은 일상적인 교과교육 속에서의 자연스러운 협력학습을 촉발하였으며, 학생들이 비슷한 수준 안에서 서로의 차이와 다양성을 나누고 배울 수 있는 교실환경과 맥락을 제공하였기 때문이다.

한 달에 한 번씩 세 학교의 아이들이 모여서 수업을 하면 평소 분위기와 다른 것 같아요. 뭔가 흥분되기도 하고, 새로운 활력이 느껴져요. 무엇보다, 예전의 관계가 바뀌는 것 같아요. 6학년 한 여자 아이의 경우, 다른 학교의 여학생들과 만날 수 있는 기회를 얻게 되죠. 여학생 혼자서 얼마나 외로웠겠어요? (중략) 사실, 몇 명 안 되기 때문에 경쟁관계가 너 심각할 수도 있어요. 문제는 한 번 형성된 교우관계가 좀처럼 바뀌지 않는다는 점이에요. 그만큼 아이들의 변화가능성이 크지 않아요. 쟤는 공부 못하는 아이, 운동 못하는 아이, 이렇게 인식이 되는 거죠. 하지만 협력수업을 하면, 관계 변화가 일어나는 것 같아요.

(2016. 03. 29. 김향숙 교사의 내러티브, 2차 집단 인터뷰 전사본)

위의 내러티브에서 확인할 수 있는 것처럼, 소규모 단위학교에서 극소수의 학생들이 개별적으로 학습을 하면, 언제나 유리할 수 있다는 전제는 하나의 선입견에 가까웠다. 왜냐하면, 소규모 학교에서의 교실수업이 비록 개별 학생들의 맞춤형 학습에 적합한 조건일지라도, 이러한 교육환경이 언제나 좋은 학습조건은 아니었기 때문이다. 그런데 세 학교의 동학년을 중심으로 한 협력학습은 이러한 극소인수 교실수업의 한계를 극복하는 데 유용하였다. 이러한 협력학습의 장점은 개인 내 및 개인 간 차원으로 구분할 수 있었다. 동학년 기반의 협력학습은 개인 내 차원에서 볼 때, 기존의 고착화된 자아정체성을 새롭게 바라보고, 자기-재정의(self-redefinition)를 시도할 수 있는 교실환경을 제공하였다. 또한, 개인 간 차원에서의 협력학습은 학생들 사이의 고착화된 서열관계를 해체하고, 배움을 위한 상호작용의 질을 향상할 수 있는 여건을 제공하였다.

2. 단위학교 기반의 고립적인 교수문화 극복하기: "송무백열(松茂栢悅)"

단위학교는 마치 독립적인 세포와 같이 자족적으로 운영되기 때문에, 교사 간의 낮은 상호의존성과 고립적인 교수문화를 나타낸다(Lortie, 1975). 폐쇄적인 단위학교 조직 문화에서 비롯된 낮은 상호의존성과 고립적인 교수문화는 도시지역 대규모 학교뿐만 아니라, 농어촌지역 소규모 학교 교사들에게 더욱 심각하게 나타난다(Bray, 1987: 18-19). 세 초등학교 교사들도 공동교육과정을 운영하기 이전에는 마치 양파 세포와도 같은 단위학교와 학급에 고립되어 교직생활을 하였다. 특히, 소규모 초등학교 교사로서의 삶에서 무엇보다 힘든 점은 모든 일을 혼자서 처리해야만 하는 것이었다. 하지만 세 초등학교의 교사들은 특정지역(평화시 남면 및 북면, 가명)을 중심으로 공동교육과정을 운영함으로써 친밀성과 동료성을 형성하고, 단위학교 기반의 고립적인 교수문화를 극복할 수 있었다. 여기에서 한 가지 흥미로운 점은 학생들의 학습문화와 마찬가지로, 교사들도 동학년 단위를 중심으로 친밀성과 동료성을 구축하였으며, 상호 경쟁과 비교보다는 서로의 성장과 발전을 장려하고 축하할 수 있는 '송무백열'의 정신을 보여주었다. 즉, '소나무가 무성하면 잣나무가 기뻐하듯'이, 세 초등학교의 교사들은 서로의 교육적 성장을 기쁜 마음으로 축하할 수 있었다.

> 시골학교에 발령이 나고 나서 가장 아쉬운 점은 동학년이 없다는 것이었어요. 솔직히, 큰 학교에 근무할 때는 동학년의 소중함을 잘 몰랐죠. 하지만 한 학년을 혼자서 이끌다 보니, 아쉬운 게 한두 가지가 아닌 거예요. 1년 내내 학년의 모든 일을 혼자서 책임져야 하니까요. 그런데 어울림학교를 하다보니까 이런 아쉬운 부분이 조금씩 해소가 되었어요. 학교 간에 동학년 교사 모임을 하다 보니 힘든 이야기도 하게 되고, 그 과정에서 서로를 이해하게 되는 거죠.
>
> (2016. 07. 08. 김향숙 교사의 내러티브. 2차 집단 인터뷰 전사본)

한편, 공동교육과정을 운영하기 위한 대표적인 교수 조직은 교환수업, 학습과제에 대한 협동적 수업, 교사와 보조원의 협력에 의한 수업, 팀 티칭, 학년군 편성으로 구분할 수 있다(김훈기, 2006; 두춘희, 2007). 세 학교의 교사들은 학년군 편성('세 교사와 세 학급'의 공동교육과정)을 중심으로 협동적 수업과 팀 티칭을 실행함으로써 협력적인 교수활동을 전개하였다. 특히, 그들은 협동적 수업과 팀 티칭을 통하여 교수 노하우를 공유하고, 극소규모 학교의 업무처리 방식을 학습함으로써 단위학교 기반의 교수 및 업무 부담을 어느 정도 완화할 수 있었다. 이는 세 초등학교의 교사들이 단위학교 기반의 고립적인 교수문화를 뛰어넘어, 배움의 네트워크를 형성함으로써 전문적인 학습공동체와 실천공동체를 구성하였다고 볼 수 있다(Bray, 1987: 18-19; Hargreaves, 2007; Ridley, 2011: 6; Stoll et al., 2006; Wenger, 2000).

> 작은 학교의 교사로 살아가면서 가장 힘든 점은 고립감이었어요. 시골에 혼자 내던져진 기분이라고 할까요? 그래서 옆 학교의 마음 맞는 선생님들과 만나기 시작했죠. 조금씩 친해지면서 뭔가를 같이 할 수 있는 분위기가 만들어졌고, 급기야 어울림학교를 신청하게 되었죠. 작은 학교에서는 한 교사가 모든 교과를 재구성하는 것은 불가능해요. 하지만 서로 머리를 맞대고 고민을 하기 시작하면서 수업을 개선하기 위한 실마리를 찾을 수 있었어요. 선생님들 서로가 가르치고 배우는 관계가 형성된 것이지요.
>
> (2016. 02. 12. 김수일 교사의 내러티브. 1차 개인 인터뷰 전사본)

세 초등학교의 교사들은 단위학교 기반의 고립적인 교수문화를 극복함으로써 다음과 같은 새로운 교수문화를 형성할 수 있었다. 첫째, 세 초등학교의 연구 참여자들은 학년군 편성에 기초한 협동적 수업과 팀 티칭을 통하여 농어촌지역의 소규모 학교 및 교실상황에 적합한 교수 노하우와 전문성을 계발할 수 있었다. 즉, 그들은 정기적인 교사모임을 통해 국가수준의 교육과정과 성취기준을 분석하여 공동교육과정을 새롭게 구성하고, 그것을 실현하기 위한 구체적인 교수전략을 수립하였다. 또한, 세 초등학교의 교사들은 자신들의 교수적 특성을 상호 공유함으로써 자신들의 교수적 장점을 극대화하고, 교수적 단점을 최소화할 수 있는 방안을 찾아가기 시작하였다. 특히, 농어촌지역 소규모 학교 장기근속 교사들의 실천적 지식과 교수 노하우는 새롭게 부임한 교사들이나 신규 교사들에게 유용하였다.

올해 처음으로 2학년을 맡았는데, 정말로 막막한 거예요. 무엇을, 어떻게 가르쳐야 할지 걱정이 많았어요. 그런데 어울림학교를 하면서 이런 부분에서 도움을 받아요. 저는 몇 년 전부터 토론수업을 전문적으로 해 왔거든요. 그래서 다른 학교 동학년 선생님께 도움을 드릴 수 있었어요. 물론, 저도 도움을 받았지요. 저는 미술을 못하는 편인데, 민들레초 김향숙 선생님께서 미술 수업을 해 주시고, 좋은 노하우를 전수해 주셨어요.

(2016. 07. 08. 김수일 교사의 내러티브. 3차 집단 인터뷰 전사본)

둘째, 세 초등학교의 교사들은 어울림학교의 공동교육과정을 통하여 민주적이고 수평적인 교수문화를 형성할 수 있었다. 왜냐하면, 어울림학교의 공동교육과정은 단위학교의 특정한 교장을 중심으로 운영되기보다는, 세 학교의 부장교사들이나 평교사들을 중심으로 수평적으로 운영되었기 때문이다. 또한, 어울림학교의 공동교육과정은 특정한 학교의 교사가 일방적으로 주도하거나 이끄는 것이 아니라, 모든 교사들의 적극적인 참여와 배려, 그리고 학교 및 교사들 간 차이를 포용하는 대화적 방식으로 운영되었다. 결국, 세 초등학교의 교사들은 어울림학교 운영을 둘러싼 공동 지분을 나눠가짐으로써 교수문화에서 평등성을 추구하고, 학교운영에서 탈중심화를 이뤘다고 볼 수 있다.

셋째, 세 초등학교의 교사들은 공동교육과정을 운영함으로써 교사로서의 경력발달을 위한 새로운 단초를 마련할 수 있었다. 가령, 초임교사의 경우, 소속 학교의 교사들뿐만 아니라, 다른 학교의 모범적인 선배교사들과 상호 교류함으로써 초기 직업사회화에서 이점을 확보할 수 있었다. 또한, 세 초등학교의 교사들은 비슷한 세대나 젠더, 그리고 특정한 성향을 중심으로 공감대를 형성함으로써 단위학교 기반의 폐쇄적이고 단조로운 교수문화를 해체할 수 있었다. 그리고 특정한 학교의 고경력 교사는 다른 학교의 저경력 교사를 도와줄 수 있었으며, 열정적인 교사들은 매너리즘에 빠져 있거나, 직업적 소진을 경험하고 있는 일부 교사들에게 새로운 자극과 활력을 불어넣을 수 있었다. 세 초등학교의 교사들은 마치 '무성한 소나무를 보고 기뻐하는 잣나무'와도 같은 존재들이었다.

이처럼, 연구 참여자들은 협력적인 공동교육과정 운영으로 ①학년군에 기초한 교수 노하우와 전문성 계발, ②민주적이고 수평적인 교수문화 형성, ③경력발달을 위한 새로운 단초 마련을 통해 농어촌지역 소규모 단위학교에서 비롯될 수 있는 고립적인 교수문화를 극복할 수 있었다. 특히, 학년군에 기초한 교수 노하우와 전문성 계발, 경력발달을 위한 단초 마련은 도시지역 대규모 초등학교에서 비롯될 수 있는 문화적 특징과 장점을 소규모 초등학교에서 되살린 것이며, 민주적이고 수평적인 교수문화는 농어촌지역 소규모 초등학교의 공동교육과정에서 생성될 수 있는 차별적인 교수문화로 볼 수 있었다.

3. 세 학교의 공존과 연대에 기초한 공동교육과정: "화이부동(和而不同)"

오늘날 농어촌지역의 소규모 단위학교는 통폐합을 막아내기 위해 학생 유치에 사활을 걸고 있다. 학생 충원의 성패는 농어촌지역 단위학교의 유지 및 발전에 직결된다고 볼 수 있다. 그러나 농어촌지역 소규모 단위학교를 둘러싼 이러한 조건은 학교들 사이 무리한 학생 유치 경쟁을 불러와서 단위학교의 고립을 초래할 수도 있다. 왜냐하면, 한 학교가 학생 유치에 성공했다는 것은 다른 학교가 학생 유치에 실패했다는 의미이기 때문이다. 따라서 특정한 농어촌지역 내 단위학교들의 학생 유치 경쟁은 '제로섬 게임'에 가깝고, 지속가능한 학교발전 전략으로 볼 수가 없다. 오히려, 농어촌지역 소규모 학교들의 지속가능한 발전을 위해서는 학교 간 학생 유치 경쟁보다는, 공존과 상생의 길을 모색할 필요가 있다.

이러한 맥락에서, 학교군 정책은 성공적인 교육과정을 디자인하기 위한 환경을 조성하고, 여러 단위학교들의 요구와 자원에 적합한 공동교육과정을 마련하는 데 유용한 정책이 될 수 있다(Bray, 1987: 18-19). 세 초등학교의 교사들은 단위학교의 다양성에 기초한 공동교육과정의 운영을 통하여 학습내용과 학습형태를 다양화하고, 학습 환경과 교육시설을 개선함으로써 공존과 연대의 길을 모색하였다. 이러한 세 초등학교의 공동교육과정은 타자들과 화합하지만, 자신의 고유성과 정체성, 그리고 원칙을 잃지 않으려는 '화이부동(和而不同)'의 정신과 맞닿아 있었다. 역설적으로, 세 초등학교의 교사들은 차이에 기초한 공동교육과정으로 상호의존하고 연대함으로써 단위학교의 교육적 존재 가치와 고유성을 지켜내고, 지속가능한 학교발전을 도모할 수 있었다. 보다 구체적으로, 연구 참여자들은 내실 있는 공동교육과정의 실현을 위하여 다음과 같은 세 가지 시도를 하였다.

첫째, 교사들은 동일한 학사 일정을 통하여 세 초등학교의 연대와 결합을 위한 구조적 환경을 조성하고, 공동교육과정 운영에서 일상성과 편의성을 추구함으로써 성공적으로 공동교육과정을 운영할 수 있었다. 우선, 세 초등학교의 교사들이 공동 교육과정을 함께 만들어 갈 수 있었던 이유는 교사들 간 친밀성과 지리적인 근접성뿐만 아니라, 공동급식에 따른 학사 일정이 동일했기 때문이다. 즉, 봉숭아초등학교를 중심으로 한솥밥을 먹는 세 학교의 교사들은 학사 일정을 공유하였기 때문에 공동교육과정과 단위학교 교육과정의 접점을 손쉽게 찾을 수 있었다. 이는 세 학교 사이의 동일한 학사 일정이 성공적인 공동교육과정의 계획과 실행을 위한 전제조건으로 작용하였다고 볼 수 있다. 또한, 세 학교의 공동교육과정은 일상성과 편의성을 나타내었다. 즉, 세 초등학교의 교사들은 공동교육과정으로 교수·학습의 내용과 형태가 한시적으로 변화될지라도, 특별한 불편함이나 어려움을 호소하지 않았다. 왜냐하면, 공동교육과정은 이미 세 학교 동학년 교사들의 자발성과 협력에 의해 치밀하게 구성된 일상이었기 때문이다.

> 어울림학교가 남들이 말하는 것처럼 어려운 것 같지는 않아요. 우리는 완전히 하나의 패턴으로 자리를 잡은 거죠. 새로 전입한 선생님들도 이듬해가 되면, 해 볼만 하다, 재미있다 이렇게 말씀을 하세요. (중략) 제 생각으로는 세 학교가 급식을 같이 해서 그런 거 같아요. 아무래도 학사 일정이 같다 보니, 교육과정을 짜기가 좋은 거죠. 그리고 4년 동안 어울림학교를 하다 보니 일상이 되어 버렸어요. 귀찮거나 힘든 일이 아니라, 아이들이나 나를 위해 교육적으로 필요한 일이라고 생각하니 힘들지가 않은 거죠.
>
> (2016. 07. 21. 박종서 교사의 내러티브. 2차 개인 인터뷰 전사본)

둘째, 세 학교의 공동교육과정은 교육을 위한 시공간을 확장하고, 교육 기자재와 시설을 확충함으로써 단위학교 운영에서의 경제적 효율성을 달성하였다. 또한, 세 학교의 공동교육과정은 머물러있기보다는 유동성과 가변성을 나타내었으며, 이러한 특성은 공동교육과정의 발전과 지속가능성을 담보하였다. 세 개의 단위학교는 어울림학교를 운영하기 이전에 교육과정 운영에서의 현실적인 어려움에 직면하였다. 여기에서 말하는 '현실적 어려움'이란 소규모 학교의 제약으로 인하여 교육과정을 운영하기 위한 시간과 공간, 그리고 교육기자재와 교육시설을 확충하기가 쉽지 않음을 의미한다. 그러나 세 초등학교의 교사들은 공동교육과정을 지속적으로 운영함으로써 학교운영에서의 교육적 및 경제적 효율성을 추구할 수 있었다. 또한, 세 학교의 교사들이 실천하고 있는 공동교육과정은 4년 동안의 시행착오를 통해 매년 새롭게 변화한 결과물이었다. 즉, 세 학교의 공동교육과정은 문서화되어 있는 고정적 실체가 아니라, 세 학교 교사들의 평가와 반성에 따라 지속적으로 변화하는 집단지성의 산물이자 생물(生物)이었다.

> 봉숭아초나 민들레초는 시설이 열악한 편이에요. 저희 학교는 상대적으로 시설이 좋은 편이죠. 그래서 저희 학교는 시설(강당)을 제공하고, 나머지 두 학교는 교육프로그램을 제공하는 방식이죠. 상부상조하니까 세 학교 모두 만족도가 높아요.
>
> (2016. 03. 29. 김지숙 교사의 내러티브. 2차 집단 인터뷰 전사본)

셋째, 공동교육과정은 세 단위학교의 상이한 상황과 필요성을 반영하였으나, 중심학교 및 협력학교 교사들의 상호이해와 협력을 바탕으로 연대와 결합을 강화하였다. 우선, 공동교육과정에 대한 결합의 강도와 빈도는 단위학교나 개별 교사의 상황에 따라 상이하였다. 가령, 협력학교 가운데 하나인 민들레초등학교는 매우 열악한 학교환경으로 인하여 중심학교(봉숭아초)나 협력학교(채송화초)의 인적 및 물적 자원이 절대적으로 필요한 상황이었다. 그러나 또 다른 협력학교인 채송화초등학교는 공동통학구형에서 비롯된 학생유입으로 혼란을 겪고 있었기 때문에 잦은 만남과 결합을 필요로 하는 상황은 아니었다.

교육과정을 공동으로 운영하는 것이 말처럼 쉬운 일은 아니었어요. 때로는 모임 자체가 너무나 피곤한 일이었거든요. 통학차량을 추가적으로 운행하는 것도, 안전문제도 불안하고요. 세 학교가 함께 추진했던 방과후학교가 막을 내린 것도 이러한 이유 때문이었어요. (중략) 세 학교들이 모인 이유가 조금씩 달랐어요. 그 때에 깨달았죠. 아! 어울림학교는 세 학교가 함께하지만, 여전히 따로도 가야 되는구나. 그리고 우리학교가 이득을 보면, 때로는 손해도 감수해야 되는구나. 이렇게 서로의 입장을 조금씩 알게 된 거죠.

(2016.07.08. 김수일 교사의 내러티브. 3차 집단 인터뷰 전사본)

이러한 독특한 삼자관계는 공동교육과정에서의 '공동'에 대한 새로운 의미를 부여하였다. 즉, 세 학교의 연대와 공존을 위한 '공동'의 의미는 동일성이나 단일성을 강조하는 '공통(common)'의 의미보다는, 차이와 다양성을 담보하는 '연합(joint)'의 의미에 가까웠다. 즉, 세 초등학교의 교사들은 연합에 기초한 공동교육과정을 통하여 단위학교의 자율성과 독자성을 유지하면서도, 다른 두 학교의 장점과 강점을 공유할 수 있는 상생의 길을 모색할 수 있었다.

Ⅴ. 나가며

지금까지의 연구결과에 기초하여, 농어촌지역 소규모 초등학교의 생존과 지속가능한 발전을 위한 학교군(어울림학교 및 공동교육과정) 정책의 교육적 가능성과 실현방안을 문화다양성 측면에서 살펴보고자 한다.

첫째, 농어촌지역 소규모 초등학교의 교육적 정당성을 확보하고, 지속가능한 발전을 담보하기 위해서는 소규모 학교 통폐합 반대라는 정치적 구호보다는, 학생들의 실질적인 학력향상을 도모해야 한다. 즉, 농어촌지역 소규모 학교의 통폐합보다 더 중요한 것은 학생들의 배움의 질을 개선함으로써 '작은' 학교를 '좋은' 학교로 전환하는 것이다. 이러한 맥락에서 어울림학교 정책 가운데 하나인 '작은 학교협력형'의 공동교육과정은 농어촌지역 소규모 초등학교의 학생들이 소규모 단위학교에 고립되지 않고, 문화적 이질성과 집단 역동성을 공유함으로써 민주시민으로서의 문화적 역량을 함양하는 데 기여할 수 있다. 즉, '작은 학교협력형'의 공동교육과정은 소규모 단위학교에 흩어져 있는 초등학생들이 한 자리에 모여 열린 대화를 나누고, 팀워크에 기초하여 협력학습을 시도함으로써 공감적인 의사소통을 할 수 있는 배움의 기술과 비판적 사고력을 함양하는 데 기여할 수 있을 것이다.

한편, 한 개인의 성장과 발달은 개인의 고유한 학습능력뿐만 아니라, 타자들과의 상호작용과 외부의 환경적 맥락도 중요하다. 농어촌지역의 소규모 단위학교는 도시지역의 대규모 학교에 비하여 상호작용의 양과 질이 낮고, 학습 환경 또한 열악할 수 있다. 하지만 어울림학교의 동학년을 중심으로 한 협력학습은 또래들 간 상호작용의 질을 높이고, 학습장면에서의 집단역동성을 강화함으로써 개인 내 및 개인 간 학습활동을 촉진할 수 있다. 왜냐하면, 어울림학교에서의 동학년 중심 협력학습은 비슷한 학년 수준이라는 유사성 내에서의 다양성을 추구할 수 있는 방법이기 때문이다. 또한, 동학년을 단위로 한 협력학습은 농어촌지역 소규모 학교 학생들의 성장과 학습을 위한 일종의 '근접발달영역(Zone of Proximal Development)'으로 기여할 수 있는 것이다. 이러한 맥락에서 문화적 동질성과 이질성의 조화를 추구하는 공동교육과정은 학생들이 다양성과 공존의 가치를 몸소 체득하고, 더불어 살아갈 수 있는 능력을 기르는 데 기여할 수 있을 것이다.

둘째, 공동교육과정 운영을 둘러싼 교사들의 교수경험은 기존 단위학교와 학교장 중심의 교수문화를 해체하고, 개선할 수 있는 새로운 관점을 제시하였다. 특히, 세 초등학교의 교사들은 동학년 단위를 중심으로 협력적인 교수활동을 전개함으로써 농어촌지역 소규모 단위학교 실정에 적합한 교사 학습공동체 및 실천공동체의 모델을 제시하였다. 물론, 농어촌지역 소규모 단위학교의 교사들이 학교수준에서 상호 친밀성과 전문성을 공유하는 것도 중요하다. 그러나 학교수준의 친밀성과 동료성이 각 학년의 교실수업에 곧바로 적용되기는 힘들다. 왜냐하면, 단위학교 여섯 명의 교사들은 모두 다른 수준의 학년을 대상으로 상이한 교과내용을 가르쳐야 하기 때문이다. 그러나 단위학교 수준을 벗어난 동학년 교사 모임은 농어촌지역 소규모 학교와 교실에 적합한 교육과정과 교수법을 마련하는 데 유용할 수 있다. 왜냐하면, 그들은 농어촌지역 소규모 학교의 교실상황 속에서 동일한 대상(학년)을 상대로, 동일한 내용(교과)을 가르치고 있기 때문이다. 따라서 시도교육청과 교육부는 단위학교 수준뿐만 아니라, 시군(면)단위 동학년 수준의 교사 학습공동체 및 실천공동체 활성화 방안을 모색할 필요가 있을 것이다.

또한, 공동교육과정 운영을 둘러싼 교수경험은 기존 학교장 중심의 학교운영과 단위학교 기반의 고립적인 교수문화를 개선하는 데 새로운 시사점을 제공할 수 있다. 도시지역의 대규모 초등학교와는 달리, 농어촌지역 소규모 초등학교의 교사들은 학교규모 때문에 직업적 소외감과 고립감을 경험할 수도 있다. 그러나 농어촌지역 소규모 초등학교의 교사들은 공동교육과정을 통하여 학교장 중심의 학교운영을 보완하고, 자기 충족적이고 자기 주도적인 교수활동을 전개할 수도 있다. 또한, 초등학교 교사들의 자발성에 기초한 공동교육과정 운영은 기존의 수직적이고 보수적인 단위학교의 교수문화를 완화할 수 있는 단초가 될 수 있을 것이다. 그리고 농어촌지역 소규모 초등학교의 교사들은 공동교육과정을 운영함으로써 교직사회화와 교수 전문성 발달측면에서 새로운 기회의 장을 마련할 수 있을 것이다.

셋째, 어울림학교 교사들의 공동교육과정 운영경험은 공동교육과정의 편성 및 운영과 관련하여 새로운 교육적 통찰을 제공하였다. 우선, 여러 단위학교들이 하나의 공동교육과정을 용이하게 디자인하고 실행하기 위해서는 연합의 목적과 방법을 명료화하고, 사전에 여건 조성을 철저히 할 필요가 있다. 학교군 정책과 공동교육과정 그 자체는 농어촌지역의 소규모 단위학교를 활성화하기 위한 만병통치약도 아니며, 농어촌지역 소규모 학교의 발전을 담보하는 것도 아니다. 오히려, 공동교육과정을 운영하려는 단위학교는 다른 학교들과의 사전협의를 통하여 연합의 목적과 방법을 명료화해야 한다. 또한, 하나의 공동교육과정은 고정된 실체로 머물러 있기보다는, 여러 단위학교 구성원들의 상황과 요구에 따라 지속적으로 변화하는 구성물이다. 따라서 공동교육과정의 활성화를 위해서는 사전에 물리적 및 심리적 준비를 철저히 해야 한다. 그리고 공동교육과정의 실행 과정과 결과가 만족스럽지 못하다면, 여러 운영 주체들의 지속적인 평가와 반성을 통해 공동교육과정을 지속적으로 재구성할 필요가 있을 것이다.

마지막으로, 현장교사들의 성공적인 공동교육과정 운영경험은 학교군의 운영 기제 및 결합방식과 관련하여 새로운 아이디어를 제공하였다. 전라북도의 여타 시군에서 '작은 학교협력형'은 아직까지 자리를 잡지 못한 것으로 보고되고 있다. 다수의 '작은 학교협력형' 사례가 교육현장에 착근되지 못하는 원인은 공동교육과정이 마치 '2인3각 경기'와 유사한 방식으로 운영되기 때문이다. 단위학교들 사이에 연합의 목적과 방법에 대한 고민이 부재하다면, 공동교육과정은 오히려 비효율적이고 불편할 수밖에 없다. 따라서 여러 단위학교의 구성원들은 공동교육과정의 목적과 방법을 명료화할 필요가 있다. 가령, 공동교육과정을 운영하는 목적은 특정한 단위학교의 단점과 약점을 보완하고, 이를 해결하는 데 있을 것이다. 또한, 학교들 간의 연합은 상급 교육기관(도교육청 및 시군교육지원청)이 제시하는 '기계적 결합'보다는, 여러 단위학교 구성원들의 대화와 협력을 통한 '화학적 결합'이 중요할 것이다. 농어촌지역 소규모 초등학교들 사이의 공동교육과정은 마치 과실수의 '접붙이기'와도 유사한 일인지도 모른다. 왜냐하면, 특정한 과실수는 접붙이기를 통해 다른 과실수의 우수한 유전 형질을 전수받아서 보다 건강한 개체로 성장할 수 있기 때문이다. 이러한 맥락에서, 이 연구는 농어촌지역 소규모 초등학교가 여러 학교들과 '교육적 접붙이기'를 할 수 있는 촉매제가 될 수 있을 것이다.

참고문헌

- 김훈기(2006) 소규모 초등학교 공동교육과정 운영의 실제와 개선 방안. 충남대학교교육대학원 석사학위 논문.
- 두춘희(2007) 소규모 초등학교 공동교육과정 운영 실태와 효과. 한국교원대학교 교육대학원 석사학위 논문.
- 임순일(2016) 2015. 어울림학교(작은 학교협력형) 운영 사례(미간행 원고).
- 장곡초등학교(2003) 소규모 학교 연계 교육과정 도지정 시범학교 운영 보고서.
- 장국영(2005) 소규모 초등학교 공동교육과정 운영에 관한 연구. 한국교원대학교 교육대학원 석사학위 논문.
- 전라북도교육청(2015a) 2015. 어울림학교 선정교 관리자 역량강화 연수 자료(전북교육 2015-054). 전라북도교육청 교육혁신과. (2015. 1)
- 전라북도교육청(2015b). 2015. 균형발전(어울림학교 · 원도심학교) 담당 장학사 협의회 계획. 전라북도교육청 교육혁신과. (2015. 6)
- 청라초등학교(2004). 소규모 학교 연계 도지정 시범학교 운영 보고서.
- Bell, A. & Sigsworth, A.(1987). The small rural primary school: A matter of Quality. Lewes: Falmer Press.
- Bray, M.(1987) School clusters in the third world: Making them work. Paris: Unesco-unicef co-operative programme.
- Brulles, D. & Winebrenner, S.(2011) The schoolwide cluster grouping model. Gifted Child Today, 34(4), 35-46.
- Collarbone, P. & West-Burnham, J.(2008) Understanding systems leadership. London: Continuum International.
- Cotton, K.(2001) New small leaning communities: Findings from recent literature. Portland, OR: Northwest Regional Educational Laboratory.
- Darling-Hammond, L.(2002) Redesigning high schools: What matters and what works. School Redesign Network.
- Duke, D. L.(2006) Keys to sustaining successful school turnarounds. Darden-Curry Partnership for Leaders in Education, University of Virginia.
- Fullan, M. & Hargreaves, A.(1991)What's worth fighting for in your school: Working together for school improvement. Toronto, Ontario: Ontario Public School Teachers' Federation.
- Galton, M. & Hargreaves, L.(1995) Clustering: A survival mechanism for rural schools in United Kingdom. Journal of Research in Rural Education, 11(3), 173-181.
- Hargreaves, A.(2007) Sustainable professional communities. In Stoll, L. & Louis, K.

(eds). Professional learning communities. Maidenhead: Open University Press. pp. 181-196.

- Hargreaves, D.(2010) Creating a self-improving school system. Nottingham: National College for Leadership of Schools and Children's Services.
- Hill, R.(2007) Achieving more together. Leicester: Association of School and College Leaders.
- Hill, R. & Matthews, P.(2008) Schools leading schools: The power and potential of National Leaders of education. Nottingham: NCSL.
- Hill, R. & Matthews, P.(2010) Schools leading schools Ⅱ: The growing impact of national leaders of education. National College for Leadership of Schools and Children's Service.
- Keast, J.(2006) Religious diversity and intercultural education: A reference book for schools. Provisional Edition, Council of Europe.
- Lock, A.(2011) Clustering together to advance school improvement: Working together in peer support with an external colleague. Nottingham: National College for Leadership of Schools and Children's Service.
- Lortie, D. C.(1975) Schoolteacher: A sociological study. Chicago : The University of Chicago Press.
- Nathan, J. & Thao, S.(2007) Smaller, safer, saner successful schools. National Clearinghouse for Educational Facilities, Washington, D.C.
- Nguyen, T. S. T.(2004) High schools: Size does matter. Issue Brief, 1(1), 1-7.
- Ready, D. et al. (2004) Educational equity and school structure: School size, overcrowding, and schools-within-schools. Teachers College Record, 106(10), 1989-2014.
- Ridley, J. M.(2011) Teachers' continuing professional development within two clusters of small rural primary schools. National College for School Leadership.
- Sarason, S.(1990) The predictable failure of educational reform. San Francisco, CA: Jossey-Bass.
- Sergiovanni, T.(1994) Building community in schools. San Francisco: Jossey-Bass Publishers.
- Smith, J.(2009) Flourishing, finite, fading or floundering: Building a sustainable collaboration. National College for Leadership of Schools and Children's Service.
- Stoll, L. et al.(2006) Professional learning communities: A review of the literature. Journal of Educational Change, 7, 221-258.
- Wenger, E.(2000) Communities of practice and social learning systems. Organization, 7(2), 225-246.

제5장

작은 학교와 큰 학교를 연결하기
"공동통학구형"

나종민(금구초) · 김천기(전북대) · 임순일(봉남초)
권미경(전주문학초) · 박은숙(전주만성초) · 이주은(전북대)

이 글의 출처는 "나종민 · 김천기 · 임순일 · 권미경 · 박은숙 · 이주은(2016). 공동통학구형 '어울림학교' 운영에 따른 작은 학교의 변화. 교육의 이론과 실천, 21(3), 25-52)"임을 밝힙니다.

Ⅰ. 서론

교육부는 2016년부터 학생 수가 적은 초·중·고등학교에 대한 통폐합 기준을 대폭 강화하고 통폐합 시 지자체에 재정 인센티브를 제공함으로써 소규모 학교의 통폐합을 유도하여 재정 낭비를 줄이고 교육 여건을 향상시킨다는 논리를 가지고 전국 17개 시도교육청에 '소규모 학교 통폐합 권고 기준'을 통보했다. 이에 따르면 전라북도는 전체 초·중·고등학교 761교 중 46.1%인 351교가 소규모 학교로 통폐합 대상이 되며, 폐교가 이루어질 경우 지역주민 감소로 인해 지역사회도 공동화될 위험에 처하게 된다. 이러한 소규모 학교 통폐합 정책은 시행과정에서 예상되는 부정적 영향에도 불구하고 1982년부터 지속적으로 추진되어 오고 있다(최준렬·강대중, 2007).

하지만 농어촌지역 작은 학교의 통폐합은 뜨거운 찬반논쟁을 불러일으켰으며, 그러한 논쟁은 1980년대 이후 현재까지 지속되고 있다. 역대 중앙정부와 교육부, 그리고 일부 학자들(교육인적자원부, 2006, 2007; 교육과학기술부, 2009; 국민권익위원회, 2010; 홍후조, 2011)은 주로 효율성 제고의 측면에서 농어촌지역 소규모 학교의 통폐합 정책을 지지하였지만, 반대 진영(나승일, 2003; 이정선, 2000; 전라북도교육청, 2014a; 전북교육연구소, 2014; 정일환, 2005; 정지웅 외,

2002; 최준렬·강대중, 2007; 정철영 외, 1995)은 통폐합으로 인한 학교의 문화적 기능 상실, 장거리 통학으로 인한 위험 증가, 통학으로 인한 방과후 교육활동 참여 기회 제약 등의 문제를 지적하며, 오히려 작은 학교의 교육적 효과성과 순기능에 주목하기를 요청하고 있다(이동성, 2015).

농어촌지역 소규모 학교의 수가 전체 학교 수의 절반을 차지하는 전라북도교육청은 그동안 소규모 학교문제와 관련하여 통폐합 정책을 적극적으로 수용하기 보다는 농어촌 소규모 학교 활성화 정책을 지향해 오고 있다. 단순히 학생 수를 기준으로 소규모 학교를 획일적으로 통폐합하기 보다는 지역별 여건을 고려하여 특성화된 '작고 좋은' 학교로 성장시키고자 하였다. 최근에는 농어촌지역의 학생 감소에 따른 소규모 학교의 증가, 소규모 학교의 정상적인 교육과정 및 학사운영이 곤란, 도·농간 교육격차 심화 등 소규모 학교 문제를 해결하기 위해 2013년부터 농어촌교육 희망 찾기 정책으로 어울림학교를 운영하며 농어촌학교 맞춤형 지원체제를 마련하고 있다.

전라북도교육청이 당면한 농어촌지역 소규모 학교의 통폐합 이슈를 해결하기 위해서는 정치적 및 경제적 논리 혹은 찬반양론의 이분법적 사고와 전제로부터 벗어날 필요가 있다. 즉, 교육의 외재적 논리에 따라 농어촌지역 소규모 학교 정책을 지지하거나 반대하기 이전에, 농어촌지역의 작은 학교들이 실제적으로 어떻게 기능하고, 작동하는지에 대한 경험적인 교육연구가 절실하다. 특히, 학생 수의 감소로 폐교 위기에 놓인 농어촌지역의 작은 학교들이 어울림학교를 운영해가는 과정에서 현상유지와 지속적인 발전을 위해 어떠한 새로운 시도와 노력을 하고 있는지, 또한 어울림학교의 교사들과 학생들, 그리고 학부모들은 구체적으로 어떠한 교육적 경험을 하는지에 대한 교육연구가 절실하다.

이러한 맥락에서 본 연구는 전라북도교육청에서 2013년부터 추진하고 있는 어울림학교의 4가지 유형 중 선행연구가 없는 공동통학구형 어울림학교 운영에 따른 작은 학교의 변화를 살펴보고 드러난 문제점을 해결할 수 있는 개선방안을 탐색하고자 한다. 이를 위해 아래와 같이 연구문제를 설정하였다. 첫째, 공동통학구형 어울림학교 운영으로 인해 농촌지역 작은 학교에는 어떤 외형적인 변화가 있었는가? 둘째, 공동통학구형 어울림학교는 교육적 측면에서 어떤 내적인 변화가 있었는가? 셋째, 공동통학구형 어울림학교 운영과정에서 드러난 난점은 무엇이며, 이를 개선하기 위한 방안은 무엇인가?

이 연구의 결과는 전라북도교육청이 추진한 어울림학교 정책의 효과성 및 농어촌지역 소규모 학교를 '작고 좋은' 학교로 만들기 위한 이론적, 실천적, 정책적 시사점을 예시할 것이다. 그리고 중앙정부와 교육부, 그리고 각 시도교육청과 학교교육 관련 이해당사자들은 이 연구의 결과를 통해 교육의 외적 맥락 및 조건뿐만 아니라, 내재적 논리에 따라 농어촌지역 소규모 학교정책을 수립하고 실행할 수 있을 것이다.

Ⅱ. 어울림학교

도시에 비해 사회적·문화적 인프라가 낙후된 농어촌 지역 학부모들은 자신들의 자녀가 조금이라도 더 나은 학습 환경에서 공부하길 바라는 마음에 최소한의 경제력만 갖춰지면 농어촌지역 학교를 떠나 도시로 이주한다. 이러한 현상이 지속되면서 농어촌지역 학교의 학생 수는 계속 감소하게 되고, 학급 수와 교원 수 감소, 학교 재정의 축소로 이어지고 있다. 이와 같은 농어촌 지역의 특수성으로 인하여 축소된 농어촌 학교 교육은 농어촌지역 학부모들의 불신을 키우고, 결국 남아있던 학부모들마저 농촌 지역을 떠나게 하는 악순환의 원인이 되고 있다(이유정, 2012).

교육부(2012)는 학생 수 감소에 따른 소규모 학교가 증가하는 이러한 현상을 교육적 위기로 간주, '적정 학교 규모 육성 지원 사업'(2012. 1. 19)과 '전원학교 사업'(학생 수 60명 이상인 농어촌 학교지원)을 발표하고 교육재정의 효율성을 높이고자 작은 학교 통폐합을 추진해 오고 있다(정성식, 2013). 이후 정부는 소규모 학교 통폐합 기준을 계속 강화하였고 2016년 정부가 내세운 '소규모 통폐합 권고 기준'에 따르면, 전라북도는 전체 초·중· 고등학교 761교 중 46.1%인 351교가 소규모 학교로 통폐합 대상이 된다. 이를 전북교육의 위기라고 생각한 전라북도 교육청은 농어촌의 작은 학교를 살리기 위해 2013년부터 어울림학교라는 이름으로 농어촌 작은 학교 희망찾기 교육정책을 실시해 오고 있다.

어울림학교는 지역 특색에 맞는 농어촌학교 맞춤형 지원체제를 통해 농어촌 학교교육을 활성화하고, 작은 학교 간 공동 교육과정 운영으로 농어촌 작은 학교의 희망을 찾으며, 농어촌 학교와 마을이 함께 성장하는 여건을 조성하는 것을 목적으로 한다(전라북도교육청, 2016b). 전라북도 교육청이 농어촌 작은 학교 희망 찾기의 일환으로 실시한 어울림학교는 동일 시·군 내 인근 학교와 공동 통학구 지정을 통하여 작은 학교 육성 지원책이 필요하다고 판단되는 학교를 대상으로 선정하였으나, 2014학년도 어울림학교는 공동통학구뿐만 아니라 작은 학교협력 모형, 마을과 협력하는 학교 모형 등 학교가 요구하는 학교 특성에 맞는 다양한 유형으로 확대하여 지정하였다(전라북도교육청, 2014b). 그러나 이 4가지 사업이 단일부서에서 종합적인 안목으로 이루어지지 않고, 각각 다른 과에서 이루어짐에 따라 농어촌 교육정책을 총괄하는 컨트롤 타워가 필요하다는 의견이 제기되어, 2015년부터 어울림학교라는 이름으로 4가지 사업을 모두 통합하였다. 기존 학교군 사업을 작은 학교 협력형 어울림학교로, 작고 아름다운 학교 사업과 농어촌 에듀 케어 사업을 테마형 어울림학교로, 마을과 학교가 공존하기 위한 취지로 마을학교 협력형 어울림학교를 신설하여 기존에 있던 공동 통학구형 어울림학교로 묶어 이를 교육혁신과에서 총괄하기로 하였다. 이를 정리하면 〈표 1〉과 같다.

어울림학교의 유형별 내용을 살펴보면, 공동통학구형은 작은 학교가 인근 큰 학교와 통학구역을 공동으로 설정하여 작은 학교로 학생을 유입하기 위한 방법으로 2013년 21개교, 2014년 20개교가 지정되어 2016년 현

〈표 1〉 농어촌 교육 통합 과정

기존			통합운영(15.1월)	
사업명	부서		어울림학교 유형	부서
어울림학교 (공동 통학구)	정책공보 담당관	⇒	공동 통학구형	교육혁신과
학교군 사업	교육혁신과	⇒	작은 학교 협력형	
농어촌 에듀케어	행정과	⇒	마을 학교 협력형	
작고 아름다운 학교	행정과	⇒	테마형	

재 41개교가 운영 중이다. 작은 학교 협력형은 이웃하고 있는 작은 학교 끼리 공동의 교육과정을 운영하여 농어촌 교육을 활성화하기 위한 방법으로 2015년부터 15개교가 운영 중이다. 마을학교 협력형은 지역의 인적, 물적 인프라를 활용하여 학교와 마을간, 학교와 지역이 협력하는 교육과정 운영 및 교육활동 전개로 농어촌 학교를 지역과 함께 하는 학교(커뮤니티 스쿨)로 성장할 수 있도록 하는 방법으로, 2015년부터 5개교가 운영 중이다. 마지막 테마형은 농어촌 학교 실정에 맞게 교육과정을 재구성하여 학생이 즐거운 배움터 조성을 위한 교육 프로그램과 테마를 선정하여 운영하는 방법으로 2015년부터 27개교가 운영하고 있다. 어울림학교 유형별 지정 현황을 살펴보면 〈표 2〉와 같다.

전라북도교육청은 어울림학교의 활성화를 위하여 교육과정 운영의 학교 자율권을 확대하였으며, 건강하고 안전한 학교시설을 제공하기 위해 노후 시설을 현대화 하고 친환경적 학교 환경을 조성함으로써 교육활동의 정상화를 도모하였고, 2개 이상의 학년이 같은 교실에서 수업하는 복식 수업을 해소하여 학부모들의 소규모 학교에 대한 불안감을 해소하고자 하였으며, 기간제 교사보다는 정규 교사를 우선 배치하여 장기간 학생들과 호흡할 수 있는 여건을 마련하고 작은 학교 교원들의 업무 경감에 기여하고자 하였다. 또한 소규모학급, 복식학급 등을 고려한 맞춤형, 학습자 중심 교육이 가

〈표 2〉 어울림학교 유형별 지정 현황

구분	대상	기간	내용	지정현황
공동 통학구형	인근 큰 학교가 있는 소규모 학교	21교: 2014. 3. 1.~ 2017. 2. 28. 20교: 2014. 9. 1. ~ 2017. 8. 31.	인근 큰 학교와 공동 통학구역 설정으로 작은 학교로의 학생 유입 유도	41교 2013년 21교 2014년 20교
작은 학교 협력형	학생 수 100명 이하의 학교	2015. 3. 1.~ 2018. 2. 28.	인근 학교와의 공동 교육과정 운영으로 농어촌의 특색과 활성화를 이끌어낼 공동 교육과정 운영 지원	19교 2015년 지정
마을 학교 협력형	학생 수 60명 내외의 학교	5교: 2015. 3. 1. ~ 2018. 2. 28. 7교: 2016. 3. 1. ~ 2018. 2. 28.	지역의 인적, 물적 인프라를 활용하여 학교와 마을간, 학교와 지역이 협력하는 교육과정 운영 및 교육활동 전개로 농어촌 학교를 지역과 함께 하는 학교 (커뮤니티 스쿨)로 성장할 수 있도록 함	12교 2015년 5교 2016년 7교
테마형	학생 수 60명 이하의 학교	2015. 3. 1. ~ 2018. 2. 28.	농어촌 학교 실정에 맞게 교육과정을 재구성하여 학생이 즐거운 배움터 조성을 위한 교육 프로그램과 테마를 선정하여 운영	27교 2015년 지정

능하도록 학교 및 지역사회 자원 활동 프로그램을 운영을 지원하고 있다.

어울림학교 중 본 연구대상인 공동통학구유형의 활성화를 위해서는 선별적 지원을 시행하였는데, 작은 학교의 학생 유입 기반을 조성하기 위해 작은 학교 인근에 위치한 큰 학교와 공동 통학구역을 지정하여 동일 시·군내 학교와 작은 학교의 자유로운 전입학을 보장하였으며, 공동 통학구 내에 거주하는 학생들의 통학편의를 의한 통학 차량(버스 및 택시)을 지원하고 있다(전라북도교육청, 2016b).

농어촌 작은 학교에 관한 선행연구는 소규모 학교의 교육 제도와 교육 정책에 관해서 알아보거나(정민석, 2014; 이혜정, 2012; 박삼철, 2012) 농어촌 지역 학교의 성공사례 및 성공요소를 분석하는 연구(박승배, 2014; 김춘진, 2010)가주를 이루고 있다. 전라북도에서 실시하고 있는 어울림학교 관련 선행연구는 중학교 교사의 생애사를 통하여 테마형 어울림학교인 농어촌지역 소규모 중학교의 교육적 가능성을 알아본 연구가 있다(이동성, 2016). 농어촌 지역의 소규모 중학교는 학생들의 다양한 요구나 학구의 지역 환경의 특징을 반영할 수 있는 맞춤형 교육과정이나 교육프로그램을 제공하여 학생들의 전인적 성장과 발달을 도모할 수 있으며, 소규모 학교가 학생들의 학업 성취도를 향상시킬 수 있는 최적의 가능성을 제공할 수 있음을 밝혔다. 또한 학교가 지역사회와 연대하고 협력하는 것이 '공동체로서의 학교'로 변화하는 데 중요한 요건이며 학교가 학부모들의 교육적 참여와 관여를 이끌어 내는 데 용이하다는 결과를 얻었다.

위의 연구는 중학교에서 이루어지는 어울림학교의 운영 실태를 살펴볼 수 있는 좋은 자료이다. 그러나 어울림학교가 4가지의 서로 다른 형태를 가지고 있고, 전라북도에 99개의 어울림학교가 운영되고 있는 현 시점을 고려한다면 어울림학교에 관한 연구는 매우 부족한 상태이다. 따라서 이 연구는 공동통학구형 어울림학교의 운영실태 및 성공요소를 분석함으로써 어울림학교 정책의 발전 및 개선방향에 시사점을 제공할 수 있는 좋은 연구 자료가 될 것이다.

Ⅲ. 연구방법

본 연구의 참여자들은 전라북도에 근무하는 공동통학구형 어울림학교 초등 교원을 대상으로 학교가 위치한 지역, 직위, 담당업무, 어울림학교 운영성과, 공동학구 학교 등을 가능한 고려하여 목적 표집(purposeful sampling)을 하였다. 연구 참여자는 2개 지역(김제와 전주)을 중심으로 6개교에서 선정하였다. 김제와 전주지역을 선정한 이유는 김제지역은 전라북도에서 공동통학구형 어울림학교의 수가 가장 많은 지역이고, 전주지역은 공동통학구형 어울림학교 초기 성공모델로 인식되고 있는 E초가 위치하고 있기 때문이다. 6개교 중 소규모 학교 3개교는 공통적으로 2013년 공동통학구형 어울림학교로 선정되어 2014년 3월 1일부터 2017년 2월 28일까지 지정 운영되고 있다. 면담대상자는 공동연구자의 근무지, 친분관계, 근거리를 고려하여 편리 표집을 하였다. 면담대상자의 인적 배경은 아래 〈표 3〉과 같다.

연구 참여자의 일반적 특성을 살펴보면, 공동통학구형 어울림학교 및 공동학구로 선정된 학교에 근무하는 교원으로, 김제지역에서는 공통통학구형 어울림학교 2개교 교사 4명, 그 공동학구 학교 2개교 교감 2명과 교사 3명이다. 전주지역에서는 공동통학구형 어울림학교 1개교 교사 2명, 그 공

〈표 3〉 연구 참여자의 인적 배경

순	대상	학교	지역	업무	근무지 경력	공동통학구형 어울림학교 지정
1	가교사	B초	김제	교무,공동통학구형	4년	공동통학구형 어울림학교
2	나교사	B초	김제	연구,작은 학교협력형	4년	
3	다교감	C초	김제	교감	0.5년	B초 공동학구
4	라교사	A초	김제	교무,공동통학구형	4년	공동통학구형 어울림학교
5	마교사	A초	김제	과학, 진로	3년	
6	바교감	D초	김제	교감	1.5년	A초 공동학구
7	사교사	D초	김제	연구(2015)	5년	
8	아교사	D초	김제	다문화	3년	
9	자교사	D초	김제	수업	3년	
10	차교사	E초	전주	교무, 공동통학구형	2년	공동통학구형 어울림학교
11	카교사	E초	전주	연구	3년	
12	타교감	F초	전주	교감	2.5년	E초 공동학구
13	파교사	F초	전주	교무	5.5년	

동학구 학교 1개교 교감 1명과 교사 1명이다. 면담대상을 선정하는데 있어 하나의 학교를 대상으로 면담대상을 표집하지 않고 다양한 지역, 다양한 학교를 고려하여 표집을 한 이유는 어울림학교 교사들의 경험 및 학교의 변화과정과 관련하여 다양한 인과적, 맥락적인 요인을 발견하는 데 도움이 될 수 있을 거라 생각했기 때문이다.

　면담 대상자의 생각과 경험을 충분히 이끌어내기 위하여 지나치게 구체적인 질문을 하기보다는 개방형과 반구조화된 형식의 유연한 질문 방식을 활용하였다. 공동연구자 6인[1]과 전북교육정책연구소 연구원 1명, 자문교수 2명으로부터 질문의 적절성 여부를 확인하였다. 질문은 어울림학교 신청배경과 저해요인, 교사의 노력, 학교에 미친 영향, 교육적 효과성, 개선방

1_ 공동연구자 6명중 3명은 작은 학교 협력형, 공동통학구형 공동학구에 근무했거나 근무경험을 가지고 있다.

향에 관한 영역으로 구성하였다. 면담은 2016년 6월부터 2016년 10월까지 5개월에 걸쳐 실시되었다. 연구 참여자로 선정된 교원들에게 연구의 목적을 전화로 설명하고 사전 동의를 얻은 후 연구 참여자의 학교나 협의한 장소에서 면담이 진행되었다. 면담은 집단 면담과 개별 면담을 활용하였다. 면담은 개인당 각 2회 평균 60분에서 120분 정도 소요되었으며, 면담한 자료는 면담자의 동의를 받아 기록하고 녹음하였으며 전사하여 분석하였다.

Ⅳ. 연구결과

1. 공동통학구형 어울림학교 운영에 따른 학교의 외형적 변화

공동통학구형 어울림학교를 운영하는 농촌지역 작은 학교는 학생 수용에 있어 기존 학구의 학생뿐만 아니라 공동학구 학교의 학생들까지 수용할 수 있게 된다. 더불어 원거리 학생들을 통학시킬 수 있는 차량 및 예산을 도교육청으로부터 지원받게 된다. 이는 학생 수 감소로 폐교 위기에 놓인 농촌지역 작은 학교의 학생 유입 문제와 관련하여 적극적인 전라북도교육청의 행정적 지원이라고 볼 수 있다. 공동통학구형 어울림학교로 지정이 되어 이러한 지원을 받은 농촌지역 작은 학교에는 어떤 변화가 있었을까? 공동통학구형 어울림학교로 지정된 작은 학교 3개교의 변화과정은 공동통학구형 어울림학교 정책의 한계와 가능성을 보여주고 있다.

가. 전입 학생 수 증가

어울림학교는 4가지 유형(공동통학구형, 테마형, 마을학교 협력형, 작은 학교 협력형)으로 운영되고 있다. 김제에는 4가지 유형의 어울림학교가 있어 유형이

다른 소규모 학교 간 비교를 통해 공동통학구형 어울림학교의 특징적인 변화를 확인할 수 있다. 먼저 작은 학교 협력형을 운영하고 있는 G초, B초, H초를 비교할 수 있다. 세 학교는 시내로부터 먼 거리에 위치하고 있으며 규모도 비슷하고 학교간 거리가 멀지 않다.

특히 G초와 B초는 동일한 면에 위치하고 있다. 세 학교는 작은 학교 협력형을 통해 동학년 중심의 교육과정 재구성을 진행하며 공동 교육과정을 활발히 운영하였다. 세 학교 중 유일하게 B초만 공동통학구형을 동시에 운영하였다. 〈표 4〉에서 세 학교의 학생 수 변화를 보면 작은 학교 협력형과 더불어 공동통학구형을 운영하고 있는 B초만 학생 수가 큰 폭으로 증가한 것을 확인할 수 있다. 아래 사례처럼 공동통학구형 학교로 학생이 전학을 오는 이유는 공동통학구형이 아닌 학교는 편법을 써야만 전학을 올 수 있는 반면, 공동통학구형 학교는 전입이 합법화 되어 있기 때문이다.

G초도 거기 원주민 별로 안 되는데, 공동통학구 아니면 시내에서 아무도 안 오거든. B초는 공동통학구를 하니까 조금만 노력하면 오는 거야(A초 라교사).

또 아래의 사례와 위의 〈표 4〉를 보면, 작은 학교 협력형을 운영하는 J초는 교사들의 노력에 비해 학생 수가 늘지 않았지만, I초는 공동통학구형 어울림학교를 운영함으로써 교사들의 노력에 비해 늘지 않던 학생 수가 크게 증가한 것을 확인할 수 있다. 물론 그 외의 조건도 무시할 순 없지만, 이 역시 공동통학구형 운영으로 인해 합법적인 전입 조건이 만들어짐으로써 학생 유입을 위한 다양한 노력들을 촉진하고 있다고 볼 수 있다.

J초 봐. 교사들이 아무리 노력해도 학생 수가 늘지 않잖아(A초 라교사).

〈표 4〉 어울림학교 학생 수 변화

학교명	어울림학교 유형	학생 수		
		2014	2015	2016
A초	공동통학구형	51	59	65
B초	공동통학구형 작은 학교 협력형(협력)	28	32	42
G초	작은 학교 협력형(중심)	21	23	21
H초	작은 학교 협력형(협력)	21	22	25
J초	작은 학교 협력형(협력)	18	14	13
I초	공동통학구형	21	33	32
K초	공동통학구형 작은 학교 협력형(협력)	28	30	34
L초	공동통학구형 작은 학교 협력형(협력)	45	40	34
M초	작은 학교 협력형(중심)	26	25	24
N초	작은 학교 협력형(협력)	76	88	86

제가 I초가 어울림학교를 하기 전에 아이들을 택시로 실어 나르며 그렇게 열심히 했지만 학생 수가 안 늘어났다니까요. 지금은 공동통학구형을 하니까 학생 수가 늘어났어요. 물론 지금 교장선생님이 적극적으로 학부모에게 다가가고 외부 환경을 변화시키려고 하고, 교실 하나를 증축시고 하고, 발표회도 문화회관 가서 하고 그러니까. 엄마들 사이에 소문이 난 것도 있어요(A초 마교사).

〈표 4〉의 K초, L초, M초, N초의 경우 M초가 중심학교로 작은 학교 협력형 어울림학교를 운영하고 있다. 여기에서도 M초는 학생 수에 큰 변화가 없는 반면 공동통학구형을 하고 있는 K초는 큰 비율로 증가한 것을 확인할 수 있다. 그러나 L초의 경우처럼 모든 공동통학구형 어울림학교 학생 수가 증가하는 것은 아니다. L초의 사례는 다음 장에서 성공사례와 비교하여 다시 살펴볼 것이다. 그럼에도 불구하고 소규모 학교의 학생 수 증가에 있어 공동통학구형 어울림학교가 가진 강점은 무시할 수 없다.

나. 학생 수 증가 요인

공동통학구형 어울림학교를 운영한 A초는 다른 공동통학구형 학교에 비해 학생 수가 빠르게 포화상태로 증가하였다. 어떻게 농촌지역의 작은 학교인 A초는 전학 오고 싶은 학교가 될 수 있었을까? 첫째, 시내에 위치한 공동학구 학교와의 거리가 중요한 역할을 하였다. B초 교사는 다른 공동통학구형 어울림학교에 비해 A초 학생 수가 크게 증가한 요인으로 시내학교와 근거리에 위치한 것을 들고 있다.

> 여기는 유리한 입장에 있잖아요. 시내에서 5-10분 정도 거리니까. 시내에서 가깝고, 제가 학부형이어도 가까운 A초를 보내지 통학구가 20분이 넘는 B초를 보내기는 쉽지 않거든요(B초 가교사).

실제로 아래의 〈표 5〉 김제지역 어울림학교 공동통학대상교간 소요시간 및 학생 수를 보면 A초가 학교 간 소요시간이 가장 짧고, 학생 수도 가장 많이 증가했다. 또한 학생 수가 유지되거나 증가된 U초, Q초 , I초, B초 역시 학교 간 소요시간이 짧다. 반면 L초, T초의 경우 학교 간 소요시간이 길고, 학생 수가 크게 감소하였다. 특히 어울림학교 세미나[2]에서 L초 어울림학교 업무담당 교사는 L초 학생 수가 증가하기 어려운 가장 큰 요인으로 김제 시내에 위치한 공동학구 학교와의 거리가 멀다는 점을 들었다. 이를 해결하기 위해 김제시보다 익산시에 근접해 있는 L초의 위치적 특성을 반영하여 익산시까지 공동학구 학교를 확대해 줄 것을 요구하기도 하였다.

2_ 김제교육지원청이 주관한 공감과 성찰의 "2016 지평선 수업 축전"에서 한 분과로 진행된 농촌 작은 학교의 희망 찾기 어울림학교 세미나(2016.7.12.)

〈표 5〉 김제지역 공동통학구형 어울림학교 공동통학대상교간 소요시간 및 학생 수

순	학교명	공동학구 학교	학교 간 소요시간(분)	학생 수		
				2014	2015	2016
1	O초	V초	20	16	21	19
2	P초	D초	15	51	47	43
3	Q초	C초	10	35	37	35
4	L초	V초	25	45	40	34
5	R초	W초	23	15	13	18
6	S초	D초	20	28	24	25
7	I초	D초	13	21	33	32
8	T초	C초	24	35	41	27
9	A초	D초	8	51	59	65
10	U초	D초	11	64	68	70
11	B초	C초	18	28	32	42

둘째, 지속적인 학교혁신을 통해 가능했다. A초의 경우 공동통학구형 어울림학교를 운영하기 이전부터 학생 수가 증가되기 시작하였다. 2013년 A초 공모형 교장이 학생중심의 허용적인 학교문화를 만들어 냄으로써 학부모들의 인정을 받고 학생 수가 크게 증가하였다. 또한, 2014년에 새로 부임한 교장은 외부 예산을 끌어옴으로써 농촌 작은 학교의 낙후된 학교환경을 개선하여 시속적으로 학생 수를 증가시켰다. 2016년에는 혁신학교로 선정되고, 혁신학교 교장으로 인정받는 소문난 교장이 들어오면서 지속적인 학교혁신에 대한 기대가 반영되어 학생 수가 65명으로 4년 연속 증가하였다.

2013년 이전에 공모형 교장이 소프트웨어를 바꾼 거야. 힘들었던 아이들 대접받지 못했던 아이들을 안고 키웠더니 학부모들이 반했어. 그래서 학생 수가 18명에서 46명으로 확 변했어(A초 라교사).

2014년에 새로 오신 교장선생님은 돌담을 없애고, 귀신 나올 것 같은 학교 숲

속에 길을 만들고 정비해서 공원을 만들었어. 메타세콰이어를 심고 벚꽃도 심어서 멋진 동산을 만들었어. 학부모들이 와서 보면 놀래요. 잔디도 깔아져 있고. 아이들이 놀면서 다치지도 않고. 교실도 친환경으로 황토로 지었어. 이 예산은 2015년도에 시에서 따와서 정비했지. 그러면서 학생 수가 50명이 넘었지 (A초 마교사).

2016년에 혁신학교가 되니까 천군만마를 얻은 거지. 그리고 혁신학교를 아는 교장이 제대로 온 거야. 새로 온 교장은 전후좌우를 다 아는 사람이야. 인간적으로 따뜻함이 있고 소프트웨어와 하드웨어를 잘 아는 사람이야. 이 사람은 앞의 교장들의 장점을 다 갖춘 사람이야(A초 마교사).

셋째, 이러한 A초의 학교혁신에 있어 관리자의 역량이 중요한 요인임을 확인할 수 있다. 관리자의 신념 있는 학교혁신의 노력이 학교를 발전시키고 학부모의 신뢰를 얻는 데 기여하고 있다. 또한 유능한 학교장 한 명이 바뀜으로 인해 학교 유인가가 크게 증가함을 확인할 수 있다. 그럼에도 불구하고 E초의 사례처럼 학교장의 역량이 작은 학교를 살리는 데 필요조건은 될 수 있으나, 충분조건은 되지 않음을 알 수 있다.

처음에는 시스템이 안 맞으니까 학부모들이 불만이 있을 거잖아요. 그런데 학교가 날로 발전이 되니까 아이들에게 예전처럼 안 해도 교장선생님을 다시 믿더라고요. 어떤 한 쪽이든 만족을 시키면 학부모들의 마음이 오는 것 같아요. 또 혁신학교에서 새로 오신 교장선생님의 경우는 그 전 학교에서 그분이 어떻게 학교를 운영했는지 소문이 나니까 학부모들이 하루에도 몇 건씩 전학관련 전화를 해요(A초 라교사).

제가 보니 선생님이 아무리 열심히 하고 그래도 학생 수의 변화는 어쨌든 교장님의 역량이 제일 크다고 생각해요. 저도 전에 작은 학교에서 아이들 열 몇 명 일 때 최선을 다하지 않았겠어요? 더 열심히 했는데 그래도 학생 수가 안 늘어나요. 그 때 교장님은 오려면 오고, 말라면 말아라. 이렇게 하신 거예요. 그런데 여기에 와서 교장선생님들을 보니 그들만의 노하우가 있는 거예요. 학생 수가 늘어나는 거에는 교장의 역량이 교사의 역량보다 크다는 것을 느꼈어요 (A초 마교사).

저희 강당이 없거든요. 강당 지으려고 학교에서 많이 노력하고 있거든요. 교장 샘께서 찾아다니면서. 강당도 저희 정말 어렵게 사업 따내서 이제 공사 내년에 들어가요. 저희 정말 교장샘이 정말 의지를 가지시고 아이를 한 명, 한 명 다 케어 하세요. 아침마다 아이들 스쿨버스에서 내릴 때 다 맞이하세요. 학교 출근하시는 날은 하루도 안 빠지시고 비가 오던 전부 다 맞이하세요. 그 정도로 이렇게 노력하고 있어요. 그런데도 예전에 비해 학생 수는 감소하고 있어요(E초 카교사).

넷째, 교육협력자로서 학부모의 적극적인 참여를 이끌어 낸 점이다. A초의 경우 다른 학교에 비해 학부모가 교육협력자로서 학교 일에 활발한 참여를 하고 있다는 것을 알 수 있다. A초의 경우 학교혁신의 과정에서 어느 정도 학부모로부터 신뢰를 회복하게 되자 학교에 대한 만족도 및 참여도가 높아졌다. 또한 학부모의 의견이 무시되지 않고 반영되면서 학부모간 협력적 소통의 장이 만들어지는 것을 알 수 있다. 나아가 학부모의 참여를 학생 중심의 교육적 방향으로 이끌어 감으로써 학부모를 진정한 교육협력자로 변화시켜가고 있다.

교사를 만나면 고맙고 감사해 해요. 불만을 이야기하기 보다는 우리학교 너무 좋아요 그래요. 예전에는 학교 행사가 있을 때 학부모가 두, 세 명 왔는데, 지금은 엄청 많이 오세요. 학교가 마음에 드니까 오시는 거겠죠. 학교가 어느 정도 궤도에 올라간 거겠죠(A초 라교사).

구절초 축제 이런 것을 할 때 학부모들이 오셔서 고기를 구워 주시고, 음식을 옮겨 주시고, 자신들이 봉사를 다 하는 거예요. 구워서 아이들 주고, 본인들도 드시고(A초 마교사).

그 전에는 학부모의 참여가 그렇게 많지 않았어요. 운영위원장이 말씀을 하셔서 그렇게 했더니, 너무 좋아 하시더라고요. 이렇게 하면서 학부모들이 소통을 하게 되고, 얼굴도 알게 되고. 그리고 준비를 하시면서 이야기도 하고, 그런 계기가 된 거죠. 올해 새로 오신 교장선생님은 그렇게 먹는데 쓰지 말고 아껴서 아이들 체험에 쓰자고 하셨어요(A초 라교사).

반면, 전주지역의 공동통학구형 어울림학교 초기 성공모델로 인식되었던 E초의 경우 갈수록 학부모의 참여가 감소하는 것을 볼 수 있다. 공동학구 전입생이 원적교 학생보다 많아지고 학교를 바라보는 학부모의 시각이 다양해짐으로써 학부모간 소통이 어려워지고 있다. 학부모간 소통이 어려운 문제는 학부모간 이해 부족으로 인한 갈등을 낳고, 학교에 대한 요구나 불만을 표현할 수 있는 효과적인 학부모집단을 형성하지 못하고 있다. 이로 인해 교육협력자로써 학부모의 역할이 약화되고 있다고 볼 수 있다.

학부모들이 하나의 균일집단으로 작은 학교를 위해서 오신 분들이라면 좋을 텐데. 학교에 원하는 것이 다양해요. 어떤 분은 작은 학교를 원해서 오고, 어떤 분은 애가 학교를 적응 못해서 오고, 어떤 분은 방과후학교 공짜로 해주니 오고. 뒤섞이다 보니 하나로 모여지기 어렵고. 학부모들끼리 갈등도 있고(E초 차교사).

몇몇 엄마들도 학부모회 활동을 하고 있지만, 이 분들도 힘든 거예요. 안 따라주니까. 뒤에서 말만 하지 정작 만나지도 않고. 이 엄마도 엄마들과 으샤으샤해서 적극적으로 하고 싶은 의지가 있지만 한, 두 명으로는 힘든 거잖아요. 이게 안 되는 거죠. 학부모회 교육을 했어요. 그런데 10명 왔어요. 이 분들마저도 하다가 가시고, 늦게 오시고. 정말 교육이 어렵더라고요. 어떻게 하면 엄마들을 학교에 끌어들일까 이것도 우리의 과제에요. 어려워요(E초 카교사).

다. 지속 성장을 위해 교육의 질 관리

전입생이 증가하여 학생 수가 포화상태가 되고, 학교교육에 대한 학부모들의 신뢰가 높아짐으로써 '작고 좋은'학교가 된 A초는 이런 상황을 유지하고 발전시키기 위하여 학급당 학생 수를 제한하였다. 학급당 학생 수가 지속적으로 증가할 경우 학생 한 명에게 돌아갈 예산과 교사의 관심이 감소됨으로써 작은 학교의 장점이 사라지고 시내학교와 차별화되지 않는 점을 고려한 결정이다. 학급당 학생 수는 교사들의 의견을 학교장이 수렴하고 수용함으로써 정해졌다.

우리도 왜 컷을 하려고 하냐면, 우리가 시골에 있는 학교를 보내려면 학생 수가 적어야 표준교육비 안에서 아이들에게 좀 더 가잖아요. 많이 오는 대로 다 받게 되면 시내 보내는 것과 별 차이가 없잖아요. 아이들에게 가는 손길도 그렇고. 학생 수가 적어야 교사들도 아이들에게 더 잘할 수 있잖아요. 그러니까 이 선까지만 받자하고 우리들끼리 아웃라인을 정해서 거기까지만 하자 한 거죠(A초 라교사).

교장선생님은 학급당 16명을 해서 전체가 100명은 되어야 한다 하셨는데, 우리가 학급당 14명이 적당하다고 했어요. 학급당 14명씩이면 전교생이 84명인데 그 정도만 하자고 교사들끼리 의견을 모으니 교장선생님이 양보를 했어요 (A초 마교사).

요컨대 농촌지역 작은 학교가 공동통학구형 어울림학교를 운영하며 학생 수 감소 문제를 해결하고 작고 좋은 학교로 성장해 나가는 과정을 살펴보았다. 공동통학구형 어울림학교 운영한 다수의 농촌지역 작은 학교의 전입 학생 수가 증가하였다. 학생 수가 포화상태에 이른 A초 사례를 중심으로 살펴보면, 통폐합 위기의 농촌지역 작은 학교가 다양한 요인, 즉 공동학구 학교와의 거리, 지속적인 학교혁신, 학교관리자의 역량, 교육협력자로서의 학부모 역할 등에 의해 작고 좋은 학교로 성장하게 되었다. 또한 작고 좋은 학교를 유지하기 위해 학급당 학생 수를 제한함으로써 교육의 질을 관리하게 되었다. 이상의 요인뿐만 아니라 어울림학교 운영의 성공에서 뺄 수 없는 중요한 요인으로 교육적 측면의 내적인 요인을 들 수 있다.

2. 교육적 측면에서 내적인 변화

통폐합 위기에 있는 소규모 학교가 공동통학구형 어울림학교를 운영함으로써 교육적으로 의미 있는 성과를 얻었다고 생각된다. 교육프로그램의 특성화와 교육과정의 내실화, 그리고 학생의 긍정적인 변화를 그 성과로 볼 수 있다.

가. 교육프로그램의 특성화와 교육과정의 내실화

교육 프로그램의 특성화는 연구대상인 농촌지역 작은 학교 3개교에서 공통적으로 나타나고 있다. A초의 경우 다양한 체험중심의 활동을 활성화하였다. 이를 위한 예산을 확보하기 위해 어울림학교 사업뿐만 아니라 다른 사업도 적극적으로 끌어왔다. 혁신학교를 신청한 것도 기존의 특성화된 교육 프로그램을 유지하기 위해 필요한 예산을 확보하기 위한 하나의 방안이었다고 볼 수 있다.

마지막 주 수요일에는 방과후학교 없는 날로 숲체험활동, 문화체험활동 등 이런 체험중심의 활동을 만들어가지고 한 달에 한 번 정도씩 밖으로 나가지. 오늘도 오전에 나가서 군산 뮤지컬 보고 왔거든. 한 달에 한 번씩 영화를 보던, 뮤지컬을 보던. 뭔가 체험활동을 해(A초 라교사).

어울림학교 하면서 천오백인가 얼마 받았다고 하더라고. 거기다가 작년에 비즈쿨에서도 500인가 또 받고. 작년까지도 프로그램 잘 했거든. 했는데 거기다 올해에 4500을 얹어놓으니까 아이들이 엄청 좋아하겠지. 정말 해주고 싶어도 돈이 없어서 못하는 경우도 많거든. 2016년도부터는 돈 따오기가 쉽지 않을 것 같아서 혁신학교를 신청해놓으면 도움이 될 거라고 보았어. 또 혁신학교라고 해서 특별히 새로운 것을 해야 하는 것이 아니라, 우리가 지금까지 어울림학교를 하면서 했던 부분들이 충분히 어필될 거라고 보았어(A초 마교사).

B초의 경우도 체험중심 활동이 활성화된 것을 알 수 있다. 이처럼 다른 학교와 차별화된 다양한 체험학습을 통해 학교를 홍보하고 학교 유인가를 높였다. 또한 공동통학구형 어울림학교 운영으로 인해 시내에서 가정형편이 어려운 학생이나 상처받은 학생들이 많이 전학 오는 어려움을 해결하기 위해 상담과 숲교육을 통한 인성교육 프로그램을 특성화하고 있다. E초 역시 시내 학교와 차별화하기 위해 자연친화적인 활동을 특성화하고 있다. 특성화 교육프로그램을 유지하기 위해 외부 사업도 적극적으로 끌어오고 있다는 것을 알 수 있다.

저희 자체 체험학습 간 게 작년에 어울림사업까지 하면 진짜 한 달이면 셀 수 없을 정도로 많이 갔어요. 진짜 여기는 수업은 언제하지? 할 정도로 많이 나갔어요. 다른 학교 안하던 수영, 예를 들면 7월 달이면 거의 한 학년에 3일씩 나가고, 승마, 스케이트, 문화체험 있고, 그게 어떻게 보면 학교 홍보잖아요. 결국은 공동통학구를 위해서. 체험학습 많죠. 이거 말고도 또 있으니까(B초 가교사).

어울림학교를 하다 보니 상처받은 아이들이 오니까, 아이들을 집중상담을 해보자 해서 집단 미술상담치료를 운영하고 있어요. 상담이 필요한 아이들을 하고 있어요. 예산이 되다 보니까 좋더라구요. 상담을 집중하고 있고, 저희가 숲이 잘 되어 있어요. 그래서 인성차원에서도 숲교육을 해보자 해서 올해 교육중점사업이 상담과 숲교육 이예요. 숲교육 전문가가 오셔서 한 달에 한 번씩 숲교육을 하고 있어요(B초 나교사).

저희는 공동통학구니까 말 그대로 시에 있는 학교와 작은 학교의 차별성을 둬야 되니까 아무래도 자연친화적인 활동들을 많이 해요. 계속 해왔던 게 주변에 마을 과수원이 있거든요. 배 과수원에서 배 수분하기, 수확하는 활동인 형제 배나무 사업을 꾸준하게 해 왔구요. 올해는 닭도 키우고 있어요. 그 다음에 농촌진흥청에서 하는 사업을 따와서 텃밭활동도 하고 있어요(E초 카교사).

이러한 농촌지역 작은 학교의 차별화되고 특성화된 교육프로그램들은 시간이 경과됨에 따라 선택과 집중이 이루어지고 교육과정 내실화로 이어졌다. B초의 경우 체험학습을 축소하고 교육과정의 내실화에 집중하게 되었다. A초의 경우도 학년말 교육과정 워크숍을 통해 학교 밖 체험학습을 축소하고 학교 안에서 이루어지는 교육활동의 내실화에 초점을 맞추게 되었다.

체험학습 위주로 작년엔 워낙 활동도 많이 하고, 올해는 이제는 삼년차 사년차 됐으니 교육과정 안에 내실도 집중해보자. 올해에는 체험학습을 조금 줄였거든요(B초 나교사).

봉사로 여러 학교가 작년에 엄청나게 돌아다녀가시고. 올해에는 작년에 워크샵 하면서 다 줄였어요. 소풍 한번 역사체험 한번. 그것도 1.2.3학년은 소풍하고. 4.5.6학년은 역사체험 1박2일 가고. 그리고 다 없애버리고 2학기 때 영어체험마을 한번 1박 2일 가는 거. 그거밖에 없어(A초 마교사).

나. 학생의 교육적 변화

공동통학구형 어울림학교로 인해 공동학구에서 작은 학교로 전학 온 학생들에게는 어떤 교육적 효과가 있는 것일까? 학교부적응 문제로 A초로 전학 온 4학년 학생은 3개월 만에 공격성이 사라지고 순한 양처럼 학교에 잘 적응하는 밝은 학생으로 변화되었다. 이런 학생의 변화를 일으킨 요인은 무엇일까? 특별한 교육 프로그램이 아닌 작은 학교가 가진 잠재적 교육과정인 교육환경이라고 볼 수 있다. 작은 학교가 가진 장점은 첫째, 적은 학생 수로 인해 경쟁이 적고, 어떤 활동을 하더라도 모두가 함께 참여하는 학급 분위기이다. 둘째 역시 적은 학생 수로 인해 담당 학급을 넘어 모든 교사가 자연스럽게 전교생의 생활모습에 관심을 갖고 지도가 이뤄진다는 점이다. 셋째, 새로 온 아이에 대해 학생들의 긍정적인 관심을 보인다는 점이다. 이렇듯 목적의식을 가지고 특별한 교육프로그램을 적용하지 않아도 작은 학교가 가진 교육환경은 학교부적응 학생들에게 긍정적 영향을 주며 정서적으로 자정작용을 하고 있다.

4학년 아이가 학교에서 적응을 못 해서 전학 왔어요. 처음에 왔는데 눈빛이 공격형이더라구요. 너무 잘난 척도 하고, 얼굴 봐도 싸움 잘하게 생겼네 이런 아이였어요. 그런데 우리학교 와서 순한 양이 되었어요. 5월에 전학 와서 석 달도 안되었는데. 제가 수업에 들어가서 너 너무 달라졌다 인사도 너무 잘하고 너 너무 잘한다 하는 이야기가 나올 정도로. 표정자체가 달라졌어요(A초 라교사).

왜 그러냐면 현재 학급 아이들이 12명인데, 거의 아이들이 함께 움직여요. 놀 때도 거의 같이 놀고, 축구하자고 하면 다 나가고, 피구 하자고 하면 다 나가고. 큰 학교에서는 또래 몇 명 뜻이 맞는 아이들끼리만 노는데 여기는 이런 게 좋은 것 같아요. 힘을 쓸 필요도 없고, 그러는 분위기도 아니고(A초 마교사).

그리고 교사들도 작고 함께 관심을 가지다 보니, 눈에 다 들어와. 우리 반 아니어도, 우리 학년 아니어도, 아이야 인사해야지 하면서부터 오 잘 하네 이러면서 관심을 가져지는 것 같더라구요. 특히나 새로 온 아이들에게는 더더욱. 이러한 모습이 교사들이 특별히 회의를 해서 이렇게 해보자 안 해도 자연스럽게 관심을 주게 되고, 또 아이들 스스로 정화를 잘 하더라고 전학 온 아이들에게 관심을 주면서. 이런게 작은 학교의 섭리, 작은 학교의 자정작용이라고 볼 수 있지(A초 마교사).

그 아이는 학교 버스가 안다녀서 엄마가 출퇴근을 시키는 아이인데, 엄마가 너무 좋아하는 거야. 아이가 너무 좋아졌다고. 그럴 때 우리도 좋아. 그런데 특별히 교사들이 그 아이만 목적의식을 가지고 프로그램을 하거나 대하는 것은 아닌데, 자연스럽게 그렇게 되더라고(A초 라교사).

B초의 사례는 감정조절이 어렵고 폭력적인 학생이 순화되는 것을 보여주고 있다. 그 요인으로 첫째, 싫든 좋든 오전 9시부터 오후 4시까지 하루 종일 6명이 함께 지내야 하는 환경을 들고 있다. 이런 가족 같은 친밀한 환경 속에서 3년을 보내며 서로 양보하고 배려하는 사회성이 자연스레 길러지고 있다. 둘째, 문제행동을 보이는 학생들이 가진 마음의 상처나 가정적 결핍요인을 담임교사가 긴 시간 함께 있으며 채워주고 있다.

저는 3학년 일반학급을 하고 있어요. 3명은 원적 아이고 3명은 시내 공동학구 학교 아이에요. 그 중 남자아이 하나가 1학년 때부터 욱하고 싸우고 그랬는데, 3학년 때 만나 보니 많이 순화 되었더라구요. 저는 작은 학교 오길 잘했다 생각이 들었어요. 아이들이 9시에 학교에 일단 오면 정규수업에 방과후학교에 돌봄에, 점심시간에도 6명이 같이 다녀요. 싫어도 좋아도 같이 하다 보니까 거칠었던 부분도 마모 되고 양보도 할 줄 알고 배려도 할 줄 알고 순화가 되는 모습을 보면서 작은 학교의 기능이 이것이구나. 작은 학교의 좋은 환경에서 아이들과 함께 지내면서 담임이 특별히 무언가를 해주지 않아도 아이들 스스로 사회성을 키워가는 것을 보면 좋은 것 같아요. 어울림학교 이런 것이 생기면서 도시 아이들이 혜택을 보는 것 같아요. 기존 아이들은 이미 좋은 환경에 있었고, 시내에서 마음의 상처가 있을 수도 있고, 가정적으로 한쪽이 없어서 그 빈자리를 담임선생님들이 매워주고 아빠역할도 해주고 이런 부분들까지 채워주는 역할을 하는 것 같아서 저는 좋은 정책인 것 같아요(B초 나교사).

또 다른 B초 사례를 보면, 자폐성향의 학생의 경우 큰 학교에서는 친구들의 놀림거리가 될 수 있지만, 작은 학교에서는 단짝이 생기는 것을 보여준다. 친구들이 서로 다른 성향에 대해 이해하고 존중하는 모습을 보여주고 있다. 이 역시 수년간 소수의 학생이 가족 같은 친밀한 환경 속에서 생활하는 작은 학교의 특수한 환경요인의 영향으로 볼 수 있을 것이다. E초 사례에서도 정서적으로 어려움을 겪는 많은 학생들이 치유되는 것을 확인할 수 있다. 소외되었던 학생이 활발해지고, 교우관계가 개선되며, 교사들에게 인정받으며 성장하게 된다.

시내에서 온 아이 중에 3학년 때부터 입을 닫은 아이가 한 명 있어요. 그런 아이들은 시내권 학교에서는 놀림거리가 될 수 밖에 없어서 여기로 왔는데, 명원이가 너무 좋아해요. 명원이는 산만하고 난리를 피우는데, 이 아이는 아무 말도 안하고 이야기를 들어주니까 명원이가 좋아해요. 그 반이 10명의 아이들인데 아이들이 몇 해 동안 함께 지내다보니 정이 들어서 말을 안 한다고 놀리지 않아요. 오히려 말을 안 하는 것을 이해해주고 걱정하듯이 말도 해줘요. 그 아이에게 학교가 따뜻한 공간이 되어주고 있는 게 좋은 점이라고 생각해요. 처음에

왔을 때에는 위까지 지퍼를 올리고 입을 보여주지 않았어요. 지금은 그러지 않고 입을 보여주는 상태까지는 변했어요. 이런 아이들 때문에 학교에서 미술치료도 하고 진로상담도 하고 그래요(B초 가교사).

보내는 분들의 대부분이 흑백논리로 보면 안되는데, 대부분이 어떤 문제를 겪고 있기 때문에. 이유가 있어요. 그런 경우가 대부분이라는 거죠. 그 아이들 대부분이 학교에서 사실은 정말 많이 정서적으로 어루만져져요. 대부분 아이들이 학급에서 소외되고 그랬던 아이들이 우리학교에 와서 많이 활발해지고 교우관계도 좋아지고 선생님들한테 인정도 받고 그러면서 아이들이 정말 많이 성장해가고 있는 것은 사실인거 같아요(E초 차교사).

요컨대 공동통학구형 어울림학교는 다인수학급에서 잘 적응하지 못 하거나 정서적 상처가 있어 더 많은 관심을 필요로 하는 학생들의 변화에 긍정적인 기능을 하고 있다. 학생의 변화에 있어 결정적 요인은 특별한 교육 프로그램이 아닌 작은 학교 자체가 가진 특별한 교육환경이다.

3. 공동통학구형 어울림학교의 문제점과 개선방안

가. 장기적인 통학차량 지원

공동통학구형 어울림학교를 운영하는 농촌 작은 학교에서 가장 어려운 문제 중의 하나가 장거리에 있는 학생들이 안전하게 통학할 수 있는 방안을 마련하는 문제이다. 그래서 전라북도교육청은 공동통학구형 어울림학교에 선정된 작은 학교에 2014년에는 학교 통학버스를 지원해 주었고,

2015년에는 어울림학교 운영비 1,000만 원과 별도로 학교 통학버스를 지원해 주었다. 하지만 2016년부터 공동통학구형 어울림학교에 대해서 학교 통학버스를 제외하고 어울림학교 운영비 1,000만 원만을 지원해 주고 있다. 2016년도 공동통학구형 어울림학교에 선정된 학교에 대해 통학버스 지원이 사라짐으로 인해 발생하는 다음과 같은 어려움 있다. 택시통학으로 인한 학생안전문제, 학생 유치의 어려움, 예산감소로 인한 사업추진의 어려움, 택시 운행으로 인한 업무부담이 야기되고 있다. E초와 같이 공동통학구형 어울림학교는 대다수의 학생이 공동학구에서 오기 때문에 통학버스는 선택조건이 아니라 필수조건이라고 할 수 있다.

우리학교만의 문제가 아니고 모든 공동통학구형 어울림학교의 문제였던거예요. 제일 크게 통학버스 문제예요. 안전상의 문제도 있고, 학생유치에 큰 힘을 실어주기도 해요. 저희는 첫해 선정된 학교라 다행히 통학버스를 받았어요. 그때는 예산을 주지 않고 통학버스만 줬어요. 그런데 지금 선정된 학교는 통학버스는 주지 않고 예산만 줘요. 그래서 어떤 학교는 1년에 택시비만 600-700이 들어간대요. 그럼 실제적으로 어울림학교의 교통비로만 1000만원의 예산 중 1/3이상을 쓰는거 잖아요. 사업을 추진하고 싶어도 예산상의 어려움이 생겨서 못하는 부분도 있을 수 있는거죠. 또 택시를 계속 운행하다 보니 그걸 추진하는 선생님의 업무상 어려움도 있더라구요. 다른 지역 선생님도 자기네도 택시가 오는데 많이 힘들어서 우리학교처럼 통학버스가 오면 좋겠다고 하더라구요(B초 가교사).

공동통학구이다보니 가장 중요한 게 스쿨버스입니다. 들리는 이야기가 내년에 스쿨버스를 없앤다는 이야기가 들리더라구요. 저희는 스쿨버스가 가장 핵심이에요. 원학구애들이 10%, 7명이에요. 스쿨버스가 없으면 학교 운영하기가 어렵거든요. 마음 같아서는 스쿨버스가 하루에 2-3번씩 운영해야 좋은데. 너무 힘들어요. 1학년이 4시까지 있고 하니까. 어떤 날은 1학년 부모님이 일찍 하교를 시켜달라 이야기 하시기도 해요. 또 모든 학부모들이 그러는 것은 아니에요. 어떤 사람은 집에서 케어를 못하니까 늦게까지 학교에서 돌봐주기를 요구해요(E초 카교사).

따라서 원거리에 위치하고 있는 농촌 작은 학교의 장애요인을 극복하고 교육적 잠재적 가능성을 펼칠 수 있도록 통학차량 지원방안이 재검토되어야 할 것이다. B초 교사의 말처럼 학부모가 불편을 감수하고 찾아올 수 있는 학교로 성장해서 농촌 작은 학교가 자생력을 가질 때까지 보다 장기적으로 통학차량 지원이 이루어져야 할 필요가 있다.

이게 스쿨버스가 아니고, 렌터카 비슷하게 학부모들이 사비를 모아서 통학하게 되면 학교 운영하기도 나을 수 도 있을 거야. 학부모 입장에서도 불편함을 감수하고 찾아가는 학교가 되길 바라겠지. 그런 학교를 만들어 가는 것이 우리의 몫인 것 같기도 해요(B초 가교사).

나. 맞춤형 교육 지원

공동통학구형 어울림학교 전입학 학생들은 농촌의 작은 학교 자체가 좋아서 왔다기보다는 대체로 가정에서 상처받거나, 가정형편이 어렵거나, 시내 학교에서 적응하지 못해 오는 경우가 많다. 즉, 일반학생들보다 더 많은 관심과 사랑을 필요로 하는 학생들이 전학을 오게 된다. 이런 문제는 D초 교사가 지적한 것처럼 작은 학교가 겪는 공통의 문제이기도 하다.

저희도 아픈 아이들이 많이 오거든요. 마음적으로 아프거나 가정형편이 안좋은 아이들이 많이 와요. 정상적인 상황에서 전학 온 아이들은 몇 안돼요. 부적응 학생 전입은 어울림학교가 감수해야 할 문제예요(B초 가교사).

내가 어울림이 있기 전에 작은 학교 근무했을 때 아이들이 도시에서 와요. 오는 아이들은 부적응인 아이들이 온단 말이죠. 우수한 애는 안 오고 부적응 학생이 오니까 교사들의 불만이 커. 학급의 분위기를 잡았는데 학생이 전학 와서 다시 교실 분위기를 잡아야 해. 부적응 학생은 학습부진까지 같이 오는 경우가 많아요(D초 사교사).

그러다 보니, E초처럼 학생 수가 적음에도 불구하고 교사들의 입장에서는 학생을 지도하는 데 어려움을 느끼고 있다. 또한 A초처럼 제어하기 어려운 학생이 전학 옴으로 인해 오히려 다른 학생들이 전출되는 현상이 발생하기도 한다. 굴러온 돌이 주춧돌을 빼낸 것이다.

부모님들이 우리 학교로 전학을 시킬 때 학교의 좋은 점, 이 학교에서 얻을 수 있는 점. 그걸 보고 전학을 시키는 게 사실은 그게 맞잖아요. 그런데 내 아이가 적응을 못해서. 그리고 내 아이가 힘들어서, 그리고 학교폭력을 당해서. 그렇기 때문에 우리학교로 오는 거예요. 그러다보니까 이런 애들이 뭉쳐져 있어요. 우리학교는 그래요. 시골학교는 다 경제수준이나 이런 게 비슷할 거고. 근데 우리 학교는 결손가정, 특수아. 이런 부적응 아이들. 이런 아이들이 많아요. 이러다보니까 학생 수가 적음에도 불구하고 선생님들이 지도하시는데 많은 어려움이 있어요(E초 차교사).

어울림학교는 적응 잘 못하는 아이들이 제일 어려워요. A초도 2014년도에 4학년 지금 6학년인 경우에도 정말 제어할 수 없는 아이가 버티고 있으니까 정말 좋은 아이가 나가버리더라고. 전학을 가버리더라고. 더 이상 두면 안되겠다. 그래서 두 아이가 전학을 갔어요. 어울림학교 초기는 그게 가장 문제인거 같애(A초 라교사).

따라서 공동통학구형 어울림학교로 전입해 오는 학생들로 인해 교사들이나 친구들이 겪는 어려움을 해결하기 위한 제도적인 맞춤형 교육 지원이 필요하다. 첫째, 도교육청은 공동통학구형 어울림학교에서 요청할 시 심리치료 및 상담 프로그램, 기초학력 지원프로그램 등을 상시 지원할 수 있도록 어울림학교 지원 프로그램을 마련해야 한다. 둘째, 전문심리상담사나 학생 지도를 지원해 줄 수 있는 도우미를 어울림학교에 우선 배치해야 한다. 셋째, 학교에서 겪는 어려움에 대해 적시에 효과적인 지원이 이루어질 수 있도록 맞춤형 컨설팅이 이뤄질 필요가 있다. 맞춤형 컨설팅을 위해서 전문가 집단을 구성하고 상시 소통이 가능할 수 있어야 하겠다. 넷째, 어울림학교 교사에 대한 맞춤형 연수가 개설되어야 한다.

뭔가 제도적으로 보조를 해줘야 할 필요가 있다면 꼭 예산에다 포함해서 너희들이 알아서 심리치료를 하라 뭘 하라 하지 말고 어울림학교에는 그런 프로그램을 교육청 차원에서 해줘야 될 거 같아. 너희 학교에서 그런 아이들이 필요하냐? 그러면 그런 프로그램을 해주겠다. 치료프로그램도 같이 넣어줘야 될 거 같아(A초 마교사).

제도적으로 딱 붙는 그런 애들을 케어해줄 수 있는 심리상담사, 또는 어시스트할 수 있는 지원해줄 수 있는 도우미. 이런 부분들을 정책적으로 제도적으로 지원을 해줘야 하지 않을까 했는데 그게 맞는 말씀 같아요(A초 라교사).

우리 착한 아이들이 겪게 될 고민을 해봐야 한다. 장학사들이 계시잖아요. 컨설팅을 공문으로 요구하는게 아니라 가서 체크하고 그 학교의 애로사항이 뭔지 물어보고 자율로 맡길게 아니라 담당자하고 면담을 좀 하고 현지 상황도 보고 그 다음에 필요한 게 뭔지 담당선생님하고 통화를 계속 하면서 그쪽에 필요하신 컨설팅을 할 수 있는 사람을 같이 만나서 같이 모여서 이야기도 하고 그랬으면 많은 어울림학교에서 오는 문제뿐만 아니라 다른 점들도 아픔이 많이 줄어들지 않을까 생각을 많이 하는데, 일은 많으시죠(B초 가교사).

A초 교사의 생각처럼, 전학 온 학생들은 시내학교에서 적응하기 힘들었기 때문에 작은 학교를 선택하였다. 작은 학교에서조차 그런 학생들을 적절하게 돌봐주지 못 한다면 그 학생들은 어떤 선택을 할 수 있겠는가?

분명히 학교에서 적응이 힘들어서 어울림학교로 가. 어울림학교에서도 힘들어서 또 다른 대안학교로 찾아가는데 학교 내에서 케어가 안 되면. 그 친구들은 어떻게 되는 거야? 이런 케어에 대해서 진지하게 고민을 해야지(A초 라교사).

다. 학교 낙인효과 극복 방안 마련

공동통학구형 어울림학교로 시내 학교에서 적응하지 못해 오는 학생들이 많아짐으로 인해 작은 학교에 대한 부정적인 낙인효과가 발생하기도 한다. 아래의 E초 사례를 보면 F초 학부모들 사이에서 언어발달이 늦거나, 정서적 문제가 있는 아이가 있을 경우 E초로 보내라고 권유한다. 실제로 E초

1학년 신입생 중 반절이 한글 미해득과 발달이 늦어 유예한 학생이다. E초의 경우 F초로부터 부적응 학생들 전입이 점차 많아지다 보니 학력도 떨어지게 되었고, 학부모들 사이에 E초는 문제 있는 학생들이 모이는 학교라는 부정적 인식도 생기게 되었다. 학교 낙인효과는 D초 학부모들 사이에서도 발견된다. 공부를 시키려면 큰 학교로 보내고 뛰어 놀게 하고 싶으면 작은 학교를 보내라고 한다.

어려움이 있는 아이들이 많이 오다보니까 학력이 떨어지는 것도 사실이에요. 이 안에서 마음껏 체험하고 즐기고 아이들이 즐겁게 생활하는 반면 놓쳐지는 부분들이 있거든요. 신입생의 경우를 보면 주변에서 고민을 하죠. 우리애가 이런데 어떡하지? 예를 들면 언어발달이 덜 됐다거나 또는 정서적으로 애가 가만히 앉아 있질 못한다거나. 우리가 흔히 생각하다보면 아이가 학교생활을 할 준비가 덜 되어 있는. 그럼 원동으로 보내. 이렇게 되버리는 거예요. 지금 신입생을 보면 7명인데 반절 4명 정도가 아직도 한글을 미해득하고 발달이 좀 늦어서 유예해서 들어온 아이도 있어요. 그래서 학교 소문이 원동에 문제 있는 애들이 많이 온다나는 소문이 저희들 귀에까지 들어와요(E초 차교사).

검산을 보내려는 학부모들의 마음은 아이를 공부시키려고 보낸다. 뛰어노는 것보다 공부를 시키려면 검산을 보내고, 그렇지 않으면 혁신학교나 시골 학교를 보낸다는 말을 많이 해서(D초 자교사).

이런 학교 낙인효과는 소규모 학교에 어떤 영향을 미치게 될까? 첫째, 교사들의 보람을 감소시킨다. 가르치고 돌보기 힘든 아이들이 점점 많아지면서 교육활동은 어려워졌고 교사들의 노력은 더 많아졌다. 그럼에도 일반

학생들에게 매력 있는 학교로 성장하지 못하고 대안학교와 같은 고정된 낙인이 점차 강화되고 있다. 이런 현상은 교사들의 노력이 교육환경 개선과 긍정적인 상호작용을 만들어내지 못함으로써 교사들의 보람을 감소시키고 있다. 둘째, 고학년이 되면 전출생이 증가한다. 농촌 소규모 학교가 정서적 장점을 가진 것에 반해 학력이 낮다는 인식은 고학년 전출생 증가로 이어진다. 셋째, 학교 낙인효과 때문에 공동학구 학부모들은 농촌 소규모 학교로 자녀를 전학 보내는 것을 꺼려하게 되었다.

큰 학교 선생님들에 비해 정말 열심히 하고 업무적으로 힘들거든요. 근데 학교 이미지 때문에. 우리가 힘든 아이들만 케어 하기 위해서 이렇게 하는 건가. 그런 안타까움을 많이 느껴요. 뭔가 내 아이한테 문제가 있다고 느껴지면 원동으로 가라. 소문이 이렇게 나버리니까 보람이 많이 없어요 사실은(E초 차교사).

아이에게 문제가 있어 좋은 환경에서 자라게끔 하기 위해서 우리 학교로 오시는 거면 괜찮은데, 오시고 나서 좀 좋아지고 그러면 이제 가야지 하시는 거예요. 가서 공부해야지. 저는 작년에 6학년을 했는데, 5학년 6학년을 연달아서 맡았어요. 근데 3학년 때부터 전학 온 애들인데 6학년이 되니 전학을 가더라고요. 공부한다고. 참 그렇더라고요(E초 카교사).

학부모가 받아들이는 입장에서 거부감을 많이 느끼시는 분이 많은 것 같아요. 그 쪽으로 가면 학업상 교육상 좋을 것 같아서 권유하는데 거부반응을 보여요. 거기에 가면 낙인이 찍힌다고 생각을 하세요. 꼬리표처럼 달고 다닐 거라고(D초 아교사).

부적응 학생이 가는 학교로 인식된 낙인효과로 발생하는 문제점을 개선하기 위해서는 어울림학교에 대한 학부모의 인식을 개선할 필요가 있다. 이를 위해 전라북도교육청은 작은 학교가 가진 교육경쟁력을 드러내고 적극적으로 홍보할 방안을 마련해야 한다.

라. 공동학구 학교에 대한 지원

전라북도교육청(2016a)은 공동통학구 지정으로 작은 학교로의 학생 유입의 제도적 장치를 마련하고 농어촌 작은 학교와 인근 대규모 학교 간 상생의 교육여건을 조성하기 위하여 2013-2014년 농어촌 작은 학교 희망 찾기 어울림학교(공동통학구형, 41교)를 지정하였다. 즉, 공동통학구형 어울림학교는 대규모 학교의 과밀학급 문제와 농어촌 작은 학교의 학생 수 감소 문제를 동시에 해결하여 두 학교의 교육여건을 개선하는 데 목적이 있다. 이를 잘 보여주는 사례가 F초와 E초이다. 2013년 F초는 학급당 학생이 40명으로 과밀학급이었고, E초는 학생 수 유지에 어려움이 있었다. 두 학교가 공동통학구형 어울림학교가 됨으로써 서로의 문제를 해결하고 교육여건을 개선할 수 있었다.

이것이 몇 년 전이니까 그때만 해도 학급당 40명 되는 과밀학급이었어요. E초는 상대적으로 너무나 작은 학교여서 유지가 힘든 부분이 있었기 때문에 적절하게 그때 잘 지정이 되었다고 봐요. 저희도 어느 정도는 과밀이니까 선택적으로 가실 수 있는 분들은 갈 수 있어서 서로 간에 좋았다고 생각을 해요. 현재는 과밀학급이 아니어서 교육적으로 아이들이 많아서 힘든 점은 없어요. 우리가 과밀학급일 당시에는 많은 도움을 받았죠(F초 파교사).

그러나 이런 우수사례에도 불구하고, 작은 학교와 대규모 학교 간 상생의 교육여건을 조성한다는 공동통학구형 어울림학교가 가진 본래 목적이 대규모 학교 교원에게는 체감되지 않고 있다. 오히려 대규모 학교 교원들은 공동통학구형 어울림학교에 대해 부정적으로 인식하는 부분도 크다. 그 이유는 학생의 전출로 인해 학급 수가 감소될 경우 부장교사, 교과전담교사, 행정실 교직원, 표준교육비가 감소될 수 있기 때문이다. 또한 학생의 전출이 과밀학급 문제를 해결해 주는 것이 아니라 오히려 학급 수 감소로 이어져 학급 당 학생 수 증가를 초래할 수 도 있기 때문이다. 즉, 대규모 학교의 경우 특별히 교실이 부족한 상황이 아니라면 공통통학구형 어울림학교로 인해 학생이 전학 감으로써 발생하는 긍정적 효과보다 부정적인 영향이 크다. 그래서 대규모 학교 교원이 어울림학교가 성공하면 대규모 학교가 큰 피해를 볼 수 있다는 인식을 갖게 되는 것이다.

　　공동통학구 학교는 좋아하지는 않죠. 왜냐하면 저기 보세요. 3학년이 85명이에요. 현재는 88이에요. 우리가 3학년을 2-3명만 더 받으면 한 학급 늘어요. 한 학급이 늘면 전담이 1명 더 생기고, 행정실 직원이 1명 더 늘어나요. 23학급과 24학급 티오가 달라요. 전담 티오는 3-6학년만 해당되니 16학급이 되면 1명이 더 늘어날 수도 있어요. 저희가 특수학급 포함 23학급이에요. 24학급이 되면 직원이 4명이 되요. 이런 상황인데 3학년 간다고 하면 좋아하겠어요? 누구라도 좋아하지 않지(C초 다교감).

　　근데 그게 복불복인거 같아요. 왜냐하면 정말 빠져나가서 29+2에서 거기 걸려서 빠져나가서 줄면 괜찮은데, 빠져나감으로 인해서 2.3명이 모자라서 학급이 한 학급이 못 늘어나버리면 29명 과밀, 턱에 차는 거예요. 그거는 취지는 좋은

데 그 취지에 맞을 수도 있고, 그렇지 않을 수도 있어요. 윈윈이 될 수 있고, 오히려 그걸로 인해서 과밀학급이 될 수도 있는 우려상황도 생길 수 있어요. 작년에 3학년 아이들도 1, 2명이 모라자라서 7반이 못 됐어요(D초 바교감).

표준교육비가 교육청에서 나올 때 학급 수를 기준으로 해요. 그래서 학급이 늘면 표준교육비가 늘어나잖아요. 전담 티오는 3학년이상 학급당 0.75명이에요. 36학급 이상이면, 36학급 이하면 그에 맞는 기준이 있어요. 교육청에서 정해진 매뉴얼이 있어요. 지금 1학년이 학급이 줄었어. 얘네들이 2년 3년 지나면 3학년에 올라오면 6학급이 될 수 있는데 5학급이 되면 우리는 전담티오에서 교사에서 불이익을 받는 거지. 실제로 거점학교에서 정말 우리 학교가 학교 시설이 적어서 교실이 정말 부족한 상황이 아니라면 특별히 거점학교가 플러스 요인은 별로 없어요. 오히려 더 마이너스죠. 이제 어울림학교들이 성공을 하면 거점학교는 더 많은 피해를 볼 수도 있는 거죠(D초 바교감).

내가 부장교사가 되어 보니 가장 힘들었던 것은 나중에 학급 수 산정할 때 학생 1,2명 가시고 학급이 생기고 없어지는 학년이 2개 학년성도 있었어요. 어울림학교의 학급수는 보전 해주는데, 큰 학교는 학급 수 소요 기준이 그대로란 말이지요. 29+2로. 그래서 손해 보는 경우가 많고, 우리학교도 학급 수가 급속히 줄어드는 상태에요. 2년 전에 38학급인데, 지금은 35학급. 현재 학년만 보더라도 두 개 학년에 두 명만 더 있었더라도 2학급이 살 수 있는 상황이었는데, 학급이 늘어 교직원이 늘면 교사들 근무여건이 편해지겠죠. 이런 단점이 있어요(D초 사교사).

이로 인해 공동통학구형 어울림학교를 운영하는 작은 학교와 대규모 학교 간 갈등도 발생하고 있다. 작은 학교 입장에서는 공동학구에서 학교홍보를 해야 하지만 큰 학교의 눈치가 보여서 학교홍보에 어려움이 있다. 큰 학교의 입장에서도 작은 학교가 공동학구 내에서 홍보활동을 하는 것에 대해 불편한 시각을 가지고 있다. 이런 문제는 관리자간 갈등으로 이어지기도 하였다.

> 큰 학교 눈치 안보고 싶어요. 왜냐하면 저희가 C초에서 데려오면서 거기도 학급 수가 하나 줄게 되는 문제가 있다면서요. 학급 수가 줄면 부장티오가 줄 수도 있고, 교과전담 티오가 줄 수도 있고 그런가 봐요. 그런 것들이 예민한가 봐요. 그러다보니까 굉장히 대놓고 싫어했어요. 연말에는, 작년에는 아예 200미터 300미터 떨어진 곳에서 정말 눈치 보면서 홍보 했구요. 그것 때문에 저희 교감선생님이 C초 교감선생님과 사이가 안 좋아지기도 했구요(B초 나교사).

> 작년에 A초에서 혁신학교가 되었다고 플랜카드를 우리학교 육교에 크게 걸었어요. 남의 집 대문에 홍보하는 것이죠. 우리 학교를 배려하지 않는 느낌을 받았어요(D초 사교사).

따라서 이러한 문제를 해결하기 위해서는 근본적으로 학생 전출로 인해 발생할 수 있는 대규모 학교의 어려움에 대한 지원방안을 고민해야 한다. 작은 학교에만 혜택이 돌아가고 대규모 학교는 어려움을 학교차원에서 감수해야만 한다면 두 학교가 상생의 관계로 발전하기를 기대하기는 어렵다. 오히려 서로 대립적 관계가 되어 공동통학구형 어울림학교의 긍정적 효과보다 부정적 효과만 부각될 수 있을 것이다.

먼저 공동통학구형 어울림학교 공동학구 학교의 학생 수 감소로 인한 학급 수 소요기준에 대한 조정이 필요하다. 이를 통해 학급 당 학생 수 소요기준을 줄여줌으로써 학급 수 감소가 가져오는 교직원 감소 문제, 표준교육비 감소 문제의 위험을 줄일 수 있을 것이다. 이외에도 공동학구 학교에 대한 적절한 지원은 학생 수를 놓고 경쟁관계에 위치한 공동학구 학교를 협력관계의 위치로 전환하는 데 기여할 수 있을 것이다.

공동통학구에 거점중심학교에 대해서는 학급당 학생 수용지표를 예를 들면 시내 중심학교, 원심형 학교는 학급기준이 다르잖아. 그와 같이 거점중심학교는 일반 거점중심이 아닌 대도시 학교하고 조정 수용지표가 달라져야 한다고. 그런 혜택을 줘야 된다고 생각을 해. 예를 들면 29+2 인데 27+2로 한다던가. 그래서 아이들이 많이 빠져나가도 그 학교는 그 학교대로 과밀학급 해소도 하고 학급은 어느 정도 유지가 되면서 이런 혜택은. 전주시내 같이 원심형 학교는 그 수용지표가 달라요. 그러니까, 그런데 우리는 거점 중심학교인데 학생들이 많이 빠져나가는데 수용지표는 그대로 적용을 해. 그 부분은 그런 혜택을 줘야 거점중심학교에서 같이 윈윈 할 수 있지 않을까(D초 바교감).

Ⅴ. 결론

공동통학구형 어울림학교 지정기간 3년이 만기되어 가지만 향후 어울림학교 정책이 어떻게 변화될지에 대한 도교육청 차원의 비전제시가 불명확하다. 이로 인해 학교현장에서 어울림학교 정책의 지속성에 의구심을 갖고, 소규모 학교 통폐합 위기감이 커지고 있다. 이에 본 연구는 전라북도교육청에서 2013년부터 추진하고 있는 어울림학교의 4가지 유형 중 선행연구가 없는 공동통학구형 어울림학교 운영에 따른 작은 학교의 변화를 살펴보고 드러난 문제점을 해결할 수 있는 개선방안을 탐색하고자 하였다. 이를 위해 전라북도에 근무하는 공동통학구형 어울림학교 및 공동학구 학교에 근무하는 초등교원을 대상으로 심층면담을 실시하였다. 이에 본 연구의 연구결과는 다음과 같다.

먼저, 공동통학구형 어울림학교 운영으로 인한 작은 학교의 외형적 변화를 살펴보면, 다수의 농촌지역 작은 학교의 전입 학생 수가 증가하였다. 학생 수가 포화상태에 이른 A초 사례를 중심으로 살펴보면, 통폐합 위기의 농촌지역 작은 학교가 5가지 성공요인(공동학구 학교와의 거리, 지속적인 학교혁신, 학교관리자의 역량, 교육협력자로서 학부모, 특성화된 교육 프로그램 운영과 교육과정의 내실화)에 의해 작고 좋은 학교로 성장하게 되었다. 또한 작고 좋은 학교를 유지하기 위해 학급 당 학생 수를 제한함으로써 교육의 질을 관리하게 되었다.

다음으로 공동통학구형 어울림학교의 교육적 변화를 살펴보면, 공동통 학구형 어울림학교는 다인수학급에서 잘 적응하지 못 하거나 정서적 상처 가 있어 더 많은 관심을 필요로 하는 학생들의 변화에 긍정적인 기능을 하 고 있다. 이런 학생의 변화에 있어 결정적 요인은 특별한 교육프로그램이 아닌 작은 학교 자체가 가진 특별한 교육환경이다.

마지막으로 공동통학구형 어울림학교 운영과정에서 드러난 문제점과 개 선방안을 살펴보면, 첫째, 원거리에 위치하고 있는 농촌 작은 학교의 장애 요인을 극복하고 교육적 잠재적 가능성을 펼칠 수 있도록 자생력을 가질 때까지 보다 장기적으로 통학차량 지원이 이루어져야 할 필요가 있다. 둘 째, 공동통학구형 어울림학교로 전입해 오는 학생들로 인해 발생하는 어려 움을 해결하기 위한 제도적인 맞춤형 교육 지원이 필요하다. 셋째, 전라북 도교육청은 부정적인 학교 낙인효과를 예방하기 위해 작은 학교가 가진 교 육경쟁력을 적극적으로 홍보할 방안을 마련해야 한다. 넷째, 공동학구 학교 에 대한 석설한 지원은 학생 수를 놓고 경쟁관계에 위치한 공농학수 학교 를 협력관계의 위치로 전환하는 데 기여할 수 있을 것이다.

농촌 작은 학교를 살리기 위해 시작된 어울림학교 정책이 본래의 가치 와 취지에 맞게 운영되기 위해서는 그 동안 실시한 어울림학교 정책에 대 한 성과분석을 기초로 합리적이고 중장기적인 소규모 학교 정책이 제시되 어야 하겠다. 어울림학교 3년의 결과는 한편으로 작은 학교의 가능성을 보 여주기도 하지만, 또 다른 한편으론 한계점도 확인시켜주고 있다. 인구절벽 이라는 학생 수의 자연적인 감소를 피할 수 없는 시점에서 어울림학교 정 책운영에 있어 농촌 작은 학교의 생존가능성을 객관적이고 종합적으로 판단할 수 있는 기준을 마련할 필요가 있다. 그래서 그 기준을 토대로 선택과 집중을 통해 교육경쟁력을 갖춘 작고 좋은 학교가 만들어져야 할 것이다.

참고문헌

- 교육과학기술부(2009) 농산어촌 소규모 학교 통폐합을 통한 적정 규모 학교 육성 계획.
- 교육인적자원부(2006) 농산어촌 소규모 학교 통폐합과 적정 규모 학교 육성 계획.
- 교육인적자원부(2007) 농산어촌 소규모 학교 통폐합 실태 분석과 개선방안.
- 국민권익위원회(2010) 소규모 학교 통폐합 고충해결 및 폐교 활용 촉진을 위한 제도개선.
- 김춘진(2010) "공교육의 새로운 모델: 소규모 공동체 학교", 2010 국정감사 정책 자료집.
- 나승일(2003) "농어촌 소규모 학교의 육성 및 운영 모형 탐색".『한국농업교육학회지』 35(1), 47-62.
- 박삼철(2012) "극소규모 학교 통폐합 정책의 대안 탐색",『교육행정학연구』30(4), 103-122.
- 박승배(2014) "폐교위기를 극복한 한 작은 학교에 대한 질적 연구",『교육종합연구』12(2), 79-102.
- 이동성(2015) "농어촌지역 소규모 학교의 운영 기제에 대한 해석적 분석: 전라북도교육청의 '어울림학교'를 중심으로." 2015년 신진연구자지원사업 연구계획서.
- 이동성(2016) "농어촌지역 소규모 중학교의 교육적 가능성 탐색: 한 현장교사의 생애사를 중심으로",『한국교원교육연구』33(2), 1-28.
- 이유정(2012) "지역간 학업성취도 격차에 대한 가정 내 사회자본의 영향 탐색". 석사학위 논문. 동아대학교 대학원.
- 이정선(2000) "소규모 학교 통폐합의 부당성: 문제 제기와 논의".『비교교육연구』10(1), 43-44.
- 이혜정(2012) "농산촌 지역 작은 초등학교 활성화 방안 탐색".『교육종합연구』10(2), 285-308.
- 전라북도교육청(2014a) 제17대 전라북도교육감 출범준비위원회 활동 백서.
- 전라북도교육청(2014b) 2014. 농어촌교육 희망찾기 어울림학교 운영 및 공모 계획.
- 전라북도교육청(2015) 2015 어울림학교 선정교 관리자 역량강화 연수 자료.
- 전라북도교육청(2016a) 어울림학교(공동통학구형) 지정 기간 연장(안).
- 전라북도교육청(2016b) 2016. 농어촌교육 희망찾기 어울림학교 지원계획.
- 전북교육연구소(2014) 농어촌 소규모 학교 활성화 정책 토론회 자료집.
- 전북교육정책연구소(2014) 2014 혁신학교의 학교효과성 분석.
- 정민석(2014) "'농어촌 작은 학교' 정책의 비일관성에 따른 갈등 원인 분석; 적정규모육성(통폐합)정책과 교육복지(육성)정책을 중심으로".『한국갈등관리연구』1(1), 183-199.
- 정성식(2013) 전북농어촌교육 희망 찾기 TF팀 상반기 평가자료. 전라북도교육청
- 정일환(2005) "농어촌 소규모 학교의 자율적 운영 제고를 위한 학교공동체의 활성화 방안".『한국정책과학학회보』9(2), 225-249.

- 정지웅 외(2002) 농어촌 교육 발전 방안 연구. 농어촌교육발전위원회.
- 정철영 외(1995) "농촌 학교의 소규모화에 따른 대응 전략".『농업교육과 인적자원개발』 27(3), 13-30.
- 최준렬·강대중(2007) 농산어촌 소규모 학교 통폐합 실태 분석과 개선 방안. 교육인적자원부.
- 홍후조(2011) 소규모 학교 통폐합(적정규모 학교 육성)을 통한 교육 정상화. (pp. 34-64). 소규모 학교 교육정상화를 위한 정책토론회. 정책토론회 자료집.

제6장

농어촌에서 특색 있는 학교교육과정을 운영하기
"테마형"

이 글은 2015년 대한민국 교육부와 한국연구재단의 지원을 받아 수행된 연구이며(NRF-2015S1A5A8010846), 출처는 "이동성(2016). 농어촌지역 소규모 중학교의 교육적 가능성 탐색: 한 현장교사의 생애사를 중심으로. 한국교원교육연구, 33(2), 1-28)"임을 밝힙니다.

Ⅰ. 들어가며

농어촌지역의 작은 학교를 되살리는 일은 마치 '죽어가는 고목에 새순을 나게 하는 것'만큼이나 어렵고 어리석은 일일지도 모른다. 왜냐하면, 농어촌지역의 학교가 작아지는 원인은 단위학교의 미시적인 교육문제뿐만 아니라, 우리나라의 정치적, 경제적, 사회문화적인 조건과 맥락을 반영하기 때문이다(양병찬, 2008). 즉, 이촌향도로 인하여 농어촌지역의 인구가 지속적으로 감소하면서 학생의 수가 줄어들고, 학생 수의 감소로 인하여 학교가 작아지는 일은 어쩌면 당연한 현상인지도 모른다. 실제로, 농어촌지역 학교의 소규모화는 경제적 비효율성, 공동체의 정주여건 악화, 학생들의 사회성 결핍, 교육환경의 악화 등을 초래하여 학교의 신뢰성을 저하시킬 수도 있다(최준렬, 2008a). 그러나 농어촌지역의 학교가 작아지는 것과 교육의 질이 하락하는 것은 동일한 현상이 아닐 수도 있다. 왜냐하면, 학교가 작아진다고 하여 '나쁜' 학교가 되는 것은 아니기 때문이다.

농어촌지역에서 학교가 작아지는 현상은 교육적 위기인가? 아니면, 교육적 기회인가? 농어촌지역의 소규모 학교(읍면지역 기준, 전교생 60명 이하 학교)는 경제적 및 교육적 효율성을 위하여 통폐합되어야 하는가? 아니면, 도농

간 교육격차 해소, 공교육의 공공성 및 교육복지의 실현을 위해 유지 및 발전되어야 하는가? 우리나라의 역대 정부와 교육부는 농어촌지역의 학교가 작아지는 현상을 교육적 위기로 간주하였고, 교육재정의 효율성을 위하여 소규모 학교의 통폐합을 추진하고 있다. 하지만 1982년부터 정부와 교육부가 주도해 오고 있는 소규모 학교 통폐합 정책은 지자체와 시도교육청 그리고 지역사회의 주민들로부터 외면을 받아 왔다. 왜냐하면, 농어촌지역 소규모 학교를 통폐합하는 정책은 정치적 및 경제적 논리에 기초하기 때문이다. 그렇다면, 소규모 학교를 유지하거나 활성화하는 데서 비롯될 수 있는 교육적 정당성은 무엇이란 말인가? 보다 구체적으로, 정치적 문제와 경제적인 비효율성을 감수하더라도 농어촌지역의 작은 학교를 유지하고, 활성화 해야만 하는 교육적 가능성은 무엇이란 말인가? 여기에서 말한 소규모 학교의 '교육적 가능성'이란 정치적 요구와 경제적 효율성을 넘어서는 작은 학교만의 실현가능한 교육적 기능과 가치를 의미한다. 이 연구는 바로 이러한 의문에서 비롯되었다.

소규모 학교는 공교육을 개선하기 위한 만병통치약은 아니다. 또한, '작은'이라는 말이 '성공적인' 말과 동의어도 아니다(Darling-Hammond, 2002). 그러나 '작은' 학교는 '좋은' 학교를 만들기 위한 여러 조건들 가운데 하나인 것만은 분명하다(Finn, 2002; Hylden, 2005; Meier, 1996; Sergiovanni, 1994; 佐藤學, 2000; 허숙, 2003). 소규모 학교에 대한 이러한 사고의 전환은 이미 미국의 공교육에서 실현되고 있다. 예를 들어, 뉴욕시(New York City)는 큰 종합고등학교들(comprehensive schools)을 학년 당 100명 이하의 작은 학교로 재구조함으로써 학교교육을 개선하고 있다(Abdulkadiroglu, Hu, & Pathak, 2013). 뉴욕시의 중등교사들은 작은 학교가 중고등학생들에게 피드백을 제공할 수 있고, 보다 안전한 학교환경을 제공하였으며, 교사 간 협력을 강화할 수 있다고 보고하였다(Abdulkadiroglu, Hu, & Pathak, 2013). 뉴욕시의 이러한 시도는 학교의 작은 규모가 오히려 교육개선에 이바지할 수 있다는 사실을 지지한 다. 이러한 맥락에서 농어촌지역 학교의 규모가 작아지는 현상은 비관적인 일만은 아니며, 오히려 현실적으로 존재할 수밖에 없는 작은 학교의 통폐 합 문제보다는, 작은 학교의 교육적 가능성에 주목할 필요가 있다.

농어촌지역 소규모 학교에 대한 국내외 선행연구(Abdulkadiroglu, Hu, & Pathak, 2013 ; Archibald, 2006 ; Cobbold, 2006 ; Cotton, 1996, 2001 ; Darling-Hammond, Ancess, and Ort ; Hylden, 2005 ; Howley, 1989, 2002 ; Jimerson, 2006 ; Kuziemko, 2006 ; Lee & Smith, 1996 ; Leithwood & Jantzi, 2009 ; Meier, 1996 ; Nathan & Thao, 2007 ; Oxley, 2007 ; Shakrani, 2008 ; Stevens & Peltier, 1994 ; Thorkildsen & Stein, 1998, 김춘 진, 2010 ; 박계식, 2007 ; 박승배, 2014 ; 양병찬, 2008 ; 이동성, 2015 ; 진동섭 외, 2014)는 농 어촌지역 소규모 학교의 교육적 장점과 성공요소를 제시하였다. 외국의 선 행연구는 소규모 학교가 교육과정과 수업의 개선, 교사문화의 개선, 그리고 민주적이고 포용적인 학교행정을 실현하는 데 유용하다는 사실을 밝혀주 었다. 또한, 국내의 연구동향은 농어촌지역 소규모 학교의 유지와 활성화를 위한 구체적인 전략과 실천적 지식을 제공한 측면에서 의미가 있었다. 하 지만 농어촌학교에 대한 국내의 연구동향은 주로 초등학교를 연구의 대상 으로 선정하였고, 교육제도 및 교육정책이 주요한 연구주제였으며, 설문지 와 통계자료를 활용한 양적 연구가 압도적인 특징이 있었다(이인회, 권혁진, 현 길아, 2015).

한편, 농어촌지역 소규모 학교의 교육적 가능성을 탐구하는 작업은 한 현장교사의 교육적 삶과 분리될 수 없다. 왜냐하면, '교육의 질은 교사의 질 을 뛰어넘을 수 없으며', 농어촌지역 소규모 학교의 교육과정을 디자인하 고 실행하는 핵심적 주체가 바로 현장교사이기 때문이다. 또한, 대도시 거대학교와는 달리 농어촌지역 소규모 학교에는 극소수(단 한 명) 현장교사의 열정과 노력을 통해서도 학교교육의 변화가능성이 열려있기 때문이다. 특히, 농어촌지역 소규모 학교를 활성화하고자 하는 현장교사의 생애사를 탐구하는 작업은 '작은' 학교가 '좋은' 학교로 변모해가는 내적 과정을 생생하게 포착할 수 있는 사회문화적 창(窓)이 될 수 있다. 따라서 이 연구는 농어촌지역 작은 학교의 고유한 교육적 기능과 가치를 실현하고자 했던 한 현장교사의 고군분투 과정을 생애사 연구로 재현함으로써 농어촌지역 소규모 중학교의 교육적 가능성을 세밀하게 조명하고자 한다. 이러한 연구목적을 달성하기 위한 두 가지 연구 질문은 다음과 같다: "첫째, 농어촌지역 소규모 중학교의 한 교사는 교육과정과 관련하여 어떠한 교수적 노력을 하였는가? 둘째, 농어촌지역 소규모 중학교의 한 교사는 어떠한 방식으로 '작은' 중학교를 '작고 좋은' 학교로 변모시켰는가?"

Ⅱ. 선행연구 고찰

 여기에서는 농어촌지역의 소규모 학교에 대한 국내외 연구동향을 간략하게 살펴봄으로써 이 연구의 방향과 의미, 그리고 연구문제를 명료화 하고자 한다. 소규모 학교에 대한 외국의 연구는 1980년대부터 현재에 이르기까지 주로 학교의 규모에 따른 교육의 효과성에 대한 연구가 주류를 이루었으며, 특히 성공적인 소규모 학교의 특징 혹은 소규모 학교의 교육적 효과성에 주목하였다. 한편, 농어촌지역의 소규모 학교에 대한 국내의 연구동향은 한동안 소규모 학교의 통폐합을 둘러싼 찬반양론의 정책적 정당성에 주목하였으나, 최근에는 소규모 학교를 활성하기 위한 실천방안을 모색하고 있었다. 이러한 문헌연구 결과를 구체화하여 제시하면 다음과 같다.

 앞서 언급한 바와 같이, 농어촌지역의 소규모 학교에 대한 외국의 연구동향은 주로 성공적인 소규모 학교의 특징 혹은 대규모 학교에서 소규모 학교로 분할된 작은 학교들의 교육적 장점과 효과성에 주목하였다(Abdulkadiroglu, Hu, & Pathak, 2013; Archibald, 2006; Cobbold, 2006; Cotton, 1996, 2001; Darling-Hammond, Ancess, and Ort; Hylden, 2005; Howley, 1989, 2002; Jimerson, 2006; Kuziemko, 2006; Lee & Smith, 1996; Leithwood & Jantzi, 2009; Meier,

1996; Nathan & Thao, 2007; Oxley, 2007; Shakrani, 2008; Stevens & Peltier, 1994; Thorkildsen & Stein, 1998). 그리고 농어촌지역 소규모 학교의 교육적 장점과 특성은 ①교육과정과 수업의 개선, ②교사문화의 개선, ③민주적이고 포용적인 학교행정의 실현으로 정리할 수 있었다.

첫째, 농어촌지역 소규모 학교는 교육과정 및 수업과 관련하여, 교사와 학생의 인간적인 관심과 관계 추구, 긍정적이고 포용적인 학습기반 문화, 상호작용적이고 참된 수업의 실현, 교실의 낮은 소음, 학생들의 흥미를 유발하는 다양한 수업전략, 학생들의 다양한 능력에 따른 개별화 수업, 협력적인 소집단 수업활동, 성찰적이고 전문적인 대화 추구, 교육과정의 통합과 특성화, 관계적 신뢰와 존경, 높은 소속감, 동등한 학습기회 보장, 특수아 및 학습 부진학생 지도의 용이성, 낮은 중도탈락률과 높은 진학률, 학교폭력과 문제행동이 없는 안전한 학교를 만들 수 있는 환경을 제공하였다. 둘째, 소규모 초등 및 중등학교는 교사문화와 관련하여, 교육적 헌신과 동료성 향상, 팀티칭의 용이성, 효율적인 교사공동체 형성, 교사들의 높은 직업만족도를 이끌어내었다. 셋째, 소규모 학교는 학교행정과 관련하여, 구성원들의 미션 공유, 민주석인 거버넌스 실현, 학부모와 지역공동제의 높은 교육 참여도, 고도의 책무성, 긍정적인 학교풍토 및 에토스, 학교에 대한 학부모와 지역사회의 높은 소유의식(ownership), 공동의 목표 설정과 신속한 의사결정을 통한 민주적 학교공동체 형성, 구성원들의 장점 및 강점의 공유, 학교의 가시적이고 빠른 변화가능성, 학교공동체에 대한 자긍심과 정체성 확립 등의 장점을 나타내었다.

한편, 농어촌지역의 소규모 학교에 대한 국내의 연구동향은 ①농어촌지역 소규모 학교에 대한 교육제도 및 교육정책에 대한 연구(박삼철, 2012; 박성혁, 2009; 이정훈, 2003; 이혜정, 2012; 정일환, 2005; 정민석, 2014; 최준렬, 2008b), ②농어촌지역 소규모 학교에 근무하는 현장교원의 근무 조건과 삶에 대한 연구(김병찬, 김정희, 2005; 이두휴, 2004; 정광주, 2009; 정일환, 김병찬, 2006; 이태상, 2007), ③농어촌지역 소규모 학교의 성공사례 및 성공요소 분석연구(김춘진, 2010; 박계식, 2007; 박승배, 2014; 양병찬, 2008; 이동성, 2015; 진동섭 외, 2014)로 구분할 수 있었다.

첫째, 소규모 학교의 교육제도 및 교육정책과 관련하여, 이 연구에 인상적인 연구를 제시하면 다음과 같다. 국내 일부 선행연구는 농어촌지역의 소규모 학교에 대한 교육정책이 통폐합 찬반과 같은 대립적 구도로 치닫는 것이 바람직하지 않으며, 정부와 민간, 형평성과 효율성, 지원과 자발, 통일성과 다양성 등이 조화를 이루는 협력 체제를 구축할 필요가 있다고 주장하였다(정민석, 2014; 최준렬, 2008b). 또한, 농어촌지역 소규모 학교의 교육력을 제고하기 위해서는 입시위주의 단기적 교육정책을 지양하고, 지역사회의 교육적 및 문화적 환경 개선을 이끌 수 있는 교육정책과 교육기관이 필요하다고 보았다(박성혁, 2009). 그리고 현행 통폐합 교육정책이 '학교의 학생 수'라는 단순 기준에 의해 추진되고 있음을 비판하고, 강력한 구조조정을 통한 학교 운영비 절감 노력이 소규모 학교의 재정 비효율성 문제를 극복할 수 있는 대안이 될 수 있다고 보았다(박삼철, 2012).

둘째, 농어촌지역 소규모 학교에 근무하는 현장교원에 대한 연구는 교사의 직무와 교장의 리더십(김병찬, 김정희, 2005), 교직문화(이두휴, 2004), 교원자격 및 교원연수(정일환, 김병찬, 2006; 이태상, 2007), 교사의 생애사(정광주, 2009) 등으로 세분화할 수 있었다. 특히, 정광주(2009)의 연구는 생애사 연구 방법을 통해 농어촌지역 전문계 중등학교에 근무하는 한 여교사의 삶을 조명한 측면에서 이 연구에 의미하는 바가 크다. 그녀의 연구결과에 따르면, 농어촌지역 전문계 고등학교 교사의 삶은 전문계 고등학교의 흥망성쇠와 맥을 같이 하였으며, 교육활동에서 학생들과의 인간적 친밀감 형성이 무엇보다 중요하다고 보았다. 특히, 그녀의 연구는 농어촌지역 및 전문계 중등교육의 침체가 현장교사로서 정신적 소진과 연결되어 있음을 밝혔다.

셋째, 국내의 일부 선행연구는 소규모 학교의 통폐합 찬반이라는 이분법적 논쟁에서 탈피하여, 농어촌지역의 소규모 학교를 되살리려는 교육운동에 주목하였다(이인회, 권혁진, 현길아, 2015: 421). 보다 구체적으로, 국내의 선행연구(김춘진, 2010; 박계식, 2007; 박승배, 2014; 양병찬, 2008; 이동성, 2015; 진동섭 외, 2014)는 폐교 위기를 극복한 소규모 학교들의 성공요소를 질적 연구방법을 통하여 분석하였는데, 인상적인 연구결과를 간략하게 제시하면 다음과 같다. 박승배(2014)는 한 소규모 초등학교(진안 장승초)의 학생모집 및 충원 전략, 교육환경의 개선을 위한 학교시설의 보수 및 증개축, 수업개선의 과정을 종단적으로 재현함으로써 소규모 초등학교의 활성화를 위한 교육적 통찰을 제공하였다. 또한, 이동성(2015)은 현장교사들의 관점에서 한 소규모 초등학교의 성공요소를 분석하였는데, 개별화 수업을 통한 학력신장, 학생에 대한 심층적 이해와 총체적 생활지도, 친밀성에 기초한 전문공동체가 중요하였다(이동성, 2015: 358-365). 이처럼, 소규모 학교의 성공사례와 성공요소에 대한 국내의 연구동향은 농어촌지역 소규모 학교의 활성화를 위한 구체적인 경험과 실천적 사례를 제공한 측면에서 의미가 있다고 볼 수 있다.

하지만 이인회, 권혁진, 현길아(2015)의 연구(35년 동안 수행된 114편의 논문 분석)에서도 나타난 바와 같이, 농어촌학교에 대한 국내의 연구동향은 주로 초등학교를 주요한 연구대상으로 선정하였고, 교육제도 및 교육정책이 주요한 연구주제였으며, 설문지와 통계자료를 활용한 양적 연구가 압도적이었다(이인회, 권혁진, 현길아, 2015). 따라서 이 연구는 국내의 연구동향에서 한 걸음 더 나아가, 그동안 주목하지 않았던 농어촌지역 소규모 중등학교(읍면지역 소재, 전교생 60명 이하 중학교)의 교육적 가능성에 주목하고자 한다. 또한,

농어촌지역 한 소규모 중학교를 되살리기 위해 악전고투했던 한 현장교사의 교육적 삶을 생애사 연구로 조명함으로써 개인적인 삶에 침전되어 있는 교육적 실천과 목소리를 농어촌지역 소규모 학교를 둘러싼 제도적 및 정책적 맥락에 연결하여 논의하고자 한다. 이러한 시도는 양적 연구방법이나 질적 사례연구와는 다른 방법적 차원에서 농어촌지역 소규모 중학교의 교육적 가능성을 탐구하는 데 유용할 것이다. 또한, 이 연구는 '작고 좋은' 학교를 만들기 위한 구성요소의 조명뿐만 아니라, '작고 좋은' 학교로 변모해 가는 내적 과정과 역동성을 포착하는 데도 도움이 될 수 있을 것이다.

Ⅲ. 연구방법

1. 연구대상 학교 및 참여자의 배경

가. 연구대상 학교의 배경

끝없는 지평선이 펼쳐진 김제평야에 자리를 잡고 있는 '새만금중학교'(가명)는 1949년에 마흔 여섯 명의 지역유지들이 합심하여 설립한 면민(面民) 사립학교이다. 연구 참여자가 새만금중학교에 처음 근무할 즈음에(1985년 4월 3일 발령)는 한 학급당 학생 수가 60명 정도였는데, 세 개 학년의 학생 수를 모두 합치면 700명 이상에 달하는 대규모 중학교였다. 그러나 새만금중학교는 개교 이후 1990년대 중반까지 황금기를 구가하다가, 산업화에 따른 이농현상과 기타 사회문화적인 요인(가령, 상급학교 진학을 위한 대도시로의 유학 등)으로 인해 극소규모 학교(2010년대 기준, 전교생 40명 내외)가 되었다. 현재(2016년) 새만금중학교는 소규모 학교임에도 불구하고 최신 학습기자재와 도서관, 멀티미디어실, 영어과 전용교실 등의 학습 환경을 구비하고 있으며, 도농간 학력격차를 최소화하고 창의적인 인간을 육성을 위하여 2013년(2013년 기준, '에듀케어' 교육정책으로 명명)부터 '어울림학교(테마형)'를 지정받아 운영하고 있다.

앞에서 말한 '어울림학교'란 농어촌지역 소규모 학교를 대상으로 민주적 자치공동체와 전문적 학습공동체를 구축하여 학생들의 인성, 지성, 사회성을 함양하고, 교육과정의 창조적인 재구성을 통하여 도·농간 교육격차를 완화함으로써 학생과 학부모가 다시 돌아오고 싶은 매력적인 학교를 의미한다(전라북도교육청, 2015: 9). 이러한 어울림학교는 학교와 지역사회가 함께 성장하는 인프라를 구축하고, 농어촌 관련 교육사업의 통합 운영으로 교육정책의 극대화를 도모하는 학교정책이다(전라북도교육청, 2015: 10). 특히, 어울림학교의 네 가지 유형(공동통학구형, 마을학교 협력형, 작은 학교 협력형, 테마형) 가운데 하나인 테마형은 농어촌지역 소규모 학교의 실정에 맞게 교육과정을 재구성하고, 학생이 즐거운 배움터 조성을 위한 교육프로그램과 주제를 선정하여 특색이 있는 교육과정을 운영하는 학교정책이다(전라북도교육청, 2015: 10).

나. 연구 참여자의 인적 특성

생애사 연구에서 한 개인의 연기대적 삶을 서술하는 생애담(life story)은 질적 자료의 분석과 해석을 위한 원 자료(raw data)로서 기여한다(Dhunpath & Samuel, 2009). 생애사를 읽는 독자들도 화자의 직접적인 생애담을 통하여 연구 참여자의 총체적인 삶의 모습과 맥락을 가늠할 수 있다. 또한, 생애사 연구에서 화자는 연구주제와 관련하여 연구 대상으로서의 대표성을 충족할 필요가 있다(Wicks & Whiteford, 2006: 94-100). 이 연구의 참여자는 농어촌지역 중등학교에 30년 이상 재직하고 있는 경력교사이며, 최근 10년 동안 작은 학교를 되살리기 위한 각종 교육운동 및 교육활동을 활발히 전개하고 있다. 현재 전북교육연구소 소장을 맡고 있는 연구 참여자는 교육행정학 박사학위를 취득하였으며, 도교육청 단위 교육정책 자문위원으로 활동하고 있다. 지금부터는 이 연구의 주요 참여자인 남궁윤(실명) 교사의 생애담을 개략적으로 소개하고자 한다.

남궁윤 교사는 1959년 전북 김제지역에서 유복한 집안의 아들로 태어났다. 그의 부친은 일제 강점기 때 전문 학부(오늘날의 대학)를 졸업하고, 만주에 나가 사업을 하여 부를 축적하였으며, 해방이후 김제지역에서 도정사업과 농업조합장을 맡았다. 그의 부친은 김제지역의 여러 인사들과 함께 새만금중학교를 설립한 주체였다. 유복했던 그의 유년기 및 아동기는 부친의 갑작스러운 사망으로 산산조각이 나고 만다. 그는 초등학교 4학년 때, 부친의 죽음보다 더욱 무서운 현실은 모친의 경제적 무능력임을 깨닫게 된다. 급기야, 중학생이 된 그는 생계보호대상자로 전락하여 동사무소의 밀가루를 배급받아 생활을 할 정도로 궁핍한 학창시절을 보내야만 했다. 특히, 중학교 3학년 때 수업료를 제때 납부하지 못해 담임선생님으로부터 몽둥이로 맞은 기억은 아직까지 커다란 상처로 남아 있었다. 청소년 시절 부친의 부재와 경제적 궁핍에서 비롯된 쓰라린 경험은 이후 그가 농어촌지역 소규모 학교의 교사로서 헌신하게 되는 계기가 되었다.

그는 이복형님의 도움으로 고등학교에 진학할 수 있었고, 장차 법조인이나 기업의 경영자가 되기를 희망했었다. 그러나 그간 궁핍했던 가정환경은 그를 결핵이라는 병마로 치닫게 했다. 그는 형과 함께 죽음의 공포 앞에서 허우적거렸고, 형은 끝내 세상을 등지고 말았다. 그는 두 번의 휴학을 하고 나서 5년 만에 고등학교를 졸업하였지만, 그의 꿈은 어느새 바뀌어 있었다. 즉, 그는 삶과 죽음의 경계를 오가면서 진로에 대한 깊은 고민과 성찰을 하게 되었고, 급기야 교사라는 안정적인 직업을 희망하게 되었다. 학비가 저렴한 지방 국립사범대에 입학한 그는 우울증으로 또 한 번의 위기를 맞게 되었다. 그러나 대학교 선배의 도움으로 기독교의 복음을 접하게 되고, 농촌 선교활동에 참여함으로써 농어촌지역의 학교교사로서 평생 동안 봉직하고 싶다는 꿈을 키우게 되었다. 그는 사범대를 졸업한 후 공립학교 교사 발령을 대기하던 중 부친과 형님이 한 때 이사장으로 근무했던 새만금중고등학교(중학교와 고등학교가 결합되어 있는 사립 중등학교)의 기간제 교사를 맡게 된다. 놀랍게도, 그가 선택한 새만금중고등학교는 잠시 머무르는 학교가 아니라, 평생 동안 몸담고 있는 근무지가 되었다.

그는 1985년도에 새만금고등학교의 윤리과 교사로 교직생활을 시작하였다. 1980년대 중반 무렵에는 사립학교의 교사에 대한 처우가 열악했지만, 교육봉사에 대한 선친의 뜻을 계승하고, 대학시절의 꿈을 실현하기 위해 교사로서의 길을 묵묵하게 걸어갔다. 그는 1999년에 사립중등학교의 투명한 학교운영을 위해 새만금중고등학교 전교조 분회를 만들었고, 재단 이사장이나 학교장의 불합리한 인사 및 재정 정책에 맞서 싸웠다. 2003년도에는 재단 이사장과 학교장의 눈엣가시가 되어 공립학교 교사로 방출될 수 있는 위기를 맞기도 하였으나, 그의 초심은 끝내 꺾이지 않았다. 그는 농어촌지역 소규모 학교의 통폐합 정책이 소용돌이치는 2006년에 농어촌교육특별대책위원장을 맡아 도보투쟁(3일 동안 고창, 부안, 김제, 군산을 경유하여 100㎞를 행진하는 행사)을 시도하였고, 이를 계기로 농어촌지역 작은 학교를 개선할 수 있는 실천적 방안과 전략을 고심하게 되었다. 농어촌지역 작은 학교를 되살리는 일은 비로소 그의 숙명이 되어버렸다.

그는 2009년도에 중등학교 교사로서 삶의 전환점을 맞이하게 되었다. 오랫동안 근무했던 새만금고등학교를 떠나 학교의 급이 다른 새만금중학교로 내려오게 되었다. 중학교의 교사된 그는 고등학교 교사로서 시도할 수 없었던 학교개선 방안을 계획하고, 실행할 수 있었다. 왜냐하면, 중학교는 고등학교와는 달리 입시위주 교육에서 한 발짝 물러나 있었고, 학력향상이나 인성교육 측면에서 볼 때, 학생들의 변화가능성이 크다고 믿었기 때문이다. 그는 2010년부터 2014년까지 5년 동안 '기업후원형 돌봄 학습'과 '학습 클리닉' 사업을 주도적으로 추진하여 '작은 학교'를 '좋은 학교(테마형 어울림학교로 지정)'로 변모시킴으로써 세간의 주목을 받게 되었다. 또한, 그는 최근에 학습연구년제 및 전북교육연구소의 소장을 맡으면서 도교육청 단위의 교육정책을 자문(김승환 교육감 제2기 출범준비위원회 등)하고 있으며, 지역 진보인사(유영쇠)의 평전을 쓰는 등 활발한 교육운동을 전개하고 있다.

2. 질적 자료의 수집, 분석, 해석

화자의 생애를 탐구하는 질적 연구자는 연구 참여자로부터 구술 자료를 일방적으로 수집하는 수탈자가 아니라, 화자와의 호혜적이고 인간적인 관계에 기초한 연인 혹은 동반자가 될 필요가 있다(Kouritzin, 2000: 19; Measor & Sikes, 1992: 214; Witz, 2006: 246-268). 연구자는 2014년 7월 전북교육청에서 출범준비위원회(전북교육감직 인수위원회)의 동료 위원으로서 연구 참여자를 처음으로 만났다. 우리 두 사람은 한 달 남짓의 출범준비위원회 활동을 통하여 직업과 나이의 차이를 극복할 수 있는 친밀성과 동료성을 구축하였다. 연구 참여자인 그는 출범준비위원회가 해단된 직후에 연구자와 함께 농어촌지역의 소규모 학교를 개선하는 일에 동참하자고 제안하였다. 연구자로서의 나는 그의 제안을 흔쾌히 받아들였고, 이후 두 사람은 농어촌지역의 소규모 학교를 활성화하는 교육적 동반자가 되었다. 지난해(2015년도) 학습연구년제를 했던 그는 농어촌지역의 작은 중학교를 활성화하는 방안을 탐구하였는데, 연구자로서의 나는 그의 학문적 멘토(mentor) 교수가 되었다. 연구자는 화자와의 이러한 동반자적 관계와 인연을 통해 그의 생애 사를 탐구하게 되었다. 왜냐하면, 화자와의 지속적인 만남과 대화 통하여, 그의 삶이 곧 농어촌지역의 작은 학교라는 사실을 깨달았기 때문이다.

이 연구는 농어촌지역 한 소규모 중학교의 교육적 가능성을 탐구하기 때문에 주제중심 생애사에 해당한다. 따라서 이 연구의 주요한 시간적 배경은 연구 참여자가 새만금중학교에서 새로운 교육적 실천과 변화를 시도했던 시기(2010년부터 2014년까지, 5년)이다. 즉, 이 연구의 범위는 새만금중학교를 기반으로 한 남궁윤 교사의 개인적인 교육생애사로 제한하였다. 그러나 이 시기의 교육활동은 이전의 교육적 삶과 분리될 수가 없기 때문에 일반적인 생애사 연구의 자료수집 방법(출생부터 현재까지의 삶을 배경으로 하는 개방적인 내러티브 인터뷰)도 병행하였다. 이 연구의 자료수집 방법 및 시기는 크게 세 국면으로 구분하였다. 연구의 초기 국면(2015년 4월부터 8월까지)에는 그가 남긴 교단일지와 교육프로그램 등의 각종 문서 자료를 수집 및 분석하였고, Adriansen(2012)의 내러티브 인터뷰 가이드를 참조하여 개방적인 내러티브 인터뷰(3회, 회당 2시간 분량)를 실시함으로써 연구 참여자의 총제적인 삶의 궤적을 파악하려고 하였다.

〈표 1〉 주제중심 내러티브 인터뷰 질문 목록(예시)

질문목록	학부모 및 지역사회와의 협업 방법
질문1	선생님은 그동안 새만금중학교 학부모와 어떻게 지내셨습니까?
질문2	학부모와의 관계에서 가장 인상적인 점은 무엇이었습니까?
질문3	학부모와의 연대는 작은 학교의 운영과 어떠한 관계가 있습니까?
질문4	선생님은 지역사회의 인프라와 학교교육 프로그램을 어떻게 연결하셨습니까?
질문5	새만금중학교의 학부모들은 '기업후원형 돌봄 사업'을 어떻게 도와주었습니까?
질문6	퇴임 교장선생님은 '기업후원형 돌봄 사업'에 어떠한 방식으로 참여하셨습니까?
질문7	이하 생략

앞서 확인할 수 있는 것처럼, 연구의 중기 국면(2015년 9월부터 12월까지)에

서는 초기 국면에서의 자료 분석 결과에 기초하여 주제중심 내러티브 인터뷰(5회, 회당 3시간 분량)를 계획하고, 수행하였다. 중기 국면의 주요한 연구 시기는 새만금중학교에 근무했던 5년(2010년부터 2014년까지)이며, 내러티브 인터뷰의 주요한 내용은 새만금중학교를 활성화하기 위한 5년 동안의 삶을 추적하는 것이었다. 그리고 연구의 말기 국면(2016년 1월부터 2월까지)에서는 이 연구의 잠정적인 분석 결과에 기초하여 대화 형태의 내러티브 인터뷰(2회, 회당 2시간 분량)를 추가적으로 실시하였다. 이 연구에서 자료 수집과 분석 작업은 순차적이기보다는 순환적으로 이뤄졌는데, 이전에 수집한 자료와 분석 결과는 이후 자료 수집과 분석, 그리고 해석의 방향성을 이끌었다.

이 연구는 한 참여자의 생애담을 분석하고 해석하기 위하여 Lieblich, Tuval-Mashiach, & Zilber(1998)의 총체적 내용 접근(holistic content approach)에 기초하여 1차 주제 분석 및 해석을 시도하였다. 그리고 이러한 1차 주제 분석 및 해석의 결과에 기초하여, 한 현장교사의 오랜 교수적 삶과 이야기에 침전되어 있는 소규모 중학교의 교육적 가능성을 재차 분석 및 해석하였다. 2차 주제 분석 및 해석은 Salda'a(2009: 173-181)의 종단적 질적 자료 요약 매트릭스(longitudinal qualitative data summary matrix)를 활용하였는데, 참여자의 생애담에서 나타난 증가/발생, 누적, 급변/출현/전환점, 감소/정지, 일정/일관성, 특이함, 상실 등의 개념을 중심으로 하위범주와 범주를 생성하였다. 이러한 질적 자료 분석 및 해석을 통하여 최종적으로 두 개의 범주(①특색이 있는 교육프로그램의 개발과 학력 향상, ②지역공동체 및 학부모와 협업하기)와 네 개의 하위 범주(①테마형 어울림학교 교육프로그램의 개발 및 평가, ②학력 향상 전략과 학력관의 변화, ③작은 학교와 지역사회의 경계 허물기, ④학부모와 함께 작고 좋은 학교 만들기)를 생성하였다. 한편, 이 연구는 분석적 및 해석적 글쓰기 방식을 통하여 최종적인 연구결과를 재현하였다.

3. 타당성 확보 및 글쓰기 전략

생애사 연구 및 생애사적 글쓰기에서 이야기의 신뢰성과 진실성 확보는 타당도와 직결된다. 따라서 이 연구는 최종적인 생애사 텍스트의 신뢰성과 진실성을 확보하기 위하여 Dollard(1935), Runyan(1984), 그리고 Cole & Knowles(2001)의 생애사 평가준거를 염두에 두고 글쓰기를 하였다. 첫째, 이 연구는 생애사 텍스트의 맥락성을 강화하기 위하여 연구 참여자가 근무했던 연구대상 학교의 배경을 묘사하고, 연구 참여자의 생애담을 연대기적으로 제시하였으며, 주된 연구시기를 명료화함으로써 과잉일반화의 오류를 극복하고자 노력하였다. 또한, 생애사 텍스트의 맥락성을 강화하기 위하여 연구 참여자 개인적인 교수여정과 생애담을 농어촌지역 소규모 학교 관련 교육제도 및 교육정책에 연결하여 논의하고자 하였다. 둘째, 이 연구는 연구자와 참여자가 농어촌지역의 소규모 학교와 관련하여 어떠한 정치적 및 정책적 상황과 위치에 놓여있는지를 밝힘으로써 연구의 과정과 결과에 대한 반영성(reflexivity)을 추구하였다. 셋째, 연구자는 생애사 연구방법에 대한 문헌연구를 통하여 방법적 전문성과 민감성을 강화하고, 여러 차례의 생애사 연구를 수행함으로써 방법론적 헌신을 추구하였다. 마지막으로, 이 연구의 결과는 농어촌지역 소규모 중학교의 심층적인 이해와 개선을 위한 학문적 및 실천적 시사점을 제공할 수 있을 것이다.

Ⅳ. 연구결과

1. 특색이 있는 교육프로그램의 개발과 학력 향상:
"작은 것이 큰 것이다"

남궁윤 교사는 '기업후원형 돌봄 학습'과 '학습 클리닉' 교육프로그램을 지속적으로 개발하고 평가함으로써 테마형 어울림학교만의 특색이 있는 방과후학교 교육과정을 실현하였다. 또한, 그는 소규모 중학교에 적합한 방과후 교육프로그램을 통하여 농어촌지역 중학생들의 학업성취도와 인성을 향상시키고, 학생들의 흥미와 소질을 고려한 동아리 활동과 직업진로 교육 및 상담활동을 전개함으로써 학력주의의 한계를 넘어설 수 있었다. 그가 이러한 특색이 있는 교육프로그램으로 학생들의 전인적 성장과 발달을 도모할 수 있었던 원동력은 학교의 규모가 작았기 때문이다. 결국, 그의 이야기는 농어촌지역 학교교육에서 '더 작은 것이 더 큰 것이 될 수도 있다'는 교육적 통찰을 제공하였다.

가. 테마형 어울림학교 교육프로그램의 개발 및 평가: "시작이 반이다"

농어촌지역 소규모 중등학교의 학생들은 대규모 중등학교의 학생들에 비하여 다양한 방과후 활동에 참여할 수 있으며, 높은 방과후 교육활동 참여율을 나타낸다(Stevens & Peltier, 1994). 이것이 가능한 이유는 학생의 수가 상대적으로 적으며, 학교의 구성원들이 학교교육에서 성공을 거두기 위해서는 방과후 교육활동에 적극적으로 참여해야 한다는 의식을 공유하기 때문이다(Stevens & Peltier, 1994: 120). 이와 유사한 맥락에서, 2009년도에 새만금고등학교에서 새만금중학교로 내려온 그는 이듬해(2010년) 테마형 어울림학교(당시 에듀케어 사업)를 운영하기 위한 일환으로 방과후에 '기업후원형 돌봄 학습'과 '학습 클리닉'이라는 교육프로그램을 시작하였다. 이러한 용감한 도전의 직접적인 계기는 앞서 밝힌 것처럼, 2006년 농어촌교육특별대책위원장 재직 시절 도보투쟁에서의 남다른 다짐과 아울러, 턱없이 부족한 학생 수(전교생 40명 내외)의 문제에 직면했기 때문이다.

남궁윤 교사가 테마형 어울림학교만의 특색이 있는 방과후 교육프로그램을 개발하기 위해 우선적으로 한 작업은 모든 학생들의 가정환경과 학업실태를 속속들이 파악하는 일이었다. 그는 방과후 활동 관련 설문과 면담을 통해 농어촌지역 소규모 학생들이 처한 상황을 입체적으로 이해하게 되었다. 즉, 새만금중학교 학생들의 다수는 방과후에 게임이나 TV시청에 과도하게 노출되어 있었고, 전교생의 60%에 달하는 학생들이 결손가정(기초생활수급자, 법정 저소득층, 차상위 계층, 한 부모 가정, 조손가정 등)의 자녀들이었다. 일반적인 편견과는 달리, 새만금중학교의 학생들은 자연친화적인 환경 속에서 정서적으로 안정된 존재가 아니었던 것이다. 또한, 새만금중학교는 인근 초등학교의 학생들 가운데 학업성취도가 매우 낮은 학생들로 충원되었는데, 다수의 학생들은 낮은 학업성취도에도 불구하고, 사교육(학원교육)에 의존하는 경향을 보였다.

그는 새만금중학교 학생들의 가정환경과 학업실태의 세밀한 파악을 통하여 방과후 교육활동의 중요성을 깨닫게 되었고, 무엇보다 학생들이 가정이나 마을에 방치되지 않으면서 안정적인 학습 환경을 보장받는 것이 필요하였다. 따라서 그는 학생들이 방과후(토요일 포함)에 학교와 교사의 보살핌 아래 무상으로 저녁을 먹으면서 학습에 지속적으로 참여하고, 진학 및 진로 상담을 지원받으며, 야간에 안전하게 귀가할 수 있는 두 가지 교육프로그램을 기획하였다. '기업후원형 돌봄 학습'은 지역 및 동문출신 기업가들의 재정적 후원에 기초하여 학생들의 전인적 성장과 발달(학습지도, 생활지도, 진로지도, 상담치료, 동아리 활동 등)을 지원하는 교육프로그램이며, '학습 클리닉'은 지역사회의 다양한 학습 자원(EBS 강좌 및 인터넷 강의 수강을 위한 전용실, 퇴직 교원의 재능기부를 통한 보충수업, 대학생 멘토링 등)를 활용하여 학력향상을 꾀하는 프로그램이다.

지금 생각해 보면, 첫 해에는 무모하기 짝이 없었던 것 같아요. 학교를 되살려야 한다는 조급함과 절실함 때문에 혼자서 막무가내로 밀고나갔어요. 제대로 된 프로그램도, 논도, 사람도 없었던 것이지요. 내가 밤에 학교에 남아서 지도를 하다보면, 학부들이 아이들의 급식비도 내어주고, 동료들도 하나 둘씩 자연스럽게 동참할 거라 내심 기대를 했어요. 그러나 채 며칠이 지나지 않아 냉혹한 현실을 마주하게 되었지요. 아이들과 학부모들은 야간 급식비가 무료가 아니면 참여할 수가 없다고 했어요. 교장 선생님이나 동료 교사들도 처음에는 선뜻 나서지 않았고요. 하는 수 없이 첫 달에는 내 월급으로 급식비를 충당하고, 협약식 전까지 세 달 동안은 동료들이 자신들의 보충 수업비를 떼어서 급식비로 건네주더군요. 동료들한테 미안했죠. (중략) 통학거리가 먼 아이들은 저녁 늦게 내 차로 실어 날랐죠. 솔직히, 이런 상황에서 학부모들이 원망스럽기도 했어요. 하지만 지금 와서 돌이켜 보면, 내가 문제였던 것이지요. 사전 동의나 합의 없이 나 혼자 일을 시작했으니까요. 첫 해에는 다른 사람들에게 동의나 합의를 구할 엄두가 나지 않았어요. 내가 의견을 내면, 동의할 사람이 아무도 없다고 확신을 했기 때문이죠. 이렇게 어렵고 힘든 일을 누가 감히 시작하고자 하겠어요? (중략) 첫해는 이렇게 무모한 도전이었지만, 나름 보람도 있었어요. 결국 시작이 반이 셈이죠.

(3차 내러티브 인터뷰 전사본, 2015. 04. 11)

위의 내러티브에서 확인할 수 있는 것처럼, 첫해(2010년)의 이러한 시도는 무모함 그 자체였다고도 볼 수 있었다. 왜냐하면, 기업후원형 돌봄 학습과 학습 클리닉 사업은 단위학교 수준의 치밀한 계획과 학교 구성원들의 동의와 협력에 기초하여 주도면밀하게 추진되기보다는, 단지 한 교사의 개인적이고 독단적인 열정과 실천에서 시작되었기 때문이다. 그러나 그의 이러한 무모한 도전은 학교의 규모와 관련하여 두 가지의 교육적 의미가 있었다. 첫째, 그의 무모한 도전이 단순한 생각에 그치지 않고, 교육실천으로 발현될 수 있었던 것은 바로 학교의 규모가 작아서 가능하였다. 만일, 새만금중학교가 농어촌지역의 중대규모 학교였다면, 그는 이러한 도전을 시도조차 하지 못하였을 것이다. 다른 말로, 작은 학교는 한 명의 교사로 인해 교육적 변화와 발전을 도모할 수 있다는 가능성을 열어주었다. 둘째, 작은 학교를 되살리기 위한 교육프로그램은 사전에 철저하게 마련되고, 고정된 것이 아니라, 현장교사의 교육적 실천과 반성을 통해 지속적으로 변화하였다. 결국, 대부분의 일들이 그러하듯이, 시작이 반이었던 셈이었다.

그가 첫해의 여러 가지 현실적인 어려움에도 불구하고, 방과후 교육프로그램을 지속할 수 있었던 이유는 농어촌지역 소규모 학교의 발전 가능성과 학생들의 교육적 성장을 직접적으로 목도했기 때문이다. 따라서 그는 자신이 마련한 방과후 교육프로그램의 착근과 지속가능한 발전을 위하여 다음과 같은 두 가지 전략을 구사하였다. 첫 번째 전략은 방과후 교육프로그램의 실행에서 비롯된 크고 작은 일이나 사건 등을 인터넷 카페나 전자신문에 꼼꼼하게 기록하고, 관리함으로써 학교의 여러 구성원들(학생, 동료교사, 학교장, 학부모, 지역인사 등)과 함께 학교의 발전과정과 역사를 공유하였다. 이러한 기록 및 홍보 전략은 이후 학부모들과 동료 교사들, 학교장, 그리고 지역인사들과 지역교육청이 방과후 교육프로그램을 지원하고, 그것에 동참할수 있는 밑바탕이 되었다. 그리고 두 번째 전략은 자발적이고 정기적인 프로그램 평가 및 기관평가를 통하여 두 교육프로그램의 교육적 성과를 적극적으로 전시 및 공표, 공유함으로써 미완성의 교육프로그램을 지속적으로 수정하고, 보완할 수 있는 계기를 마련하였다.

우리 학교의 두 가지 방과후 교육프로그램은 해가 거듭되면서 점차적으로 개선되었어요. 처음에는 100일, 그리고 해마다 프로그램에 대한 평가의 시간을 가셨죠. 개인적으로 매우 부담스러운 일이기는 했지만, 꼭 필요하다고 생각했어요. 형식적인 설명회나 보고회가 아니라, 학생, 교사, 학부모, 그리고 지역 주민들과 소통할 수 있는 자리를 꼭 마련하고 싶었거든요. 어쨌든, 이러한 시도는 좋은 결과를 불러왔어요. 시행 2년차에 접어들자 학교를 후원하는 기업가들 중에 한 분이 이탈하기도 했지만, 다른 곳에서 지원을 해 주겠다는 분이 생겨났어요. 동료 교사들도 십시일반으로 재정적 후원을 하고, 나를 대신해서 아이들을 돌봐주었어요. 그리고 무엇보다, 한 해 동안 아무런 반응이 없었던 학부모들이 서서히 교육프로그램에 관심을 갖기 시작했어요. 나를 대신해서 기업후원형 돌봄 학습을 지원하고, 교통안전 지도도 해 주었어요. 이렇게 재원과

사람들이 모여 들면서 방과후 돌봄 형식의 교육프로그램이 안착되었고, 그때
서야 학교는 변화하기 시작했어요.

(5차 내러티브 인터뷰 전사본, 2015. 09. 23)

위의 내러티브에서 확인할 수 있는 것처럼, 3년차(2012년도)에 접어든 기
업후원형 돌봄 학습과 학습클리닉은 인원과 재원이 점차적으로 증가함으
로써 교육프로그램의 질이 점차적으로 개선되었다. 특히, 인적 및 물적 네
트워킹을 통한 동아리 활동(난타, 나비골프, 승마, 색소폰, 미술, 카누, 제빵, 바리스타,
환경봉사활동 등)과 보충학습(퇴직교원을 활용한 수학교실 및 한문교실 운영, 방학중 대학
생 멘토링 등)은 학습능력이 현저하게 낮은 학생들에게 또 다른 배움의 즐거
움을 선사였다. 남궁윤 교사는 이러한 경험을 통하여, 농어촌지역 작은 학
교가 좋은 학교로 변화되기 위해서는 교사와 학부모 그리고 지역사회 여러
인사들의 협동적인 삶의 모습을 남아낼 수 있는 방과후 교육프로그램을 지
속적으로 개발하는 노력이 필요함을 깨닫게 되었다.

나. 학력 향상 전략과 학력관의 변화:"학력주의를 넘어서 수처작주(隨處作主)로"
일반적으로, 농어촌지역 소규모 학교의 통폐합을 주장하는 사람들은 학
교의 소규모화가 학생들의 학업성취도에 부정적인 영향을 미치고, 도농 간
학력격차를 심화시켜서 학교 불신의 원인으로 작용한다고 주장한다(이인회,
권혁진, 현길아, 2015: 410). 또한, 성적우수 학생들의 도시 학교로의 유출은 농
어촌지역 소규모 학교의 공동화와 황폐화를 부추긴다(박삼철, 2008). 앞서 밝
힌 바와 같이, 새만금중학교도 인근지역 초등학교의 학생들 가운데 학업성
취도가 낮은 학생들로 충원되었다. 왜냐하면, 학업성적이 우수한 학생들은
상급학교의 진학을 위해 전주시나 김제시로 이동(거주지 변경 수준)을 했기 때

문이다. 따라서 학생들의 다수는 열악한 가정환경과 낮은 학습의욕, 그리고 학습부진의 누적으로 인하여 학습준비도가 매우 낮은 편이었다. 그러나 남궁윤 교사는 농어촌지역 소규모 학교에 대한 부정적 전제와 선입견, 그리고 학력주의를 극복하면서, 작은 학교가 오히려 학생들의 학력 및 인성 향상에 기여할 수 있음을 증명해 보였다. 보다 자세한 이야기는 다음과 같다.

최근에 정부와 교육부는 소규모 학교가 학력 저하의 한 원인이라고 지적하였다. 표면적으로 볼 때, 농어촌지역 소규모 학교의 학업성취도는 도시지역 대규모 학교의 학업성취도보다 낮기 때문에 타당한 주장이라고 볼 수 있다. 그러나 이러한 주장은 농어촌지역에서 실제로 살아가고 있는 사람들이 누구인지를 세심하게 고려하지 않은 측면이 있다. 즉, 농어촌지역 학부모들의 낮은 사회경제적 배경(SES)과 열악한 교육환경이 소규모 학교의 교육적 성과와 학생들의 학업성취도 향상을 희석시키는 요소로 작용하고 있음을 간파할 필요가 있는 것이다(Abdulkadiroglu, Hu, & Pathak, 2013; Cobbold, 2006; Leithwood & Jantzi, 2009). 그러나 남궁윤 교사는 새만금중학교에 적합한 방과후 교육프로그램을 통하여 학부모들의 교육적 관여와 관심을 이끌어 내고, 안정적인 학습 환경을 제공함으로써 학생들의 서소한 학력을 끌어 올릴 수 있었다.

그가 새만금중학교 학생들의 학력을 향상시키기 위해 우선적으로 한 일은 전염병처럼 퍼져버린 패배의식과 낮은 자존감을 불식시키는 것이었다. 농어촌지역 학생들의 학습에 대한 패배의식과 좌절감을 치유하는 것은 마치 특정한 방향으로 운동하는 물체의 관성을 저지하는 것처럼 힘든 일이었다. 이러한 교육현실을 타계할 수 있는 유일한 전략은 어려운 가정환경에 처해 있는 학생들의 마음을 진심으로 헤아려주고, 그들이 마음을 다잡고 학습에 매진할 수 있는 교육여건을 마련해 주는 일이었다. 따라서 그는 학습클리닉 프로그램을 통해 저녁마다 EBS 방송 자료를 반복적으로 제공하고, 학습의 결과를 지속적으로 확인하였다. 엄밀히 말해, 이러한 교수방식은 일반적인 중등학교의 일제식 야간자율학습과 다를 바가 없었지만, 다소 의외의 결과가 나타났다. 이러한 단순한 전략으로 학력이 향상된 이유는 학생들이 학습클리닉을 통하여 '진짜로' 공부할 수 있는 시간과 공간 그리고 학습내용을 확보했기 때문이다.

농어촌지역에 근무하는 교사들은 자칫 아이들과 함께 무기력해질 수도 있어요. 열심히 가르치고 싶어도 어디서에서부터 손을 대야 할지 막막한 거죠. 하지만 학습클리닉을 시작할 때, 이런 부정적인 생각을 아예 던져 버렸어요. 우선 '아이들과 함께 지내면서 한 명 한 명을 제대로 이해해 보자' 이렇게 다짐을 했죠. 그런데 학교가 워낙 작다보니, 아이들이 자연스럽게 눈에 들어오더라고요. 때로는 안아줄 일도 생기고, 격려할 일도 생기고, 야단도 쳐야할 일도 생겼지만, 아이들과 조금씩 통한다는 느낌을 받았어요. 그때서야 깨달았죠. '아, 공부보다 선행되어야 하는 것이 아이들의 마음을 어루만져 주는 것이구나!' 학생들과 마음이 통하고 나니 없던 힘이 생겨났어요. 아이들의 마음과 눈빛을 기억하는 것이 가르치는 힘의 원천이라는 사실을 깨달았죠.

(6차 내러티브 인터뷰 전사본, 2015. 10. 27)

클리닉으로 하기 싫던 공부도 남아서 하고, 영어단어도 외우고, 처음엔 그 효과를 몰랐어. 이러 거 해 봤자 소용이 없다고 생각하고, 영어단어는 꼼수 써서 외우고 그랬었지. 하지만 그게 아니었어. (중략) 클리닉을 열심히 하다보면, 선생님이 말씀하신대로 효과가 천천히 일어난다는 거야. 지금 내가 이런 말을 할 정도로 뛰어난 놈은 아니지만, 너희들에게 해주고 싶은 말이야. 꼭 기억해 둬.

영어단어도 공부도 꼼수만 부리지 말고 열심히 하는 게 더 좋을 거야! (경기도 지역으로 전학을 간 후에 전교1등을 하여 해외견학의 기회를 갖게 된 한 학생이 후배들을 격려하기 위해 쓴 편지글.

(출처: http://cafe.daum.net/MMLC/99pf/11)

⟨표 2⟩ 학습클리닉 프로그램 참여 학생들의 종단적 추적 결과(2015년 7월 기준)

사례	중2 모의고사 성적	최종 합격 대학교	고등학교 내신 및 전형
학생1	123점/180점 만점	용인대 경찰행정학과	1.2 등급/농어촌특별전형
학생2	93점/180점 만점	용인대 생명과학과	2.3등급/농어촌특별전형
학생3	111점/180점 만점	강남대 중등특수교육학과	1.9등급/일반전형
학생4	94점/180점 만점	전주대 수학교육학과	2.3등급/일반전형
학생5	92점/180점 만점	전북대 목재응용학과	3.4등급/농어촌특별전형
학생6	108점/180점 만점	인하공전 실내건축학과	1.2등급/특성화고전형
학생7	107점/180점 만점	원광대 소방학과	2.4등급/일반전형
학생8	130점/180점 만점	전북대 교육학과	1.4등급/일반전형

이러한 가시적인 학력 향상에도 불구하고, 몇몇 아이들은 여전히 학교공부와는 담을 쌓고 있었다. 남궁윤 교사는 학업에 흥미를 잃고 소일하는 일부 아이들을 보면서 기존의 학력 개념을 새롭게 바라보게 되었다. 그가 생각하기에, 가르침과 배움을 위한 내용과 방식은 학교와 교실, 그리고 교과서에서뿐만 아니라, 우리들의 일상적이고 다양한 삶의 영역에 편재해 있었다. 따라서 그는 학교교육과 지필평가 중심의 학력 개념을 수용하면서도, 학생들의 흥미와 적성을 고려한 다양한 방과후 학습 기회(난타, 나비골프, 승마, 색소폰, 마술, 카누, 제빵, 바리스타, 환경봉사활동 등)도 병행하여 제공하였다. 그는 이러한 학력주의 해체를 통하여 농어촌지역의 학생들이 자신의 삶과 배움을 주도적으로 이끌어 감으로써 '어느 곳에 머물든지 거처하는 곳마다 주인(主人)이 되는' 수처작주(隨處作主)의 교육을 비로소 실현할 수 있게 되었

다. 아래 〈표 2〉에서 확인할 수 있는 바(2010학년도 2학년 대상 종단적 추적 결과)와 같이, 이러한 교육의 효과는 6년이라는 시간이 흐른 지금에서야 서서히 조금씩 나타나고 있었다.

2. 지역공동체 및 학부모와 협업하기: "공동체로서의 좋은 학교 만들기"

일반적으로, 공동체로서의 학교가 유지 및 발전하기 위해서는 교사들의 동료성을 기반으로 한 전문공동체, 학교장의 리더십 등이 도드라진다. 그러나 남궁윤 교사는 '작은' 중학교를 '좋은' 중학교로 전환하는 데 있어서 동료교사와 협력적 관계구축과 학교장의 리더십보다, 지역사회와 학부모의 교육적 역할 및 관계에 주목하였다. 이는 학교교육의 주체로 볼 수 있는 교사와 학교장의 역할을 상대적으로 간과한 것이 아니라, 지역사회와 학부모의 협력 없이는 성공적인 학교를 만들 수 없는 농어촌지역 소규모 학교만의 특수한 교육현실을 반영한 것이다. 남궁윤 교사는 새만금중학교와 지역사회의 경계를 허물어서 '작은' 중학교를 '좋은' 중학교로 만들었고, '작고 좋은' 중학교를 마을공동체와 지역의 주민들에게 되돌려 주고자 하였다. 또한, 그는 농어촌지역의 학부모들을 계몽의 대상이 아니라, 교육의 동반자로 초대함으로써 그들과 함께 작고 좋은 학교를 만들 수 있었다. 보다 자세한 이야기는 다음과 같다.

가. 작은 학교와 지역사회의 경계 허물기:"학교를 마을로 되돌려주기"

마을이 형성되면서 자연스레 학교가 세워지고, 학교가 있어서 마을은 더욱 번창할 수 있다. 이처럼 과거 농어촌지역 작은 학교들은 지역공동체에서 구심점 역할을 수행했다(People for Education, 2005). 마을의 학교는 지역경제의 발전에 꼭 필요했고, 새로운 이주자들을 유인하였으며, 지역주민들의 정주여건을 개선할 수 있는 강력한 요인이었다. 또한, 지역공동체의 크고 작은 일들은 학교를 중심으로 이뤄지기 때문에, 학교가 없는 지역공동체는 지속적으로 존속할 수가 없었다(People for Education, 2005). 그러나 불행하게도, 마을과 학교의 이러한 선순환 관계는 오늘날 우리나라의 농어촌지역 실정과는 거리가 있었다. 남궁윤 교사는 마을이 작아서져 학교가 작아진 현상을 인정하면서도, 동시에 학교가 지역공동체로부터 유리되고, 더 이상 교육의 희망이 없는 곳으로 전락하는 것도 문제라고 생각하였다. 실제로, 학구의 초등학생들 가운데 상당수는 지척에 있는 새만금중학교를 제쳐두고, 전주시내의 중학교로 빠져나갔다. 그들이 새만금중학교를 외면한 것은 학교가 작아서가 아니라, 그곳에 교육적 신뢰와 희망이 존재하지 않았기 때문이다.

이러한 농어촌의 현실을 직시한 그는 새만금중학교와 지역사회의 경계를 허물어서 '작은' 중학교를 '좋은' 중학교로 만들고, '작고 좋은' 중학교를 마을공동체와 지역의 주민들에게 되돌려 주고자 하였다. 이러한 교육적 시도는 타 지역의 아카데미 강좌에 초청되어 난타공연을 하면서 시작되었다. 지역유지들 가운데 한 분은 새만금중학교 난타부의 수준 높은 공연을 관람한 후에, 이렇게 좋은 공연을 왜 마을의 주민들과 공유하지 못하는지에 대해 탄식을 하였던 것이다. 남궁윤 교사는 그때서야 새만금중학교가 지역사회와 분리되어 있음을 자각하게 되었고, 학교의 담장이 생각보다 높다는 사실도 깨닫게 되었다. 그는 지역사회의 일상적인 사건과 삶의 모습들이 학교에서 가르침과 배움에 연결되고, 학교에의 가르침과 배움이 다시

금 지역사회의 유지와 발전에 기여할 수 있는 '공동체로서의 학교(school as community)'를 모색하게 되었다.

그는 새만금중학교를 둘러싸고 있는 지역사회의 다양한 인적 및 물적 자원을 십분 활용하고 연결함으로써 방과후 교육프로그램을 점차적으로 보완하고, 강화할 수 있었다. 예를 들면, 그는 방과후 교육프로그램의 행정적 및 재정적인 안정을 위하여 시청, 정신건강센터, 청소년문화의 집, 지역 자율방범대, 새마을금고, 교회, 그리고 각종 사업장(승마장 등)을 방문하여 지원을 받았다. 자칫 이러한 일들이 물의를 일으킬 수도 있었지만, 대부분의 지역인사들과 기관들은 새만금중학교의 방과후 교육프로그램을 물심양면으로 지지해 주었다. 그는 이처럼 학교의 담장을 낮추는 과정에서 학교의 주변에는 알려지지 않은 교육적 자원들이 풍부하게 편재해 있음을 알게 되었고, 이러한 교육적 자원들을 촘촘하게 네트워킹을 하면 좋은 방과후 교육프로그램을 효율적으로 만들 수 있다는 자신감을 얻게 되었다. 무엇보다, 방과후 교육프로그램을 운영하는 과정에서 가장 어려운 점은 교육프로그램의 지속성을 유지하는 일이었다. 하지만 그는 새만금중학교를 둘러싸고 있는 여러 기관들과 협력적인 관계를 구축함으로써 방과후 교육프로그램의 지속성과 연속성을 강화할 수 있었다. 왜냐하면, 지역사회의 여러 인사들과 기관들은 새만금중학교의 방과후 교육프로그램을 고려하여 차기연도의 사업을 계획하고, 집행했기 때문이다.

우리 아이들 중에는 전문적인 치료와 상담이 필요한 경우도 더러 있었어요. 하지만 내가 전문적인 상담을 하는 데는 한계가 있었죠. 그래서 학교 옆에 있는 정신건강센터 보건선생님께 도움을 요청했어요. 이 분이 예전에 상담과 관련하여 우리학교에 방문한 적이 있었거든요. 이런 인연으로 우리학교와 지역

건강센터가 자매결연을 하였고, 자존감 향상 프로그램과 우울중재 프로그램을 상시적으로 운영할 수 있었어요. 마음의 상처를 안고 있는 아이들이 보건선생님의 전문적인 도움을 받게 된 것이죠. (중략) 그리고 우리 아이들도 정신건강센터에서 주관하는 동아리 경연대회에 참가하여 최우수상과 상금을 받았어요. 학교의 일정상 대회참가가 힘들었지만, 도움을 받은 아이들이 이제는 보건선생님을 돕자고 하더라고요. 아이들은 자신들을 믿어주고, 지지해 준 사람을 그냥 지나치지는 않거든요.

(7차 내러티브 인터뷰 전사본, 2015. 11. 15)

하지만 위와 같은 다양한 교육프로그램은 학교의 담장만 낮춘다고 하여 자동적으로 구성되는 것은 아니었다. 남궁윤 교사는 학교의 방과후 교육프로그램에 도움이 될 수 있는 교육자원을 발굴하기 위하여 동분서주하였으며, 자신의 주말을 반납하면서까지 여러 교육프로그램의 질 관리를 시도하였다. "하늘은 스스로를 돕는 자를 돕는다"고 하였던가? 결국, 새만금중학교가 다양하고 알찬 방과후 교육프로그램을 지속적으로 유지하고 발전할 수 있었던 원동력은 작은 학교를 마을로 되돌리고자 했던 한 현장교사의 강력한 헌신과 열정에서 비롯된 것이었다.

나. 학부모와 함께 작고 좋은 학교 만들기: "계몽의 대상에서 교육의 동반자로"

남궁윤 교사는 농어촌지역에 살고 있는 학부모들은 도시지역의 학부모들에 비해 사회경제적 지위가 낮아서, 자녀교육에 대한 관심도가 그다지 높지 않을 것이라 생각하였다. 또한, 그는 농어촌지역의 학부모들이 사회자본 및 문화자본의 결핍으로 인하여 학교교육에 대한 이해도가 낮기 때문에, 그들을 계몽의 대상으로 간주하였다. 그러나 새만금중학교에 만난 학부모들은 교사로서의 이러한 편견과 선입견을 산산조각 내어버렸다. 농어촌지역의 학부모들은 도시지역의 학부모들만큼이나 자녀교육에 관심이 높았고, 농어촌지역 소규모 중등학교의 기존 교육방식에 대하여 불신의 칼날을 세우고 있었다. 그들은 농어촌지역의 학교와 교사를 신뢰해서 새만금중학교에 아이들을 보낸 것이 아니라, 현실적인 문제로 차선의 선택을 하고 있었던 것이다. 이러한 현상은 마치 아이를 학교라는 중간지점에 두고, 교사와 학부모가 동상이몽을 하는 것과 유사하였다. 남궁윤 교사는 이러한 교육현실을 타계하기 위해 학부모들을 계몽의 대상이 아니라, 교육의 동반자로 초대하고, 그들과 함께 작고 좋은 중학교를 만들기로 결심하였다.

방과후 교육프로그램을 시작한지 2년이 지나자, 학부모들이 학교교육에 관심을 가지기 시작했다. 학생들의 부모들 혹은 조부모들은 감사의 표시로 그들이 경작한 콩이나 보리를 학교에 내놓기도 했고, 자가용으로 야간 통학지원을 하였으며, 학습클리닉 학부모회를 결성하여 교사들의 역할을 대신하기 시작하였다. 그리고 방과후 교육프로그램이 3년차에 접어들자, 학부모들은 어느새 교사들의 교육적 동반자가 되어있었다. 특히, 여러 학부모들의 자의에 의해 결성된 학부모 네트워크는 학교교육과 교사를 보조하는 차원을 넘어서서, 단위학교의 중요한 교육행사를 기획하고, 주도하는 협력적 파트너로 성장하였다. 이는 교사중심의 학교운영에서 비롯될 수 있는 교육적 문제와 한계를 최소화함으로써 학교교육의 민주성과 책무성 그리고 신뢰성을 강화하였다. 학부모들이 학교와 교사들을 서서히 신뢰하게 되면서 교사와 부모 사이에 있는 아이들은 교육적 성장을 거듭할 수 있었다. 결국, 작은 학교는 교사의 진정성과 학부모의 신뢰를 연결하는 다리가 되었던 것이다.

그가 학부모들을 교육적 동반자로 인정할 수 있었던 이유는 방과후 교육프로그램에서 그들의 교육적 역할이 무엇보다도 소중했기 때문이다. 학부모들은 때로는 자신들의 삶을 지탱하기도 힘든 존재임에도 불구하고, 자녀들의 교육을 위해 언제든지 헌신할 수 있는 마음의 준비가 되어 있었다. 특히, 방과후 교육프로그램의 연장선에서 체험학습을 떠나거나 축제를 준비할 때 학부모들은 큰 힘이 되었다. 그들은 자신들이 살고 있는 마을의 인적 및 물적 자원을 적극적으로 활용하여 교사와 학교를 지원하고, 각자의 강점과 장점을 공유하였다. 이때, 작은 학교는 교사와 학부모, 그리고 학부모들 사이의 유대감과 연대감을 형성하는 데 결정적인 역할을 하였다. 즉, 새만금중학교의 학부모들은 교사들과 함께 학교교육에 깊숙이 관여하게 됨으로써 학교에 대한 강력한 소유의식(ownership)을 갖게 되었고, 학교교육의 또 다른 주체가 되었다.

> 4년차(2013년도)에 접어든 어느 늦가을에 학부모들이 학교에 찾아왔어요. 학부모들 가운데 한 분이 학교 축제 때 캠프파이어를 해보자고 제안을 했어요. 그런데 방법이 너무나 특이하더라고요. 자기 집에 있는 콩대 다발로 불을 피우고, 감자와 고구마를 구워먹자고 제안을 하는 겁니다. 그리고 옆에 있는 학교운영위원장이 콩대를 대신 날라주겠다고 자원을 하는 겁니다. 솔직히, 장작이 아닌데 가능할지 의심스러웠어요. 근데 웬걸요. 콩대의 화력이 생각보다 대단하더라고요. 나로서는 도무지 상상할 수도 없는 삶의 지혜가 학부모들로부터 나오는 것을 보고 감탄했어요. 이 때 학부모의 역할에 대해 다시 생각하게 되었어요.
>
> (9차 내러티브 인터뷰 전사본, 2016. 01. 10)

V. 나가며

결론에서는 지금까지의 연구결과에 기초하여 농어촌지역 소규모 중학교의 교육적 가능성을 구체화하기 위한 몇 가지 시사점과 아이디어를 제시하고자 한다. 첫째, 농어촌지역의 소규모 중학교는 학생들의 다양한 교육적 요구나 학구의 지역적인 특징을 반영할 수 있는 맞춤형 교육과정이나 교육프로그램을 디자인하고 실행함으로써 학생들의 전인적 성장과 발달을 도모할 수 있다. 즉, 학교의 작은 규모는 교사들이 개별 학생들의 가정환경과 학업수준 그리고 다양한 소질과 특성을 파악하는 데 유리한 요소로 작용할 수 있으며, 이는 교육적 타당성과 적합성이 높은 교육과정과 교육프로그램을 마련할 수 있는 물리적 토대를 제공한다. 따라서 소규모 학교를 활성화하고자 하는 교육자들은 해당 단위학교 학생들의 특성과 학구의 지역적인 특징을 세밀하게 파악한 연후에 적합성과 타당성이 높은 특색 있는 교육과정을 디자인하고 실행해야 할 것이다. 이러한 맥락에서, 이 연구의 결과는 농어촌지역의 소규모 학교를 활성화하기 위하여 어떠한 차별적인 교육프로그램을 계획하고, 실행할 것인지에 대한 사례를 제시하였다고 볼 수 있다.

한편, 이 연구의 결과에서 확인할 수 있는 바와 같이, 한 현장교사에 의해 기획된 교육프로그램은 외부의 환경과 타자들로부터 고립되거나 고정되어 있는 것이 아니라, 정기적이고 자발적인 프로그램 평가와 기관평가를 통하여 지속적으로 변화 및 발전하였다. 따라서 농어촌지역의 소규모 학교를 활성화하기 위한 특색이 있는 교육과정은 탈맥락적인 상황과 조건에 머물러 있는 실체(being)가 아니라, 학교 구성원들의 다양한 요구와 지역사회의 맥락과 조건에 끊임없이 조응할 수 있는 되어감의 실체(becoming)가 되어야 할 것이다. 이때, 학교 구성원들의 자발적이고 주도적인 프로그램 평가와 기관평가는 되어감의 실체로서의 교육과정이나 교육프로그램을 개선하는 데 유용한 도구가 될 수 있을 것이다. 또한, 농어촌지역의 소규모 학교를 활성화하기 위한 교육과정이나 프로그램은 특정한 교사에 의해 기획되고 실행되기 보다는, 학교교육을 둘러싼 여러 구성원들의 적극적인 참여와 합의, 그리고 협력에 기초하여 주도면밀하게 실행되어야 할 것이다.

둘째, 농어촌지역 소규모 학교는 학력저하의 요인이 아니라, 오히려 학생들의 학업성취도를 향상시킬 수 있는 최적의 환경을 제공할 수도 있다. 학교의 규모가 작을수록 학력이 저하되는 통계자료는 농어촌지역의 작은 학교에 어떠한 학부모들이 살고 있고, 어느 정도의 학력을 지닌 학생늘이 입학하는지를 간과하고 있는 것이다. 만일, 농어촌지역의 소규모 학교를 다니고 있는 학생들이 대규모 학교로 전학을 간다면, 그들의 학업성취도는 현재의 학업성취도보다 향상될 수 있을까? 이러한 물음에 대한 대답은 대도시의 거대학교로 전학한 학생들의 학업성취도를 통하여 간접적으로 확인할 수 있다. 거대학교는 기초 및 교과학습부진학생들을 지도하기 위해 별도의 시간과 공간, 그리고 교육프로그램을 마련하고, 개별 학생들을 대상으로 수준별 밀착지도를 한다. 그러나 부진학생의 구제를 위한 대규모 학교에서의 이러한 교수학습 형태는 농어촌지역 소규모 학교에서의 일상적인 교실수업 장면과 크게 다르지 않다. 이러한 맥락에서, 농어촌지역의 소규모 학교는 맞춤형 개별학습을 통하여 학생들의 학업성취도를 향상시킬 수 있는 절호의 기회일 수도 있다. 또한, 농어촌지역의 소규모 학교는 학생들의 다양한 적성과 소질을 고려한 방과후 교육프로그램을 통하여 기존 학력주의 담론의 한계를 극복하고, 인성 함양과 학력 향상이라는 두 마리의 토끼를 동시에 잡을 수 있는 묘수(妙手)가 될 수 있다.

셋째, 학교와 지역사회의 연대 및 협력은 '관료제로서의 학교'가 '공동체로서의 학교'로 변모하는 데 중요한 요소로 작용한다(Sergiovanni, 1994). 도시지역의 대규모 학교와는 달리, 농어촌지역의 소규모 학교에서는 마을 혹은 지역공동체와의 교육적 연대와 협력이 상대적으로 수월한 편이다. 왜냐하면, 농어촌지역의 주민들은 대체로 강력한 애향심과 애교심을 공유하기 때문이다. 학교와 지역사회의 이러한 공생관계는 마치 잇몸과 이의 관계와도 유사하다. 잇몸이 튼튼해야 이를 지탱할 수 있듯이, 지역사회가 튼실해야 학교가 유지 및 발전할 수 있다. 그러나 산업화 및 지식정보화 사회로의 이행으로 인해 지역사회와 학교의 이러한 선순환적인 관계는 갈수록 약화되고 있다. 역으로, 우리는 이제 지역사회와 함께 호흡하는 공동체로서의 학교를 만듦으로써 학교와 지역사회의 선순환적인 관계를 새롭게 복원할 필요가 있다. 즉, 우리는 '작은' 학교를 '좋은' 학교로 전환함으로써 농어촌지역의 소규모 학교가 지역사회를 지탱하는 구심점이 되게 해야 할 것이다.

마지막으로, 농어촌지역 소규모 학교는 학부모들의 교육적 참여와 관여를 이끌어 내는 데 용이하다. 학부모들은 작은 학교의 빠른 변화가능성을 통하여 학교와 교사를 신뢰하고, 자녀의 교육과 미래에 대한 새로운 희망을 품을 수 있다. 특히, 소규모 학교의 학부모들은 교사들과 함께 학교의 교육과정을 디자인하고 실행함으로써 학교교육의 또 다른 주체로 거듭나는 것이 중요하다. 왜냐하면, 농어촌지역의 소규모 학교에서 학부모는 교사와 함께 학교교육을 책임지는 한 쪽의 날개이기 때문이다. 만일, 농어촌지역의 학부모들이 교사와 함께 소규모 학교의 운영주체가 될 수만 있다면, 교사들이 떠날지라도 '작고 좋은' 학교는 지속적으로 유지 및 발전할 수 있을 것이다.

참고문헌

- 김병찬·김정희(2005) 농어촌 중등학교 교원들의 교사 직무에 대한 인식 연구. 한국교원 교육연구, 22(3), 5-26.
- 김춘진(2010) 공교육의 새로운 모델: 소규모 공동체 학교. 2010 국정감사 정책 자료집.
- 박계식(2007) 교육공동체의 자율과 참여를 통한 소규모 학교 발전 가능성 탐색: 충남 아산 거산초등학교 폐교위기 극복사례를 중심으로. 한국교원대학교 교육정책대학원 석사학위논문.
- 박삼철(2008) 농산어촌우수고 사업평가: 의의, 문제점 및 과제. 한국교육, 35(2), 173-193.
- 박삼철(2012) 극소규모 학교 통폐합 정책의 대안 탐색. 교육행정학연구, 30(4), 103-122.
- 박성혁(2009) 농어촌 지역 교육력 제고 방안에 관한 사례 연구: 순창군의 사례를 중심으로. 시민교육연구, 41(3), 51-72.
- 박승배(2014) 폐교위기를 극복한 농촌의 한 작은 학교에 대한 질적 연구. 교육종합연구, 12(2), 79-102.
- 양병찬(2008) 농촌 학교와 지역의 협력을 통한 지역교육공동체 형성: 충남 홍동 지역 '풀무교육공동체' 사례를 중심으로. 평생교육학연구, 14(3), 129-151.
- 이동성(2015) 한 소규모 초등학교의 성공사례 분석연구. 초등교육연구, 26(1), 351-370.
- 이두휴(2004) 농어촌지역 학교의 교직문화 연구. 교육사회학연구, 14(1), 69-99.
- 이인회·권혁진·현길아(2015) 농어촌학교 연구동향 분석. 열린교육연구, 23(3), 409-433.
- 이정훈(2003) 학습공동체로서의 작은 학교 운동에 관한 연구 분석. 초등교육연구, 16(1), 23-43.
- 이태상(2007) 농어촌지역 초등학교단위 교원 연수 교육요구도 분석. 한국지역생활과학회지, 18(2), 301-311.
- 이혜정(2012) 농산촌 지역 작은 초등학교 활성화 방안 탐색. 교육종합연구, 10(2), 285-308.
- 전라북도교육청(2015) 2015 어울림학교 선정교 관리자 역량강화 연수 자료.
- 정광주(2009) 농어촌지역 전문계 고등학교에 근무하는 여교사의 생애사 연구. 한국교원교육연구, 26(1), 403-425.
- 정민석(2014) '농어촌 작은 학교' 정책의 비일관성에 따른 갈등 원인 분석: 적정규모육성(통폐합)정책과 교육복지(육성)정책을 중심으로. 한국갈등관리연구, 1(1), 183-199.
- 정일환(2005) 농어촌 소규모 학교의 자율적 운영 제고를 위한 학교공동체의 활성화 방안. 한국정책과학학회보, 9(2), 225-249.
- 정일환·김병찬(2006) 농어촌 소규모 학교 교원자격 기준 개발 연구. 한국교원교육연구, 23(2), 285-302.
- 진동섭 외(2014) 학교 변화의 새로운 요인 탐색: 폐교 위기를 극복한 J초등학교 D분교 사례를 중심으로. 한국교원교육연구, 31(2), 345-371.
- 최준렬(2008a) 농산어촌교육 재정지원정책 분석. 교육재정경제연구, 17(2), 139-159.

- 최준렬(2008b) 농산어촌 소규모 학교 정책 분석. 지방교육경영, 13, 44-64.
- 허숙(2003) 학교규모와 학업성취의 관계: 적정 학교규모의 탐색. 한국교원교육연구, 20(3), 337-358.
- 佐藤 學(2000) 손우정 역(2006) 수업이 바뀌면 학교가 바뀐다. 서울: 에듀케어.
- Abdulkadiroglu, A. Hu, W., & Pathak, P. A.(2013) Small high schools and student achievement: Lottery-based evidence from New York City. National Bureau of Economic Research.
- Adriansen, H. K.(2012) Timeline interviews: A tool for conducting life history research. Qualitative studies, 3(1), 40-55.
- Archibald, S. (2006) Narrowing in on educational resources that do affect student achievement. Peabody Journal of Education, 81(4), 23-42.
- Cobbold, T.(2006) The interaction of school size and socio-economic status on student performance. Save Our Schools, October. Available at: http://www.sos-canberra.com.
- Cole, A. L. & Knowles, J. G.(2001) Lives in context: The art of life history research. NY: AltaMira Press.
- Cotton, K. (1996) School size, school climate, and student performance. Portland, Ore.: Northwest Regional Educational Laboratory.
- Cotton, K. (2001) New small learning communities: Findings from recent literature. Northwest Regional Educational Laboratory, Portland, Oregon.
- Dollard, J. (1935) Criteria for the life history: With analyses of six notable documents. Yale University Press.
- Darling-Hammond, L.(2012) Redesigning high schools: What matters and what works. School Redesign Network.
- Darling-Hammond, L. Ancess, J. & Ort, S. W.(2002) Reinventing high school: Outcomes of the Coalition Campus School Project. American Educational Research Journal, 39(3), 639-673.
- Dhunpath, R. & Samuel, M. (Eds.).(2009) Life history research: Epistemology, methodology and representation. Sense Publishers.
- Finn, B. J.(2002) Small classes in American schools: Research, practice, and politics. Mid-Western Educational Researcher, 5(1), 19-25.
- Hylden, J.(2005). What's so big about small schools? the case for small schools: Nationwide and in North Dakota. PEPG 05-05. Program on Education Policy and Governance.
- Howley, C.(1989) Synthesis of the effects of school and district size: What research says about achievement in small schools and school districts. Journal of Rural and

Small Schools, 4(1), 2-12.

- Howley, C.(2002) Small schools. In Molnar, A. (Ed). School reform proposals: The research evidence. Education Policy Studies Laboratory, College of Education, Arizona Sate University.
- Jimerson, L.(2006) The hobbit effect: Why small works in public schools. Rural trust policy brief series on public education. Arlington, VA: Rural School and Community Trust.
- Kouritzin, S. G.(2000) Bringing life to research: Life history research and ESL. Tesl Canada Journal/Review Tesl Du Canada, 17(2), 1-35.
- Kuziemko, I. 2006) Using shocks to school enrollment to estimate the effect of school size on student achievement. Economics of Education Review, 25(1), 63-75.
- Lee, V. E. & Smith, J. B.(1996) High school size: Which works best, and for whom? Paper presented at the Annual Meeting of the American Educatioanal Research Association, New York.
- Leithwood, K. & Jantzi, D.(2009) A review of empirical evidence about school size effects: A policy perspective. Review of Educational Research, 79(1), 464-490.
- Lieblich, A. Truval-Mashiach, R., & Zilber, T.(1998) Narrative research: Reading, analysis and interpretation. Thousand Oaks, CA: Sage Publications.
- Measor, L. & Sikes, P.(1992) Visiting lives: Ethics and methodology in life history. In I. F. Goodson(Ed). Studying teachers' lives (pp. 209-233). Routledge.
- Meier, D.(1996) The big benefits of smallness. Educational Leadership, 54(1), 12-15.
- Nathan, J. & Thao, K.(2007) Smaller, safer, saner successful schools. Minneapolis: Center for School Change, Hubert H. Humphrey Institute of Public Affairs.
- Oxley, D.(2007) Small learning communities: Implementing and deepening practice. Northwest Regional Educational Laboratory. Portland Oregon.
- People for Education(2005) Ontario's small schools. Toronto, Ontario. Available at: http://www.peopleforeducation.com.
- Runyan, W. M.(1984) Life histories and psychobiography: Explorations in theory and method. New York & Oxford: Oxford University Press.
- Salda'a, J.(2009) The coding manual for qualitative researchers. SAGE Publications Ltd.
- Sergiovanni, T.(1994) Building community in schools. San Francisco: Jossey-Bass Publishers.
- Shakrani, S.(2008) A big idea: Smaller high schools. Education Policy Center, Michigan State University.
- Stevens, N. & Peltier, G. L.(1994) A review of research on small-school student

participation in extracurricular activities. Journal of Research in Rural Education, 10(2), 116-120.

- Thorkildsen, R. & Stein, M. R.(1998) Is parent involvement related student achievement?: Exploring the evidence. Phi Delta Kappa Research Bulletin, 22.

- Wicks, A. & Whiteford, G.(2006) Conceptual and practical issues in qualitative research: Reflections on a life history study. Scandinavian Journal of Occupational Therapy, 13(2), 94-100.

- Witz, K.(2006) The participant as ally and essentialist portraiture. Qualitative Inquiry, 12, 246-268.

제3부

작은 학교에서

희망을 노래하는 사람들

농어촌지역 작은 학교는 마을의 유지와 발전을 위한 사회자본으로 중요한 역할을 수행할 수 있다. 또한, 작은 학교는 규모의 경제논리에는 취약하지만, 교육의 논리에서는 가능성을 지니고 있다. 그렇다면, 우리는 작은 학교의 기능을 극대화하고, 그것의 교육적 가능성을 최대화하기 위해 어떠한 노력을 해야 하는가? 그리고 우리는 이러한 물음에 답하기 위해 어디에 방점을 두어야 하는가? 저자의 관점에서 볼 때, 역시 사람이 먼저이다. 즉, 농어촌지역 작은 학교에서 일상을 살아내고 있는 교직원들이 바로 희망인 셈이다. 따라서 제3부에서는 작은 학교에서 희망을 노래하는 사람들의 교육 이야기를 제시하고자 한다.

우선, 제3부 7장에서는 한 소규모 초등학교의 교직원들이 교사교육자(저자)와 함께 자기반성적인 글쓰기와 컨퍼런스를 통해 농어촌지역의 작은 학교를 혁신해 가는 과정을 이야기하고자 한다. 학교에서 일상을 살아내는 교직원들은 모두가 철학자이자 질적 연구자일지도 모른다. 왜냐하면, 학교의 구성원들은 끊임없이 교육장면을 참여관찰하고, 학생들과 상호작용을 하기 때문이다. 하지만 교직원들이 오랜 참여관찰과 대화시를 시도할지라도, 그러한 경험이 곧바로 성찰이나 학습으로 직결되지는 않는다. 저자의 생각에 따르면, 교직원들의 성찰과 학습을 촉진할 수 있는 효과적인 방법은 글쓰기이다. 특히, 자신의 교육적 삶과 기억에 대한 자기반성적 글쓰기는 일상적 삶의 의미를 해석하는 데 유용하다. 또한, 학교의 구성원들이 자신들이 자기반성적 글쓰기를 매개로 하여 집단적인 대화를 나누는 컨퍼런스도 교직원들의 협력과 이해를 이끌어 내는 데 효과적이다. 작은 학교는 교직원들의 이러한 자기반성적 글쓰기와 컨퍼런스를 실천하는 데 적합한 물리적 및 심리적 환경을 제공한다. 독자들은 7장을 통하여 작은 학교가 교직원들의 삶을 읽고, 쓰고, 대화하는 데 얼마나 적합한 곳인지를 이해할 수 있을 것이다.

한편, 8장에서는 농어촌지역 작은 학교의 지속가능한 발전을 위해 학교장이 무엇을, 어떻게 해야 하는지를 이야기할 것이다. 작은 학교의 희망과 관련하여, 우리는 왜 학교장의 정체성과 역할에 주목하는가? 현실적으로, 제도적 기관으로서의 작은 학교는 교장에 따라 부침을 거듭할 수 있다. 그 예로, 좋은 학교장이 부임하면, 작은 학교가 어느새 좋은 학교로 변화하는 장면을 목격할 수 있다. 이러한 맥락에서 작은 학교의 지속가능한 발전을 위해 학교장이 어떠한 정체성과 역할을 구성하는지에 주목할 필요가 있다. 특히, 8장에서는 학교자치를 실현하기 위한 학교장의 정체성과 역할을 생애사 연구방법을 통해 논의할 것이다.

제7장

교직원들의 자기반성적 글쓰기와 컨퍼런스
"삶 읽기와 글쓰기, 그리고 대화"

이 글의 출처는 "이동성(2017). 한 소규모 초등학교 교원들의 자기반성적 글쓰기와 컨퍼런스의 교육적 가능성에 대한 질적 사례연구. 초등교육연구, 30(3), 71-95"임을 밝힙니다.

Ⅰ. 들어가며

농어촌지역 소규모 초등학교를 되살리기 위해서는 교원들의 역할이 무엇보다 중요하다. 즉, 교원들은 농어촌지역 소규모 초등학교의 부활을 위한 최후의 보루이자 방아쇠 역할을 수행한다. 그러나 불행히도, 오늘날 농어촌지역의 모든 교원들이 이러한 역할을 자각하고 있다고 단언할 수 없다. 왜냐하면, 교원들이 이러한 자각에 도달하기 위해서는 비판적 성찰이 필요하기 때문이다. 자기 검토 및 자기 평가의 과정인 비판적 성찰은 교원들의 전문적 성장을 족진하고 교수적 실천을 개선하는 데 효과적이다(Lakshmi, 2014: 189; Shandomo, 2010: 103). 왜냐하면, 교원들은 비판적 성찰을 통해 자아와 타자, 그리고 대상세계와 관련이 있는 자신의 교수 경험, 가치, 신념, 지식 등을 새롭게 재검토할 수 있기 때문이다. 즉, 성인 학습자인 교원은 비판적 성찰을 통해 자신의 교육적 행위를 이끄는 전제와 가정을 명료화할 수 있으며, 특정한 전제와 가정의 역사적 및 문화적 기원을 파헤침으로써 그러한 전제의 의미에 대한 의문을 제기하고, 대안적인 행위 방식을 모색할 수 있다(Shandomo, 2010: 101). 또한, 교원들은 비판적 성찰을 통해 현재 압도적으로 우위를 점하고 있는 사회적, 정치적, 문화적, 전문적 행위 방식에 도

전함으로써 일상적인 교육실천을 개선하기 위한 지식을 창조하고, 반성적 실천을 도모할 수 있다(Brookfield, 1995).

비판적 성찰에서 비롯된 반성적 실천은 최근 교사교육 분야에서 강조하고 있는 주요한 개념 가운데 하나이다(김순희, 2009; Elliott-Johns, 2014). 반성적 실천은 사고와 행위의 대화이며, 지속적인 학습과 개선을 위한 개인적인 헌신이자, 전문적인 실천을 위한 교원으로서의 책무를 기꺼이 수용하려는 의지로 볼 수 있다(Jones, 2014: 3). 반성적 실천가로서의 교원은 비판적 탐구나 메타인지 등과 같은 고등사고능력을 발휘함으로써 특정한 행동과 사건의 이해를 위한 사회문화적 맥락(교수법, 교육과정, 학교교육을 둘러싼 지적, 사회적, 윤리적 맥락 등)을 포착할 수 있다(Hatton & Smith, 1995; Cole & Knowles, 2000). 또한, 반성적 실천가로서의 교원은 자신의 경험에 대하여 성찰하고 배우며, 지속적인 탐구를 시도하고, 대안적인 관점과 지식, 이해방식에 열린 태도를 보이며, 사고의 과정에서 자신을 발견한다(Larrivee, 2009).

우리나라는 학교 교원들로부터 이러한 자기반성적 실천을 이끌어내기 위하여 수업장학 및 수업평가, 수업컨설팅, 실행연구, 수업비평 등의 제도적 및 대안적 접근을 지속적으로 시도하였다(김순희, 2009). 하지만 김순희 (2009)의 연구결과에서 확인할 수 있는 것처럼, 수업장학과 수업평가는 교원들의 능동성과 상호협력을 이끌어 내는 데 제한적이며(김순희, 2009), 수업컨설팅, 실행연구, 수업비평 등의 대안적 접근은 실제적인 운영 및 현실적인 적용 측면에서 여전히 한계를 노정하였다(김순희, 2009). 이러한 맥락에서 최근에는 교원들을 대상으로 한 교사교육에서 새로운 자각과 경험, 그리고 반성적인 리더십을 개발하기 위한 도구로써 자기반성적 글쓰기와 컨퍼런스(conference)가 새로운 대안으로 급부상하고 있다(G ker, 2016: 64).

교원의 능동성과 상호협력을 강조하는 자기반성적 글쓰기와 컨퍼런스는 성찰과 탐구를 할 수 있는 문서를 제공하고, 교수적인 관심과 실천에 대한 상이한 접근과 분석을 가능케 하며, 자기 연구와 협력적 연구를 촉진하고, 교원의 전문적 발달과 평생교육을 위한 자원이 될 수 있다(Burton, 2009: 9; Watson, 2010: 11). 특히, 자기 자신을 글쓰기의 대상으로 삼는 자기반성적 글쓰기는 반성적 실천을 유도하기 위한 적절한 수단이 될 수 있다(Bullough & Pinnegar, 2001; Knowles & Holt-Reynolds, 1991). 왜냐하면, 자신을 글감으로 삼는 자기반성적 글쓰기는 교원의 자아를 보다 넓은 사회경제적, 정치적, 역사적 맥락 및 조건에 연결함으로써 자신의 교육적 신념과 가치에 대한 자기이해를 촉발하고, 교육적 실천을 개선하는 데 유용하기 때문이다(이혁규, 2012; Bullough & Pinnegar, 2001; Chang, 2008). 이러한 이유에서, 개인적인 교육 이야기를 사회문화적 맥락과 조건에 연결하는 자기반성적 글쓰기는 교원의 전문성 신장을 위한 연구방법으로 각광을 받고 있다(Chang, 2008).

한편, 교원들의 자기반성적 글쓰기에 대한 국내외 선행연구들(이동성, 2013; 이정아, 2010; Elliott-Johns, 2014; G'ker, 2016; McCallum, 2013; Knowles & Holt-Reynolds, 1991; Shandomo, 2010; Walker, 2006; Watson, 2010)은 주로 교사교육자나 예비교사들의 글쓰기로 한정되었으며, 저널 쓰기가 대부분이었다. 또한, 교원의 자기반성적 글쓰기에 대한 선행연구는 예비교사들의 현장실습, 교원양성 대학의 교육과정과 수업에 주목하였고(이동성, 2013), 반성적 저널의 유형과 성찰의 수준을 가늠하는 데 머물러 있었다(G ker, 2016).

이러한 국내외 연구동향은 단위학교 기반의 자기반성적 글쓰기가 교원들의 실제적인 전문성 신장 및 학교교육의 개선과 관련하여 어떠한 교육적 가능성이 있는지를 해명하는 데 제한적이었다. 또한, 반성적 글쓰기에 대한 국내외 선행연구는 주로 개별 저널의 유형과 성찰의 수준 분석에 주목함으로써 자기반성적 글쓰기를 집단적으로 표현하고, 공유할 수 있는 협의의 장을 마련하지 못하였다. 단위학교 교원들의 반성적 실천을 촉발하기 위해서는 자기반성적인 글쓰기뿐만 아니라, 그것을 동료들과 한자리에서 대화하고 공유할 수 있는 추가적인 컨퍼런스와 교사교육자의 피드백도 아울러 중요하다(이정아, 2010: 379). 즉, 단위학교의 교원들은 자기반성적 글쓰기 자료에 기초한 컨퍼런스를 통해 집단지성의 장을 마련할 수 있으며, 교사교육자의 전문적인 코칭을 통해 자기반성적 글쓰기의 효과를 배가시킬 수 있다. 특히, 소규모 초등학교(전교생 60명 미만, 6학급 이하의 작은 학교)는 도심지역의 거대학교에서와는 달리, 단위학교의 모든 교원들(8명~9명)이 한자리에 모여 제한된 시간(2시간 전후) 안에 자기반성적인 글을 발표하고, 공유할 수 있는 물리적 환경을 제공하는 측면에서 제도적 장점을 갖고 있다.

따라서 이 연구는 농어촌지역 한 소규모 초등학교 교원들(교장, 교감, 부장교사, 평교사)의 반성적 글쓰기 및 컨퍼런스 참여경험 사례를 해석적으로 분석함으로써 소규모 단위학교의 이해와 개선을 위한 자기반성적 글쓰기와 컨퍼런스의 교육적 가능성을 탐색하고자 한다. 이러한 연구목적을 달성하기 위한 연구 질문은 다음과 같다. "지사초등학교의 교원들은 1년 동안의 자기반성적인 글쓰기와 컨퍼런스를 통하여 어떠한 교육적 가능성을 발견하였는가?" 이 연구의 결과는 소규모 단위학교 교원들의 자기반성적 글쓰기와 컨퍼런스의 교육적 가능성을 조명함으로써 교원의 전문성 신장과 소규모 초등학교의 개선을 위한 실천적 단초를 제공할 것이다.

II. 전문성 신장과 학교개선을 위한 자기반성적 글쓰기

자기반성적 글쓰기의 유형 및 방법으로는 온라인을 통한 개인적 저널쓰기(McCallum, 2013), 반성적 저널쓰기(Watson, 2010), 집단적(소집단) 저널쓰기(Trites, 2009), 자서전적 글쓰기(Romero, 2009; Knowles & Holt-Reynolds, 1991), 내러티브에 기초한 글쓰기(Casey, 1995), 자기-연구(Bullough & Pinnegar, 2001) 및 자문화기술적 글쓰기(Chang, 2008) 등이 있다(Burton, et al., 2009: iv; McCallum, 2013: 24). 특히, 자서전, 자기-연구, 자문화기술지에 기초한 자기반성적 글쓰기는 교원의 교육적 탐구를 위한 강력한 도구가 될 수 있다(Bullough & Pinnegar, 2001; Knowles & Holt-Reynolds, 1991). 즉, 교원들은 자아를 중심으로 한 자기반성적 글쓰기를 분석하고, 해석하며, 대화함으로써 일상의 실천과 동기, 관점, 신념을 재고할 수 있다(Bailey et al., 1996). 또한, 자아를 중심으로 하는 자기반성적 글쓰기는 개인적인 차원뿐만 아니라, 사회적 및 집단적인 수준에서도 활용가능하기 때문에 소집단 단위에서도 사용할 수 있으며, 추가적으로 협력적 대화(conference)를 통하여 느슨하면서도 강력한 학습공동체를 형성할 수 있다(Burton, 2009; Hawkins & Irujo, 2004;

Zeichner & Liston, 1996).

자기반성적 글쓰기는 내가 누구이고, 나는 무엇을 하는지를 자문하기 때문에 대단히 고통스럽고, 감성적이며, 미학적인 노동이다(Kamler & Thomson, 2006: 4). 이러한 맥락에서 Bullough & Pinnegar(2001)의 자기반성적 글쓰기(자서전 혹은 자문화기술지 쓰기) 지침은 주목할 만한 가치가 있다. 첫째, 저자인 교원은 자신의 전문적 성장과 동료들의 교수적인 난점 및 딜레마를 연결하기 위하여 매력적으로 글을 써야 한다. 둘째, 교원은 자기반성적인 글쓰기를 시도할 때, 결정적이고 문제적인 상황에 주목하여 통찰과 해석을 기술해야 한다. 셋째, 교원은 최대한으로 정직하게 사건과 사실을 기술하고, 자신의 편견과 선입견을 용기 있게 드러내어야 한다. 넷째, 교원은 교수학습과 관련한 이슈에 집중하고, 제기된 교육적 딜레마에 대한 해법에 주목해야 한다. 다섯째, 교원은 자기반성적 글쓰기를 할 때, 자신보다는 타자들의 학습에 관심을 기울이고, 연대기적 글쓰기와 같은 방법을 통해 간결하게 글을 써야 한다. 마지막으로, 교원은 특수한 장면이나 드라마틱한 상황에 주의를 기울이고, 실제적인 교수적 결점이나 어려움에 대하여 신선한 관점을 솔직하게 서술해야 한다(Bullough & Pinnegar, 2001; Burton, et al., 2009). 이 글의 저자는 이와 같은 Bullough & Pinnegar(2001)의 자기반성적 글쓰기 지침에 따라 지사초등학교 교원들의 자기반성적인 글쓰기를 지도 및 안내하였다.

한편, 교원의 전문성 신장을 위한 자기반성적 글쓰기 관련 국내외 선행연구(이동성, 2013; 이정아, 2010; Elliott-Johns, 2014; G ker, 2016; McCallum, 2013; Knowles & Holt-Reynolds, 1991; Shandomo, 2010; Walker, 2006; Watson, 2010)는 주로 대학의 교사교육자나 예비교사들로 한정되어 있었으며, 저널 쓰기를 중심으로 교수·학습과 평가방식을 개선하고자 하였다. 즉, 자기반성적 글쓰기에 대한 국내외 선행연구는 교사교육자나 예비교사들의 현장실습, 정규 교육과정과 수업, 현장수업을 주요한 연구대상으로 설정하였는데(이동성, 2013), 주로 반성적 저널 쓰기의 유형과 그에 따른 반성적 성찰의 수준을 분석하였다(G ker, 2016). 그러나 이러한 국내외 연구동향은 자기반성적 글쓰기가 단위학교 교원들의 실제적인 교육실천 및 개선과 어떻게 연결되는지를 해명하는 데 제한적이었다.

이러한 맥락에서 남미자 외(2014)의 연구결과는 이 연구의 목적에 시사하는 바가 크다. 그들의 연구결과에 따르면, 현장교사들(초·중·고등학교 교사 39명)은 자기반성적 글쓰기를 통해 배움 중심 수업의 의미와 특징을 포착할 수 있었다. 또한, 현장교사들은 자기반성적 글쓰기에 기초한 성찰을 통하여 자신들의 교수적 삶을 되돌아보게 되었고, 학생들과 함께 성장할 수 있는 기회를 얻게 되었다(남미자 외, 2014: 60). 이 선행연구는 학교에 근무하고 있는 현장교사들이 자기반성적인 글쓰기를 통해 교실수업에 대한 교육적 통찰을 확장한 측면에서 연구의 가치가 높다. 그러나 이러한 학술적 유용함에도 불구하고, 이 연구는 다음과 같은 한계점을 지니고 있었다. 첫째, 그들의 연구는 단위학교 기반의 지속적인 연구가 아니었으며, '배움 중심 수업'이라는 특정한 주제에 한정하였다. 둘째, 이 연구는 연구대상을 현장교사들로 제한함으로써 단위학교 운영의 또 다른 주체인 교감 및 교장의 이야기를 포괄하는 데 제한적이었다. 셋째, 그들의 연구는 자기반성적 글쓰기의 교육적 가능성에는 주목하였으나, 이러한 자기반성적 글쓰기를 기초로 한 컨퍼런스의 교육적 가능성에 주목하지 못한 한계가 있었다. 따라서 이 글은 한 소규모 초등학교 교원들의 반성적 글쓰기와 연속적인 컨퍼런스 참여 경험을 해석적으로 분석함으로써 자기반성적 글쓰기 및 컨퍼런스의 교육적 가능성을 조명하고자 한다.

Ⅲ. 연구방법

1. 연구의 배경 및 연구 참여자들

이 연구의 배경인 지사초등학교에 대한 기술에 앞서 저자인 나의 역할과 위치, 그리고 상황을 밝히고자 한다. 나는 현재 한 교육대학교 및 교육대학원에서 교사교육자로 살아가고 있다. 교사교육자로서의 나는 예비교사들을 가르치면서 자기반성적 글쓰기와 협력적 대화의 교육적 가능성을 자각하게 되었다. 특히, 나는 현장교원들의 비판적 성찰과 반성적 실천을 유도하기 위한 자기반성적 글쓰기의 한 방법으로 자문화기술적 글쓰기(autoethnographic writing)에 주목하게 되었다. 왜냐하면, 교사교육자로서의 나는 자문화기술적 글쓰기를 통하여 현장교사로서의 삶과 앎을 연결하는 시도를 한 경험이 풍부하였기 때문이다. 이러한 나는 전문성 신장 및 학교개선을 위한 교원연수 프로그램에서 한 소규모 초등학교 교원들의 글쓰기 및 컨퍼런스에 참여할 수 있는 기회를 갖게 되었다.

우선, 이 연구의 범위를 명료화하면 다음과 같다. 아래 〈표 Ⅲ-1〉에서 확인할 수 있는 것처럼, 지사초등학교는 지사면의 절대학교(1개면 1개교 정책)로서 지역사회에 기여하고 있지만, 해마다 급감하는 학생 수로 인하여 상당한 어려움을 겪고 있다. 따라서 지사초등학교의 교원들과 학부모들은 농어촌지역의 '작은 학교'를 '좋은 학교'로 전환하기 위하여 교장공모제와 혁신학교를 신청하였다. 학교 구성원들의 이러한 노력으로 인하여, 지사초등학교는 2016년 3월에 혁신학교로 지정되었다.

〈표 Ⅲ-1〉 지사초등학교 학생 수(2017년 4월 기준)

성별 \ 수	1학년	2학년	3학년	4학년	5학년	6학년
남	1	1	4	3	3	1
여	2	1	1	0	4	2
계	3	2	5	3	7	3

2015년 교장공모제로 지사초등학교에 부임한 최광식 교장은 전문직(장학사) 출신의 젊은 관리자로서 온화한 인품과 높은 전문성을 바탕으로 민주적으로 학교운영을 하는 교원이다. 김혜숙 교감은 비교적 빠르게 승진을 한 교원인데, 긍정적인 마인드와 포용적인 리더십으로 지역사회와 학부모들로부터 신망이 두터운 인물이다. 교무업무를 맡고 있는 강유신 교사는 매사 적극적으로 학교업무를 처리하고, 신명나게 수업을 하는 경력교원이다. 혁신학교의 연구부장을 맡고 있는 이승민 교사는 경력교사에 걸맞은 교수 전문성을 갖고 있으며, 합리적으로 학교업무를 처리하는 교원이다. 방과후 부장을 맡고 있는 구홍모 교사는 농어촌지역의 마을학교를 만드는 데 각별한 관심과 전문성이 있으며, 하영화 교사는 매사 묵묵하게 자신의 일을 처리하는 믿음직한 교원이다. 끝으로, 대찬 성격을 지닌 박민봉 교사는 능수능란하게 교실수업과 학교일을 처리하는 경력교사이며, 나이와 경력이 비교적 낮은 김진선 교사는 새로운 것을 배우는 태도가 남다른 교원이다. 이러한 연구 참여자들의 인적 특성을 간략하게 제시하면, 아래 〈표 Ⅲ

-2〉와 같다.

〈표 Ⅲ-2〉 연구 참여자들의 특성(2017년 4월 기준)

특성 교원	세대	성별	직위	업무	소속교 근무경력
최광식	50대 초	남	교장	통할	3년차
김혜숙	40대 말	여	교감	관리	4년차
강유신	40대 중	여	담임교사	교무	4년차
이승민	40대 중	여	부장교사	연구	4년차
구홍모	40대 초	남	부장교사	방과후	6년차(연장 근무)
하영화	30대 중	여	담임교사	도서/평가	4년차
박민봉	40대 초	여	담임교사	체육/정보	3년차
김진선	30대 초	여	교과전담	과학/보건	2년차

2. 자료의 수집 및 분석, 타당도 작업

자료의 수집 및 분석 방법을 기술하기에 앞서, 이 연구가 왜 교원들의 자문화기술적 글쓰기와 컨퍼런스에 주목하였는지에 대한 이유를 제시하고자 한다. 자기연구에 기초한 자기반성적 글쓰기는 교원들(교사, 교감, 교장)이 자신의 교육적 실천을 되돌아볼 수 있는 참여적이고 협력적인 실행연구의 하나이다(박창민, 조재성, 2016; 황혜영, 2013; Burns, 1999; Hamilton & Pinnegar, 1998; Mills, 2011). 특히, 자기연구 혹은 자문화기술지에 기초한 자기반성적 글쓰기는 교육적 실천(수업 등)에 대한 개방적인 의사소통과 아이디어를 교류하게 하고, 학교교육에 대한 심층적 이해와 새로운 관점을 형성하며, 교원들의 반성적 실천을 확장하는 데 유용하다(박창민, 조재성, 2016: 140; Loughran & Northfield, 1998: 7). 이러한 이유에서 이 연구는 지사초등학교 전체 교원들(전담교사 1명 제외, 개인사유)을 대상으로 1년(2016. 03. 28 - 2017. 04. 17, 매월 4주차 월요일 오후) 동안 자료를 수집 및 분석하였다.

나는 글쓰기 및 컨퍼런스에서 교원들이 어떠한 교육적 가능성을 발견하는지를 살펴보기 위해 글쓰기 자료, 컨퍼런스 참여관찰 자료, 인터뷰 자료를 수집하였다. 우선, 전체 교원을 대상으로 자문화기술지 쓰기에 대한 방법적 민감성을 높이기 위해 한 차례의 글쓰기 워크숍(2016. 03. 28)을 실시하였고, 총 여덟 차례(2016.04. 18/2016.05.23./2016.06.30./2016.09.26./2016.10.31./2016.11.28./2016.12.02./2017.04.17)의 글쓰기 및 컨퍼런스를 실시하였다. 1년 동안 수집한 자기반성적 글쓰기는 총 67매였는데, 이 중에는 학교 직원인 행정실장, 주무관, 2017년도 복직교사의 글(3매)도 포함되어있다. 나는 완전한 관찰자(full participant)의 입장에서 총 8회기의 컨퍼런스를 참여관찰 하였으며, 휴대폰을 통하여 컨퍼런스에서 발생한 발화(약 16시간 분량)를 음성녹음하고, 전사하였다. 또한, 연구의 국면 및 필요에 따라 일부 교원들(교장, 교감, 연구부장)을 대상으로 추가적인 인터뷰를 실시하였다.

이 연구는 수집된 자기반성적 글쓰기 자료(67매), 컨퍼런스 참여관찰 일지(8매), 컨퍼런스 음성녹음 자료(8회기), 개별 인터뷰 자료(3명)를 대상으로 주제 분석 방법 가운데 하나인 지속적 비교분석(constant comparison)을 시도하였다. 지속적인 비교분석의 결과, 다음과 같은 세 가지의 핵심주제를 생성하였다: ①수평적인 참여를 통한 민주적인 학교운영의 토대 마련, ②지속적인 경험학습을 통한 교수 전문성의 심화, ③공감과 감정이입에 기초한 전문적 학습공동체의 구축

한편, 이 연구는 최종적인 연구결과에 대한 타당성과 신뢰성을 확보하기 위하여 다음과 같은 타당도 전략을 구사하였다. 첫째, 이 연구는 자기반성적 글쓰기와 컨퍼런스에서 비롯되는 교육적 가능성을 포착하기 위해 자기반성적인 글쓰기 자료에 대한 문서분석뿐만 아니라, 참여관찰 일지, 인터뷰 전사본 등의 다양한 자료를 수집 및 분석하였다. 둘째, 이 연구는 연구결

과에 대한 신뢰성을 확보하기 위하여 비교적 긴 시간(1년)을 설정하여 사례연구를 수행하였고, 교장 및 교감, 부장교사, 평교사 모두를 연구의 참여자로 선정하였다. 셋째, 이 연구는 최종적인 분석 및 해석에 대한 타당성을 확보하기 위하여 모든 참여자들을 대상으로 구성원 검증을 실시하였다. 또한, 학술발표의 기회를 통해 다섯 명의 교육전문가로부터 연구결과에 대한 동료자 검증(peer checking)을 받았다.

Ⅳ. 연구 결과

1. 수평적 참여를 통한 민주적 학교운영의 토대 마련

지사초등학교 교원들은 교사교육자(연구자)와 함께하는 자기반성적 글쓰기와 컨퍼런스를 통하여 민주적인 학교운영을 위한 토대를 구축할 수 있었다. 즉, 지사초등학교 교원들은 자기반성적 글쓰기와 컨퍼런스를 통하여 기존의 상이한 지위와 역할에서 비롯된 위계적인 권력관계를 수평적인 권력관계로 전환하고, 단위학교 운영에서 수반되는 실제석인 교육 이슈(교직문화, 학생자치, 학부모의 학교교육 참여 등)를 공유하고 논의함으로써 교원과 학생들, 그리고 학부모들의 상황과 입장 차이를 좁히게 되었다. 세부적인 연구 결과는 다음과 같다.

지사초등학교 연구부장과 나(저자)는 농어촌지역의 '작은 학교'를 '좋은 학교'로 전환하기 위하여 모든 교원들이 함께하는 자기반성적 글쓰기와 컨퍼런스를 기획하였다. 그러나 자신의 내밀한 경험과 기억을 솔직하게 이야기해야 하는 자기반성적 글쓰기는 여러 참여자들에게 심리적 부담감과 거부감을 유발하였다. 가령, 교장과 교감은 자기반성적 글쓰기에서 비롯되는 자기노출로 인하여 관리자로서 권위를 상실할 위험성이 있었으며, 부장교사나 평교사들도 동료 교원들에게 교수적 약점과 한계를 노출함으로써 위기에 봉착할 수도 있었다. 자기반성적 글쓰기와 컨퍼런스를 둘러싼 이러한 심리적 부담감과 거부감은 글쓰기 및 컨퍼런스 자체에서 파생되었기보다는, 기존 단위학교의 위계적인 미시-정치적 권력관계(micro-political power relationship)에서 비롯되었다. 특히, 두 관리자들은 처음에 동등한 글쓰기 및 대화방식에 난색을 표명하였다. 그들은 동등한 참여방식이 나머지 교원들의 자유로운 글쓰기와 컨퍼런스를 방해할 것이라 염려하였다.

> 연구자: 교장선생님께서 글쓰기와 협의회에 꼭 참여하시면 좋겠어요.
>
> 학교장: (난감해 하며) 학교장이 참석하게 되면, 우리학교 선생님들이 자유롭게 이야기를 하지 못할 것 같은데요. 더군다나 교장도 자기 이야기를 쓰라고 하니 참으로 난감하네요. 솔직하게 이야기를 쓰면, 선생님들이 불쾌해 하지 않을까요? 아무래도 교장이나 교감은 빠지는 것이 좋을 것 같은데요.
>
> 연구부장: 우리학교가 진정으로 혁신을 지향한다면, 이러한 관계부터 깨어야 한다고 생각해요. 교장 선생님과 교감 선생님도 참여하는 것이 꼭 필요합니다. 왜냐하면, 부장교사나 평교사만 셀프 스터디를 한다면, 이것은 반쪽짜리에 불과한 거죠.
>
> 교감: 일단, 두 분의 말씀은 충분히 이해했고요. 조금만 생각할 시간을 주세요.
>
> (2016. 03. 28. 교장실. 참여관찰 자료)

앞의 대화 장면에서 확인할 수 있는 것처럼, 연구부장과 나는 오히려 수평적인 글쓰기와 컨퍼런스를 통하여 이러한 위계적인 권력관계와 교직문화를 해체할 수 있다고 판단하였다. 왜냐하면, 단위학교의 모든 교원들이 동등한 입장에서 글을 쓰고, 대화를 나누는 활동은 단순한 참여방식 차원에 머무르는 것이 아니라, 그 자체가 민주적인 학교운영을 위한 작은 실천이었기 때문이다. 따라서 연구부장은 민주적인 학교운영을 위해 교장과 교감도 자기반성적 글쓰기와 컨퍼런스에 참여할 것을 종용하였고, 교장과 교감은 끝내 그녀의 권유를 뿌리치지 못하였다. 교장과 교감은 연구의 초기 국면(4월 및 5월)에서 약간의 어색함과 불편함을 호소했지만, 이후 단계에서는 자연스럽게 글쓰기와 컨퍼런스의 일원이 되었다. 그들은 부장교사 및 평교사들과 함께 글을 쓰고 대화를 나누면서 관리자로서의 입장과 생각을 솔직하게 이야기할 수 있었고, 교원들의 상이한 상황과 고민을 경청하고 이해할 수 있었다. 또한, 지사초등학교의 부장교사나 평교사들도 교장과 교감의 자기반성적인 글을 읽고, 대화를 나누면서 그들에 대한 불신과 오해를 점차적으로 불식시킬 수 있었다.

지금도 가끔 그때의 경험을 되살리곤 한다. '나도 누군가에게 큰 도움이 될 수 있는 일을 할 수 있을까?' '다른 사람의 인생의 방향을 설정하는 데 조그만 도움을 줄 수 있을까?' "우리 학교에는 변변한 선배나 관리자가 없어요." 그런 식으로 말하는 젊은 교사들이 적지 않은데, 사실은 변변치 못한 선배나 상사에게도 배울 점이 많다. 반면교사라는 말도 있듯이, 바로 그 변변치 못한 부분이 훌륭한 교훈을 가르쳐 준다.

(2016. 10. 31. 최광식 교장의 자기반성적 글쓰기 중 일부)

교사시절에 마당 쓸려고 빗자루 들었는데, 마당 쓸라하시는 관리자분들에게 예민했던 나였다. 그래서 난 관리자가 되면 '선생님을 믿고 기다리는 사람'이 되어보기로 마음먹었다. '가르침'이라는 것이 듣는 교사들에게는 잔소리로 여겨짐을 잘 알기에. 이러한 마음가짐으로 함께한지 1년 반. 신기하게도 샘들이 내 마음을 알아주고 통하기 시작했다. 작게나마 나에게 감동을 주었던 선생님들의 사례를 적어본다.

(2016. 05. 23. 김혜숙 교감의 자기반성적 글쓰기 중 일부)

지금 와서 생각해 보면, 그 때 참 잘한 거 같아요. 교장 선생님과 교감 선생님이 글쓰기에 같이 참여하는 거요. 참으로 쉽지 않은 일이었는데... 우리학교 교장 선생님과 교감 선생님이 사실 대단한 분들이죠. 교장이나 교감이 교사들과 함께 글을 쓴다고 하면, 많은 사람들이 놀랄 겁니다. 바로 "세상에 이런 일이"죠. 저는 이것이 바로 우리학교만의 힘이라고 생각해요. 학교가 작아서 가능한 것 같기도 하고요. 아무튼 구호로만 민주적으로 학교를 운영을 하는 것이 아니라, 진짜로 작은 실천을 하는 거죠.

(2016. 12. 02. 이승민 교사의 인터뷰 전사본)

교사교육자로서 나는 교장과 교감 그리고 교사들의 자기반성적 글쓰기와 컨퍼런스에 대한 부담감을 완화하기 위하여 다음과 같은 노력을 하였다. 첫째, 자문화기술지의 방법적 특성을 고려하여 현재 학교에서의 교수적인 경험뿐만 아니라, 과거 다른 학교에서의 교직경험을 풍부하게 서술하고 이야기할 수 있도록 하였다. 특히, 학교장과 일부 교원들은 과거 개인적인 교육 이야기를 통해 현재 학교에서의 교육적 이슈를 우회적으로 이야기하였다. 둘째, 연구자로서 나는 예비교사들을 대상으로 하는 저널쓰기 지도방식과는 달리, 특별한 피드백이나 비판적인 지도를 하지 않았다. 따라서 연구 참여자들은 수용적이고 허용적인 분위기 속에서 자신들의 이야기를 솔직하게 서술하고, 대화할 수 있었다. 셋째, 나는 참여자들이 컨퍼런스에서 타자들의 글과 이야기를 다룰 때, 엄격한 평가보다는 '우리들'의 이야기를 주문하였다. 즉, 연구 참여자들은 타자들의 글과 말에 대하여 또 다른 '나의 생각'을 말하였다.

한편 민주적인 학교운영과 관련하여, 연구 참여자들의 자기반성적 글쓰기 및 컨퍼런스 주제로는 소규모 단위학교 안의 교직문화, 학생자치, 학부모의 학교교육 참여로 나타났다. 즉, 연구 참여자들은 자기반성적 글쓰기와 컨퍼런스 과정에서 소규모 학교의 교직문화, 학생자치, 학부모의 학교교육 참여방식 등을 서술하고 대화함으로써 민주적인 학교운영을 위한 교사와 학생, 그리고 학부모의 교육적 정체성과 역할을 재정립하게 되었다. 그리고 연구 참여자들은 민주적인 학교교육을 둘러싼 세 주체들(교원, 학생, 학부모)의 역할과 정체성을 이야기함으로써 민주적인 거버넌스를 위한 학교풍토를 점차적으로 조성해 나갈 수 있었다.

> 결국 학교가 먼저냐 마을이 먼저냐가 중요한 것이 아니라, 나와 같은 생각을 가지고 뜻을 펼쳐나갈 수 있는 사람과 단체와의 연대가 중요하다. 나 혼자가 아닌, 뜻을 같이 하는 동지와 단체가 존재하기에 마을학교는 다소 더디더라도 조금씩 전진해 나갈 수 있을 것이다.
>
> (2016. 05. 34. 구홍모 교사의 자기반성적 글쓰기 중 일부)

아이들 스스로가 체험학습을 계획하고 실천하는 일은 교사들에게 몇 배의 에너지가 필요했던 것 같다. 하지만 아이들은 자기 주도적으로 체험학습을 계획하고 실행하면서 부쩍 자라난 느낌이다. 아이들의 관계는 예전보다 돈독해 졌고, 자신들이 낸 의견이 현실화 되는 과정에서 자치의 힘을 발견하는 듯하다. 아이들이 자신들의 삶을 스스로 다스리는 것이 혁신학교의 첫걸음이다.

우리학교의 좋은 점은 교육과정 운영 시 스스럼없이 불만이나 고민 등을 툭 던지면서 자신의 생각을 말하는 허용적인 분위기가 정착되어 있는 것이다. 점심시간에 교사연구실에서 모여 수다를 떨면서 학교 이야기를 하다보면 자연스럽게 소통할 수 있는 토의문화가 만들어지는 것 같다.

(2016. 09. 26. 강유신 교사의 자기반성적 글쓰기 중 일부)

2. 지속적인 경험학습을 통한 교수 전문성의 심화

지사초등학교 교원들은 자기반성적인 글쓰기를 통하여 자신들의 지나간 개인적인 교수경험을 '교육학적인' 내러티브로 전환할 수 있었다. 또한, 연구 참여자들은 교사교육자 및 동료들과 함께하는 컨퍼런스를 통하여 자신들의 개인적인 교수경험을 학교교육을 둘러싼 제도적 맥락에 연결함으로써 경험학습을 추구할 수 있었다. 여기에서 말한 '교육학적 내러티브'란 한 교원으로서의 개인적인 교수 경험과 이야기에 새로운 교육학적인 의미를 부여하고 해석하는 이야기를 지칭한다. 보다 구체적으로, 연구 참여자들은 자기반성적인 글쓰기와 컨퍼런스에 기초한 학습을 통하여 교육과정과 수업, 교육평가, 학생 이해 및 생활지도에 대한 교육학적인 통찰과 실천적 지식을 획득하였으며, 소규모 단위학교 기반의 차별화된 교수 전문성을 공유할 수 있었다. 보다 세부적인 연구결과는 다음과 같다.

연구 참여자들은 자기반성적 글쓰기와 컨퍼런스의 초기국면(4월부터 5월까지)에서 상당한 모호성과 고통에 직면하였다. 여기에서 말한 모호성이란 연구 참여자들이 글쓰기 작업 및 컨퍼런스에서 '무엇을' 쓰고, 말할 것인지에 대한 막연함과 불안함을 의미한다. 그들은 연구의 초기국면에서 자신들의 경험을 교육학적으로 이야기하는 것에 대하여 주저하였다. 따라서 나는 한 사람의 개인적인 경험과 진솔한 이야기가 성인학습과 전문성 발달을 위한 원천이 될 수 있음을 강조하였다. 또한, 자기반성적인 글쓰기를 위한 주제는 직업적 삶의 밖에 따로 존재하는 것이 아니라, 바로 일상적이고 현실적인 삶 속에 배태되어 있음을 강조하였다. 그리고 현재의 시점에서 지나간 교수적 삶을 되돌아보는 것뿐만 아니라, 지금 현재 무엇이 가장 절실한 문제인지를 강조하였다.

> 지금에야 하는 말이지만, 글쓰기가 너무 너무 싫었어요. 제가 원래 글쓰기를 싫어하는 탓도 있지만, 서로의 글이 비교되는 것 같아 부담스럽더라고요. 나의 약점이나 단점이 들키는 것 같기도 하고요. 차라리 월요일에 출장이나 생기면 좋겠다고 생각을 한 적도 있었어요. (모두들 웃음) 하지만 함께하는 협의회는 싫지가 않더라고요. 각자 깊이 있는 마음의 이야기를 하니까 울림이 있는 거예요. 그러면서 조금씩 깨닫게 되었죠. 글쓰기가 이토록 괴로운 것은 글쓰기 솜씨가 부족한 것이 아니라, 글을 쓸 거리가 없다는 거였고, 그만큼 교사로서의 삶에 대한 반성이나 성찰이 부족했다는 거죠.
> (2017.04.17. 교무실. 강유신 교사의 내러티브. 협의회 참여관찰 자료)

위의 내러티브에서 확인할 수 있는 것처럼, 연구 참여자들은 점차적으로 현재의 시점에서 과거의 개인적인 교수경험을 이야기할 수 있는 심리적 강건함을 갖기 시작하였고, 현재 시점에서의 교육학적인 해석을 통해 보다 나은 교육실천을 공동으로 모색하는 시도를 하였다. 무엇보다, 연구 참여자들은 글쓰기와 대화에 기초한 지속적인 경험학습을 통하여 자신들의 교수행위와 실천에 대한 계속성과 역사성을 이해하게 되었다. 또한, 그들은 컨퍼런스를 통하여 자신들의 개인적인 교수행위가 개인 내부의 주체적인 판단과 타자들의 기대뿐만 아니라, 학교의 제도적 맥락(국가 및 시도 수준의 교육과정과 평가, 학교정책, 학생문화 및 교사문화, 학교의 물리적 시공간 등)에 연결되어 있음을 자각하게 되었다. 즉, 연구 참여자들은 교사교육자 및 동료들과의 대화를 통해 자신들의 소소한 교육실천과 이야기가 보이지 않는 보다 거시적인 교육담론과 연동되어 있음을 자각하게 되었다. 또한, 연구 참여자들은 자신들의 교수적 약점과 한계가 오로지 개인적인 내적 차원에서 비롯된 것이 아니라, 사회문화적인 맥락과 연동되어 있음을 간파하면서 '나'의 이야기를 '우리'의 이야기로 전환할 수 있었다.

> 내년에도 교수님과 함께 글쓰기 모임을 계속했으면 해요. 물론 교수님 없이 우리끼리 진행을 할 수도 있겠지만, 올해처럼 의미 있게 진행될 수 있을지는 고민이 되네요. 교수님은 우리가 쓴 글에 대하여 교육학적인 개념을 짚어주고, 진지한 대화를 이끌어 주시잖아요. 내 삶에 대한 글을 써 보고, 함께 고민해보고, 대안을 찾아보는 이런 활동이 정말로 의미가 있는 거 같아요.
>
> (2016. 12. 02. 참여관찰 자료, 최혜숙 교감의 내러티브)

연구 참여자들은 자기반성적 글쓰기와 컨퍼런스를 통하여 교육과정과 수업, 교육평가, 학생 이해 및 생활지도에 대한 개인적인 갈등과 딜레마를 솔직하게 이야기하였다. 또한, 연구 참여자들은 글쓰기 주제에 대한 공동의 사고와 공감적인 이해를 바탕으로 소규모 단위학교의 교실수업과 생활지도를 실질적으로 개선하기 위한 방안을 모색할 수 있었다. 이러한 단위학교 차원의 자기반성적인 글쓰기와 컨퍼런스는 다양한 지위와 보직, 학년, 업무 등으로 분절되어 있는 교원들이 한 자리에 모여 서로의 다양한 관점과 노하우, 실천적 지식을 상호 공유함으로써 집단지성을 추구할 수 있는 장을 마련하였다. 즉, 학교 관리자들(교장, 교감)은 교사 시절의 교수적인 노하우를 부장교사 및 평교사들에게 전수할 수 있었으며, 부장 및 경력교사들은 교육과정과 수업, 학생평가와 학생지도에 대한 전문성을 개발하거나 확장할 수 있었고, 저경력 교사는 관리자들과 경력교사들의 교수적 노하우와 실천적 지식을 전수받음으로써 초기 교직사회화에서의 모범적인 모델을 접할 수 있었다.

보다 구체적으로, 연구 참여자들은 농어촌지역 소규모 단위학교에 최적화된 교육과정과 교수법을 마련하기 위한 다양한 시도를 하였다. 교육과정 및 교수법과 관련하여 자주 등장한 세부 주제로는 작은 교실에서의 수업개선 방법, 교육과정을 재구성하기 위한 교사의 자발성, 작은 교실에서 비롯되는 학생의 변화가능성과 교사의 행복, 초등학교와 중학교의 연계를 위한 공동교육과정의 실천과 한계, 교육과정의 재구성을 위한 교사의 새로운 정체성과 역할, 잦은 체험활동으로 인한 일상적 교육활동의 위축과 교사의 피로감, 기초학습(문자해독) 더딤 학생 지도전략과 한계, 배움을 위한 자발성과 교육적 성장의 의미, 부진학생을 지도하기 위한 문화적 민감성의 중요성 등이었다.

새로운 시작! 나는 10여년 만에 교육과정을 재구성하고, 학년 교육과정을 내 머릿속에 그려 넣고 새 학기를 시작하게 되었다. 아이들과 함께 활동 계획을 세워보고, 학부모들과 소통을 하면서 3월을 보냈다. 내 업무와 학급 교육과정과 학교의 전체 행사가 맞물려 돌아가는 프로젝트 활동은 뿌듯한 경험임과 동시에 부끄러운 나의 고백이며, 희망 찬가이다. 나는 지금 번데기이다. 10여년 전에는 애벌레였고, 이제는 멋진 나비가 되어 날아가기 위해 안에서 몸부림치고 있는 번데기.

(2016. 12. 02. 하영화 교사의 자기반성적 글쓰기 중 일부)

한글을 깨치지 못하는 길상(가명)이의 문자지도 경험을 글로 써 보려고 했던 나의 의도는 완전한 실패에 가깝다. 나의 가르침을 냉정하게 되돌아보니, 비전문가로서 그저 다양한 시도를 해볼 뿐이었다. 길상이 때문에 1년 내내 피똥을 싸고 있다는 교수님의 농담을 듣고 나니, 그동안 내가 잘못 가르쳤던 것은 아닐까 하는 부끄러움이 찾아들었다. 하지만 모든 사람이 똑같은 능력을 갖고 있는 것도 아니고, 똑같이 적용되는 지도방법도 없을 것이다.

(2016. 10. 31. 강유신 교사의 자기반성적 글쓰기 중 일부)

교육평가와 관련한 자기반성적 글쓰기 및 컨퍼런스 주제로는 전라북도 교육청 성장평가제의 단위학교 수준 실현방법, 성장평가제의 정착을 위한 불안감 및 모호성의 극복, 성장평가를 위한 교사의 기다림과 전문성, 성장평가제의 내실 있는 운영을 통한 학력신장 등이었다. 마지막으로, 연구 참여자들은 학생 이해 및 생활지도와 관련하여, 가정배경이 열악한 학생을 밀착지도하기 위한 교사의 생활지도 전략, 초등학교 저학년 학생들 간 교우관계의 개선을 위한 지도방법, 부진학생들의 자아존중감과 자기효능감을 증진하기 위한 생활지도 전략, 학교 및 교실수업 부적응 학생의 지도를 위한 교사 간 연계지도 방안, 가정과의 연계지도를 통한 기초학력 부진 및 학교 부적응 학생 지도, 학교 밖의 인적 및 물적 자원을 활용한 농어촌지역 학생의 문화자본 및 사회자본의 확충방안 등이었다.

교실수업에서 꼭 필요한 것은 학생에 대한 교사의 믿음과 기다림이다. 이는 스웨덴의 교실수업을 참관하며 깨달은 바이다. 하지만 나는 어떠한가? 올해 전북형 성장평가제가 도입되었지만, 나는 학생들의 학습에 대한 믿음과 기다림에서 여전히 한계를 느낀다. 아이들이 프로젝트 학습을 할 때, 나는 학생들을 믿지 못해서 순간순간 간섭을 하고 있는 나를 발견한다. 믿고 기다려야 성장이 가능한데도 말이다.

(2016. 05. 30. 이승민 교사의 자기반성적 글쓰기 중 일부)

이 아이의 마음속에 교사로서의 나는 어떤 모습일까? 나는 진짜로 저 아이를 위하여 여러 가지 일들을 하는 것이었을까? 오늘 미용사는 교사인 나와 민우(가명)의 행동을 어떤 모습으로 봤을까? 별의별 생각이 다 들었다. 그 아이와 함께 보낸 4개월을 되돌아보니, 이러저러한 생각의 부유물이 한꺼번에 떠오른다. 이 아이와 나는 앞으로 어떻게 살아가야 할까? 이 아이를 제대로 지도하는 방법은 무엇일까?

(2016. 06. 30. 김진선 교사의 자기반성적 글쓰기 중 일부)

3. 공감과 감정이입에 기초한 전문적 학습공동체의 구축

지사초등학교 교원들은 나와 함께하는 자기반성적인 글쓰기와 컨퍼런스를 통하여 각자의 교수적인 삶을 공감적으로 바라보고, 특정한 교육적 이슈와 딜레마에 감정이입을 함으로써 소규모 단위학교 기반의 친밀성과 동료성을 구축하였다. 또한, 자기반성적 글쓰기와 컨퍼런스를 통해 구축된 교원들의 친밀성과 동료성은 농어촌지역의 '작은' 초등학교를 전문적인 학습공동체로 변모시키는 원동력으로 작용하였다. 특히, 연구 참여자들은 '감성적인 자문화기술지(evocative autoethnography)'로 교원으로서의 감성과 정서를 솔직하게 표현함으로써 세대, 역할 및 보직, 삶의 맥락과 철학의 차이를 포용할 수 있는 문화적 감수성을 갖게 되었다. 보다 구체적인 연구결과는 다음과 같다.

수업 혹은 학교의 혁신은 개별 교사의 독단적인 노력만으로는 불가능하다(길현주, 2014). 즉, 수업이나 학교를 혁신하기 위해서는 교원들이 자신의 교육적 상상력을 자유롭게 표출하고, 상호 지지와 격려를 나누며, 동료성을 신장할 수 있는 전문적인 학습공동체가 필요하다(길현주, 2014). 지사초등학교의 교원들은 바로 이와 같은 생각을 실현하기 위하여 자기반성적 글쓰기와 컨퍼런스를 시도한 것이었다. 일반적으로, 농어촌지역 소규모 초등학교의 교원들은 대도시 대규모 초등학교의 교원들에 비하여 상대적으로 강한 친밀성을 갖고 있다. 왜냐하면, 소규모 학교의 인적 구성과 시공간적 근접성은 구성원들이 심리적 친근감을 형성할 수 있는 제도적 맥락과 환경을 제공하기 때문이다. 그러나 전문성이 결여된 친밀성은 작은 학교를 '좋은' 학교로 전환하는 데 제한적일 수 있다. 왜냐하면, 전문성이 결여된 친밀성만으로는 학교교육의 비전과 철학 그리고 교육적 실천을 비판적으로 검토하는 데 제한적일 수 있기 때문이다.

지사초등학교 교원들은 정기적이고 자기반성적인 글쓰기와 컨퍼런스를 통하여 이러한 친밀성과 전문성을 동시에 추구하였다. 그리고 교원들의 친밀성과 전문성의 화학적 결합을 통해 구성된 동료성은 농어촌 지역의 소규모 학교를 전문적인 학습공동체로 전환하는 데 중요한 역할을 하였다. 연구 참여자들이 자기반성적인 글쓰기와 협력적인 대화를 통해 친밀성과 전문성을 동시에 추구할 수 있었던 이유는 바로 감성적인 자문화기술지의 방법적 특성 때문이었다. 그들은 감성적인 자문화기술지의 방법적 친화감을 통하여 자신들의 교수행위에 대한 모호함과 두려움을 여과 없이 표현하였고, 가르침의 모호함과 두려움에 맞설 수 있는 용기를 갖게 되었다. 연구 참여자들은 동료 교원들의 감성적인 자문화기술지를 엄격하게 비판하기 보다는, 공감적으로 이해하고, 격려하고, 축하해주었다. 연구 참여자들이 각자의 감성적인 글에 대하여 이와 같은 공감적 태도를 보일 수 있었던 이유는 바로 모든 교원들이 학생을 가르치는 동업자 정신을 갖고 있었기 때문이다. 그들의 입장에서 볼 때, 다른 동료들의 교수적인 기쁨과 환희, 고통과 딜레마 등은 '너'만의 일이 아니라, '우리들'의 일이었던 셈이다.

며칠 전 혁신학교 컨설팅을 했다. 우리가 가고 있는 길을 다시 생각해 볼 수 있었다. 우리 학교의 혁신은 감히 성공 진행 중이라고 말해본다. 왜냐하면 첫째, 우리 아이들이 웃는다. 가끔은 나의 엄한 가르침으로 굳은 표정을 보이기는 하지만. 둘째, 학부모와 교직원이 웃는다. 셋째, 무엇보다 내가 행복하다. 그렇다면 우리는 어떻게 이렇게 지낼 수 있는 것일까? 내 의식의 밑바닥에 자리 잡고 있던 사실 하나가 뛰어올라 왔다. 그것은 바로 내 수위 사람들의 넉분이었다. 혁신학교의 첫걸음은 바로 사람이었다. 우리 아이들이 웃는 것은 바로 우리학교 선생님들 덕분인 것이다.

(2016. 11. 28. 하영화 교사의 자기반성적 글쓰기 중 일부)

작은 학교에 입성한 첫 해 초반에는 그동안 같이 나누고 도움을 받던 동학년 선생님이 없어지니 좀 서운하기도 하고 재미없기도 했다. 그런데 작은 학교에서만의 다른 점을 발견하게 되었다. 나와 같은 학년 안으로 선 그어져 있던 동학년 선생님과의 교류는 규모가 큰 학교에서의 문화일 뿐, 작은 학교에서는 모든 학년 선생님들이 동학년 선생님들이었던 것이다. 아무래도 전교생 모두가 한 자리에 모여 교육과정에 참여하는 경우가 많아서 무슨 일이든지 함께 공유하고 고민을 나눌 수 있었던 것이다.

(2016. 12. 02. 박민봉 교사의 자기반성적 글쓰기 중 일부)

연구 참여자들은 지속적인 자기반성적 글쓰기와 컨퍼런스를 통하여 세대, 역할 및 보직, 교원으로서의 삶의 맥락과 철학의 차이를 포용할 수 있게 되었다. 즉, 지사초등학교의 교원들은 개인적인 생각의 차이에서 비롯될 수 있는 오해와 갈등을 해소하고, 학교운영을 둘러싼 문제점과 한계를 솔직하게 고백함으로써 학교의 개선을 위한 실천적인 방안을 모색할 수 있었다. 보다 구체적으로, 지사초등학교의 교원들은 감성적이고 자기반성적인 글쓰기와 컨퍼런스를 통하여 소규모 학교 교사로서의 행복한 삶과 동료애, 소규모 단위학교 기반의 동료성 추구, 교사의 헌신을 중심으로 한 학교교육과정 운영의 한계, 교사 간 협력을 통한 생활지도 전략, 소규모 학교의 발전을 위한 교사의 자발성과 헌신, 학부모의 학교교육 참여를 유도하기 위한 노력 등을 이야기하였다. 연구 참여자들은 이러한 이슈를 깊이 있게 이야기함으로써 기존의 친밀한 교사공동체를 전문적인 학습공동체로 전환할 수 있었다.

나를 크게 구분 짓자면, 교사로서의 나와 엄마로서의 내가 있다. 농어촌 지역의 작은 학교는 엄마로서의 나를 불행하게 만들 때가 있다. 내가 야간에 학교 아이들을 지도할 때, 내 아들은 체크카드 한 장을 들고 동네식당을 헤매고 다닌다. (중략) 우리학교 아이들은 체험학습을 많이 다니지만 열심히 참여하지 않는 편이다. 왜냐하면, 아이들은 내년에도 비슷한 체험학습을 하는 것을 알기 때문이다. 아이들이 체험학습을 좋아하는 것은 공부를 하지 않아도 된다는 설렘인 듯하다. 체험활동에 대한 상상력이나 질문이 없다. 아이들은 학교와 교사로부터 많은 혜택을 받고 있다는 사실을 모르는 듯하다. 그래서 일부 학생과 학부모는 선생님에 대한 고마움이 없는 것이다.

(2016. 06. 30. 박민봉 교사의 자기반성적 글쓰기 중 일부)

혁신학교 업무를 담당하고 있는 나는 '혁신'이라는 말이 큰 부담이었다. 그런 나에게 혁신의 무게를 가볍게 해준 일이 있었다. 5월 어느 날, 한 선생님이 이야기 끝에 "이게 무슨 혁신인가?"라는 말을 툭 던졌다. 그 말에 심장이 두근거리고 얼굴이 화끈해졌다. 고민 끝에 그 선생님에게 찾아가 그 말이 서운했노라고 말했다. 그렇게 하는 것이 소통이라 여겼기 때문이다. 다행스럽게도, 그 선생님과 나는 서로의 기분을 상하지 않고 이야기를 풀었다. 그 이후 그 선생님으로부터 솔직하게 이야기해 주어서 고맙다는 내용의 편지도 받았다. 이제야 고백하건데, 그날 그 선생님이 아닌 내 생각이 잘못된 것이었다. '혁신'은 우리들의 것인데, 함께 생각하고 함께 결정했으면서, 나는 감히 나의 '혁신'이라 여기고 혼자 그 무게를 감당하려고 했던 것이다. 그래서 나는 더 이상 혁신이라는 말에 얽매이지 않으려고 한다.

(2016. 10. 31. 이승민 교사의 자기반성적 글쓰기 중 일부)

우리 혁신학교 계획에 교사가족을 모셔서 학교안내 및 수업공개를 하는 프로그램이 있다. 시작은 해야 하는데 선생님들이 부담스러울까봐 말도 못하고 기다리고 있었다. 그런데 지난주에 연구 선생님이 해외 연수 다녀오느라 부모님을 뵙지 못했다고 다음날 모시고 수업을 하겠다고 했다. 어찌할지 몰라 선뜻 발을 들여놓지 못하고 있는 길에 용감하게 첫발을 내딛어준 연구 선생님에게 너무 고맙다. 2박3일을 고민하며 엮어낸 우리학교의 철학인 '소통과 배려로 함께 가는 행복교육', 조금은 늦어질지 모르지만 믿고 기다렸다가 웃으며 함께 가는 우리가 난 참 좋다.

(2016. 05. 30. 김혜숙 교감의 자기반성적 글쓰기 중 일부)

V. 나가며

이 연구는 한 소규모 초등학교 교원들의 자기반성적 글쓰기와 컨퍼런스 참여경험을 해석적으로 분석함으로써 소규모 단위학교의 이해와 개선을 위한 자기반성적 글쓰기 및 컨퍼런스의 교육적 가능성을 조명하고자 하였다. 자기반성적 글쓰기와 컨퍼런스는 민주적인 학교운영을 위한 토대를 마련하고, 교원들의 지속적인 경험학습을 촉진함으로써 교수 전문성을 심화하며, 공감과 감정이입에 기초한 전문적인 학습공동체를 구축하는 데 유용하였다. 지금부터는 이와 같은 연구결과에 기초하여, 자기반성적 글쓰기와 컨퍼런스의 교육적 의미를 논의하고, 이를 활성화할 수 있는 몇 가지 방안을 제시하고자 한다. 이러한 시도는 교원들의 전문성 신장과 소규모 초등학교의 개선을 위한 실천적 단초가 될 수 있을 것이다.

첫째, 초등학교를 혁신할 수 있는 방법 가운데 하나는 교직원들의 회의 문화를 수평적으로 개선하여 학교조직을 민주적으로 운영하는 것이다. 이 연구에서 확인할 수 있는 바와 같이, 교원들의 자기반성적 글쓰기와 컨퍼런스에서의 수평적인 관계형성은 소규모 단위학교의 민주적인 학교운영에 직결되었다. 즉, 자기반성적 글쓰기와 컨퍼런스에서의 수평적인 관계형성은 그러한 활동 자체에서 머무는 것이 아니라, 실질적인 학교운영을 변화시킬 수 있는 힘을 갖고 있었다. 따라서 초등학교의 교원들은 수평적인 글쓰기와 컨퍼런스를 통하여 민주적인 학교 거버넌스를 자연스럽게 구축할 수 있을 것이다.

둘째, 일반적으로, 초등학교의 교원들은 교직에 입문한 이후 형식적인 학습보다는 직접적인 경험에 기초한 무형식적인 학습(informal learning)을 통해 교육자로서의 교수 전문성을 계발한다. 그러나 성인학습자로서의 초등학교 교원들이 예비교사 교육기관이나 일선 단위학교에서 현장교사로서의 교수경험을 학습으로 전환할 수 있는 방법을 체계적으로 배울 기회는 흔치 않은 편이다. 초등학교의 교원들은 일상적인 교수활동을 통해 의미 있는 교육적 경험을 획득하지만, 그러한 경험은 단지 개인적인 차원에 머무르는 경우가 허다하다. 이러한 맥락에서 초등학교 교원들의 자기반성적 글쓰기와 컨퍼런스는 학교현장에서의 풍부한 교수경험을 학습으로 전환할 수 있는 강력한 촉매제가 될 수 있다. 즉, 자기반성적 글쓰기와 협력적인 대화는 초등학교 교원들의 경험학습과 교수 전문성을 신장할 수 있는 원천이다. 따라서 일선학교의 교원들은 자기반성적 글쓰기와 컨퍼런스를 적극적으로 시도함으로써 자신들의 직업적 삶을 새롭게 해석하고 개선할 수 있을 것이다.

셋째, 오늘날 초등학교의 교원들은 단위학교의 교실수업을 개선하고, 교사로서의 교수 전문성을 계발하기 위해 수업공개 및 수업협의회, 컨설팅장학, 수업비평 등의 여러 가지 시도를 지속하고 있다. 그러나 이러한 노력에도 불구하고, 현장 교원들이 교수 전문성의 신장을 체감하지 못하는 근본적인 원인은 무엇일까? 그것은 바로 교육을 하는 이와 교육을 보는 이가 분리되어 있고, 그들 사이의 권력관계도 수평적이지 않으며, 무엇보다 교육을 하는 이의 마음을 공감적으로 헤아리지 못한다는 점이다. 하지만 자기-내러티브와 인간의 감성을 담아내는 자기반성적인 글쓰기와 컨퍼런스는 공감과 감정이입을 통하여 교육을 하는 이와 교육을 보는 이를 연결하고, 학교의 모든 교원들을 동등한 구성원으로 초대하며, 무엇보다 교육적 행위를 개선하고자 하는 강력한 실천의지를 불러일으킨다. 이러한 맥락에서 자기반성적인 글쓰기와 컨퍼런스는 자칫 무미건조해 질 수 있는 전문적 학습공동체의 위계성과 경직성을 완화하는 데 기여할 수 있을 것이다.

넷째, 우리나라는 초등학교 교원들의 교수 전문성을 제고하기 위한 일환으로 교사연구회, 교과교육연구회, 교사동아리 등의 집단적인 연수 및 연구 활동을 적극적으로 지원하고 있다. 초등학교 교원들은 공동의 연수 및 연구 활동을 통해 교육실천을 개선하기 위한 집단지성과 협력을 추구할 수 있다. 그러나 우리나라 초등학교 교원들의 이러한 연수 및 연구 활동은 주로 개별 단위학교 수준보다는, 시·군구 등의 광역 단위로 시행되고 있다. 하지만 광역단위의 교원 연수 및 연구 활동은 개별 단위학교의 교육실천을 실질적으로 개선하는 데 제한적일 수밖에 없다. 왜냐하면, 광역단위의 연수 및 연구 활동은 우리학교와 우리교실에 터하지 않기 때문이다. 이러한 맥락에서 연구 참여자들의 단위학교 기반 자기반성적 글쓰기와 컨퍼런스는 소규모 단위학교의 실질적인 개선과 관련하여 의미하는 바가 크다. 연구 참여자들은 작은 학교와 교실에서 발생하는 소소한 교육적 일상들을 교육학적으로 이야기함으로써 교수적인 삶을 이해하고 개선할 수 있는 통찰과 실천적 지식을 공유할 수 있었다. 따라서 교사연수기관이나 시도교육청, 그리고 지역교육지원청은 단위학교 기반의 연수 및 연구 활동에 대한 지원을 보다 강화해야 할 것이다.

다섯째, 소규모 초등학교에서 자기반성적인 글쓰기와 컨퍼런스를 활성화하기 위해서는 교원들의 참여범위를 최대한으로 확장하고, 학교관리자와 교사교육자의 역할을 새롭게 정의할 필요가 있다. 지사초등학교의 교사들은 자기반성적 글쓰기와 컨퍼런스에서 학교관리자들을 포섭함으로써 학교의 위계적인 교직문화를 해체하고, 민주적인 의사소통을 할 수 있었다. 특히, 지난해 말(2016년 12월)부터는 행정실장과 주무관이 자기반성적 글쓰기와 컨퍼런스에 참여함으로써 교원들뿐만 아니라, 교직원들 사이의 화합과 소통을 이룰 수 있었다. 한편, 교사교육자와 함께하는 자기반성적 글쓰기와 컨퍼런스를 활성화하기 위해서는 학교장과 교감, 그리고 교사교육자의 역할을 조정할 필요가 있다. 학교관리자들은 기존의 역할과 지위에서 한 걸음 물러나 동등한 일원이 되는 자세가 중요하며, 교사교육자는 글쓰기와 컨퍼런스의 배경에 머무르면서 교원들의 성찰과 통찰을 유도하는 존재가 되어야 할 것이다.

마지막으로, 이 연구는 교사교육자와 함께하는 자기반성적 글쓰기와 컨퍼런스를 통하여 교육의 이론과 실천을 아우를 수 있는 장점이 있었다. 그러나 이러한 교사교육자의 개입과 관여는 이후 현장 교원들의 자기 충족적이고 자기주도적인 연수 및 연구 활동을 제한할 수도 있다. 이러한 이유에서, 현장 교원들은 특별한 이론적 조력자가 없이도 자기반성적인 글쓰기와 컨퍼런스를 주체적으로 운영할 수 있는 방안을 모색해야 한다. 무엇보다, 현장교원 주도의 자기반성적인 글쓰기와 컨퍼런스를 전개하기 위해서는 '개인적 이야기'를 '교육학적인 이야기'로 전환할 수 있는 교원들의 이론적 학습과 학문적 내공이 필수적이다. 따라서 초등학교의 교원들은 지속적인 자기연찬을 통하여 교육실천 속에서 이론적 지식을 생성하고, 개인적인 교수경험과 이야기를 교육학적인 이야기로 전환할 수 있는 이론적 감수성을 아울러 연마해야 할 것이다.

참고문헌

- 길현주(2014) 수업 혁신을 통해 본 '문화'로서의 교사들의 전문적 학습공동체. 교육발전연구, 30(1), 29-46.
- 김순희(2009) 교사의 반성적 수업 실천을 위한 방안 탐색. 한국교원교육연구, 26(2), 101-121.
- 남미자·김현주·오춘옥·노시구(2014). 교사들의 반성적 글쓰기를 통해 본 배움중심수업의 특징과 의미. 시민교육연구, 46(1), 59-86.
- 박창민, 조재성(2016) 실행연구: 이론과 방법. 파주: 아카데미프레스.
- 이동성(2013) 초등 예비교사들의 저널쓰기 유형 분석. 교육종합연구, 11(4), 91-113.
- 이정아(2010) 초등 예비 교사의 반성적 글쓰기에 나타나는 반성의 유형과 특징. 초등과학교육, 29(3), 378-388.
- 이혁규(2012) 교사의 자기연구(Self-Study) 필요성 탐색. 교육문화연구, 18(2), 5-43.
- 황혜영(2013) 한국 교사교육자의 전문성 개발을 위한 셀프 연구(Self-study)의 도입. 한국교원교육연구, 30(1), 59-80.
- Bailey, K. M. et al.(1996) The language learner's autobiography: Examining the "apprenticeship of observation". In D. Freeman & J. C. Richards (Eds.). Teacher learning in language teaching(pp. 11-29). Cambridge: Cambridge University Press.
- Brookfield, S.(1995) Becoming a critically reflective teacher. San Francisco: Jossey-Bass.
- Bullough, R. V. Jr. & Pinnegar, S.(2001) Guidelines for quality in autobiographical forms of self-study research. Educational Researcher, 30(3), 13-21.
- Burns, A.(1999) Collaborative action research for english language teachers. Cambridge: Cambridge University Press.
- Burton, J. et al.(2009) Reflective writing: A way to lifelong teacher learning. TESL-EJ Publications.
- Burton, J.(2009) Reflective writing: Getting to the heart of teaching and learning. In Burton, J. et al.(2009) Reflective writing: A way to lifelong teacher learning. TESL-EJ Publications.
- Casey, K.(1995). The new narrative research in education. In M. W. Apple (Ed.). Research in education 21 (pp. 211-253). Washington D.C.: American Educational Research Association.
- Chang, H.(2008) Autoethnography as Method. Walnut Creek, CA: Left Coast Press, Inc.
- Cole, A. L. & Knowles, J. G.(2000) Researching teaching: Exploring teacher devel-

opment through reflective inquiry. Boston: Allyn & Bacon.

- Elliott-Johns, S.(2014). Working towards meaningful reflection in teacher education as professional learning. Learning Landscapes, 8(1), 105-122.

- G ker, S. D.(2016). Use of reflective journals in development of teachers' leadership and teaching skills. Universal Journal of Educational Research, 4(12A), 63-70.

- Hamilton, M. L. & Pinnegar, S.(1998) Conclusion: The value and the promise self-study. In Hamilton, M. L. et al. (Eds). Reconceptualizing teaching practice: Self-study in teacher education. London: Falmer Press.

- Hawkins, M. & Irujo, S. (Eds.)(2004) Collaborative conversations among language teacher educators. Alexandria, VA: TESOL Publications, Inc.

- Jones, K.(2014) The reflective practitioner and reflective journal writing. ARC Ⅱ, 1-10.

- Kamler, B. & Thomson, P.(2006) Helping doctoral students write: Pedagogies for supervision. London: Routlege.

- Knowles, J. G. & Holt-Reynolds, D.(1991) Shaping pedagogies through personal histories in preservice teachers' education. Teachers College Record, 93(1), 87-113.

- Hatton, N. & Smith, D(1995) Reflection in teacher education: Towards definition and implementation. Teaching and Teacher Education, 11(1), 22-49.

- Lakshmi, B. S.(2014) Reflective practice through journal writing and peer observation: A case study. Turkish Online Journal of Distance Education, 15(4), 189-204.

- Loughran, J. J. & Northfield, J.(1998) A framework for the development of self-study practice. In Hamilton, M. L. et al. (Eds). Reconceptualizing teaching practice: Self-study in teacher education. London: Falmer Press.

- Larrivee, B.(2009) Authentic classroom management: Creating a learning community and building reflective practice. (3th). NJ: Pearson.

- McCallum, D. D.(2013) Journal writing as an active learning tool in history education. Caribbean Teaching Scholar, 3(1), 23-39.

- Mills, G. E.(2011) Action research: A guide for the teacher researcher (4th ed.). New York: Pearson.

- Romero, T. R. S.(2009) Reflecting through autobiographies in teacher education. In Burton, J. et al. (2009). Reflective writing: A way to lifelong teacher learning. TESL-EJ Publications.

- Shandomo, H. M.(2010) The role of critical reflection in teacher education. School-University Partnerships, 4(1), 101-113.

- Trites, L.(2009) Small-group journals as a tool of critical reflection: A measure of success and failure. In Burton, J. et al. (2009). Reflective writing: A way to lifelong teacher learning. TESL-EJ Publications.

- Walker, S. E.(2006) Journal writing as a teaching technique to promote reflection. J Athl Train, 41(2), 216-221.
- Watson, D.(2010) Teaching teachers to think: Reflective journaling as a strategy to enhance students' understanding and practice of academic writing. Journal of College Teaching & Learning, 7(12), 11-18.
- Zeichner, K. M. & Liston, D. P.(1996) Reflective teaching: An introduction. NJ: Lawrence Erlbaum Associates.

제8장

지속가능한 학교발전을 위한 교장의 정체성과 역할
"학교자치의 파수꾼"

이 글의 출처는 "이동성(2018). 한 대안학교 교장의 정체성 및 역할 변화에 대한 생애사 연구: 하얀 사람. 교육혁신연구, 28(1), 119-145)"임을 밝힙니다.

Ⅰ. 서론

한국에서 대안학교가 출범한지 20년이 되어가지만, 우리는 아직까지 대안교육과 대안학교의 교육적 가치와 의미, 그리고 대안학교의 발전 방향에 대한 합의에 도달하지 못한 상태이다(김민채, 김영환, 2017: 252). 왜냐하면, 우리나라의 대안교육이나 대안학교는 공교육을 개혁하기 위해 출현한 것이 아니라, 진보적 교육운동가들의 사회운동으로 시작한 제도적 및 교육적 한계가 있기 때문이다(이병환, 2004, 2007). 그러나 대안교육의 가치를 인정하는 공교육의 일각에서는 성공적인 학교유형의 하나로 대안학교를 포함하였다. 즉, 대안교육이나 대안학교는 공공성과 민주성을 강조하는 공교육의 대척점에 있는 것이 아니라, 공교육의 본질을 찾기 위한 새로운 시도이자 가능성으로 간주되고 있다(강영택, 2010: 7; 이병환, 2004: 47; 임후남, 2005; Koetzsch, 1997: 11). 이와 같이 공교육과 대안교육이 결합한 학교, 혹은 공교육이 대안교육의 장점과 특성을 수용한 학교가 바로 대안교육 특성화고등학교이다.

법적인 측면에서 볼 때, '대안교육 특성화고등학교'는 일반 고등학교와 동등한 법적 지위를 가지며, 학업을 중단하거나 개인적 특성에 맞는 교육을 받고자 하는 학생을 대상으로 현장 실습 등 체험위주의 교육, 인성위주의 교육, 또는 개인의 소질 및 적성 개발 위주의 다양한 교육을 실시하는 학교를 말한다(김민채, 김영환, 2017: 252; 초·중등교육법시행령, 제91조 제1항). 이러한 대안교육 특성화고등학교는 대안교육의 다양성과 자율성, 그리고 공교육의 공공성과 민주성의 접점에서 비롯된 제도적 '아말감'으로도 볼 수 있다. 그러나 최근 교육계 일각에서는 한국의 대안교육이 이미 변질되었거나 사망했다는 자성적 목소리가 흘러나오기 시작했다. 즉, 다수의 대안학교들이 설립초기의 건학이념이나 학교철학을 뒤로하고, 부유한 교육수요자들의 욕망을 충족시키기 위한 귀족학교로 전락하거나, 대입에 최적화된 명문학교로 돌변하는 사례가 생겨나고 있다. 왜곡된 대안교육 및 대안학교의 본질적 기능과 목적을 회복하기 위해서는 바로 대안교육을 실현하고 대안학교를 운영하는 주체 혹은 사람에 주목할 필요가 있다.

학교교육을 구성하는 세 사람들 혹은 주체는 교직원과 학생들, 그리고 학부모들이다. 이들 가운데 학교교육을 주도적으로 디자인하고 실행하는 핵심적인 주체는 교원들로 볼 수 있으며, 여러 교원들 가운데 학교장의 기능과 역할이 무엇보다도 중요하다. 왜냐하면, 학교장은 교원과 직원들 그리고 학생들과 학부모를 이끄는 교육적 지도자이기 때문이다. 특히, 최근에는 단위학교의 운영에서 자율성과 책무성이 커짐에 따라 학교장의 자질과 역량에 대한 중요성이 날로 증가하고 있다(박상완, 2004; 정진곤, 2006; 조대연, 박용호, 김벼리, 김희영, 2010). 즉, 학교장의 리더십은 민주적인 학교운영과 교원의 전문성 발달을 촉진하고, 학교운영의 자율성과 책무성을 강화하는 데 필수적인 요소이다(문성윤, 2010; 정태범, 2000; Sergiovanni, 1984).

대안교육 특성화고등학교의 경우에는 학교장의 역할과 리더십이 더더욱 중요하다. 왜냐하면, 대안교육 특성화고등학교는 대안적인 학교교육을 희망하는 학생들과 학부모, 교직원들로 구성되어 있으며, 학교교육과정의 편성 및 운영 측면에서도 높은 자율성을 갖고 있기 때문에 학교장의 권한과 책임이 상대적으로 크다고 볼 수 있다. 즉, 대안교육 특성화고등학교를 성공적으로 운영하기 위해서는 참된 학교교육을 실현하고자 하는 학교장의 역할이 무엇보다 중요하다고 볼 수 있다(이풍길, 김수욱, 2001). 그리고 학교장의 역할을 심층적으로 이해하고 개선하기 위해서는 학교장의 삶과 교육을 종단적으로 추적할 필요가 있다. 왜냐하면, 한 학교장의 오랜 교수적 삶과 이야기 속에는 교육자로서의 역할과 정체성이 용해되어 있기 때문이다. 이러한 맥락에서 우리는 생애사 연구를 통하여 대안학교의 본질적인 운영이 단위학교의 교원이자 지도자인 학교장의 삶에 어떻게 연동되어 있는지를 심층적으로 논의할 필요가 있다(백종면, 2016: 132). 오랫동안 대안교육을 실현한 교원의 삶과 이야기에는 대안교육의 가치와 의미를 탐색하고, 그것을 개선하기 위한 통찰과 교훈이 침전되어 있을 가능성이 높다.

학교장의 삶에 대한 국내의 선행연구를 분석해 본 결과, 우수한 학교장의 자질과 역할, 그리고 리더십에 대한 선행연구는 다수 존재하지만, 우수한 학교장으로서의 정체성과 역할이 어떻게 구성되고 변화되는지에 대한 질적 연구가 많지 않은 편이다. 특히, 일반학교와 상이한 제도적 및 문화적 맥락을 지닌 대안학교의 교원이 어떠한 과정을 통해 학교장으로서의 정체성과 역할을 구성해 가는지에 대한 종단적인 연구는 흔치 않은 실정이다. 따라서 이 연구는 한 대안교육 특성화고등학교 교장의 생애 궤적을 추적함으로써 대안학교 학교장으로서의 정체성 및 역할 변화 과정을 해석적으로 조명하고자 한다. 이러한 연구목적을 달성하기 위한 두 가지 연구 질문은 다음과 같다. 첫째, 한 중등학교 교원은 어떠한 내적 과정을 통하여 대안교육 특성화고등학교의 교장이 되었는가? 둘째, 한 중등학교 교원은 이후에 학교장으로서 어떠한 삶을 살았는가? 여기에서 말한 '내적 과정'이란 연구 참여자가 학교 안팎의 구성원들 및 사건과의 상호작용, 그리고 중등학교의 제도적 조건 및 맥락에 조응하면서 구성했던 정체성과 역할의 변화과정을 의미한다.

이 연구의 결과는 한 대안교육 특성화고등학교 교장의 정체성과 역할 변화 과정을 해석적으로 이야기함으로써 대안교육의 본질을 이해하고, 대안학교를 실질적으로 개선하기 위한 교육적 통찰을 제공할 수 있을 것이다. 또한, 이 연구의 결과는 대안교육의 본질에 대한 이해와 대안학교의 개선을 넘어서, 일반학교의 개선과 학교장의 역할 재고 및 재정의를 위한 새로운 관점을 제공할 수 있을 것이다.

Ⅱ. 대안교육과 학교장의 역할 및 리더십

대안교육 및 대안학교에 대한 최근의 연구동향 분석연구에 따르면, 20년 동안 출판된 국내의 선행연구는 대안교육의 이념 및 철학, 대안학교의 교육과정, 대안교육 및 대안학교에 대한 교육정책 및 제도, 대안학교의 운영 실태로 구분할 수 있다(김민채, 김영환, 2017; 백종면, 2016). 특히, 대안학교에 대한 국내의 연구동향은 대안교육의 개념이나 철학, 대안교육 프로그램 및 학교교육과정에 대한 연구가 활발했던 반면(김민채, 김영환, 2017: 269; 백종면, 2016: 118-119), 학교 구성원들의 내부적인 관점에 기조한 실전석이고 경험적인 연구가 활발하지 못한 편이다(김영화, 2014). 특히, 대안학교 교사들의 삶에 대한 연구(김명자, 2015; 윤석주, 2015)는 간헐적으로 수행되기는 하였으나, 대안학교 운영에서의 핵심적 역할을 수행하는 학교장의 정체성과 역할이 형성 및 변화되는 과정을 추적한 연구는 부족한 실정이다.

한편, 우리나라에서 일반학교 교장에 대한 질적 연구(김병찬, 2006; 김이경, 김도기, 김갑성, 2008; 오영재, 2010)는 주로 교육행정학의 관점에서 수행되었는데, 이 연구들은 리더십을 주제로 하여 우수한 학교장의 역할과 자질을 집중적으로 조명하였다. 대표적인 세 연구를 간략하게 언급하면 다음과 같다. 첫째, 김병찬(2006)은 한국 학교장의 역할 수행의 특징과 맥락을 조명하였는데, 교장들은 역할 수행과 관련하여 교장직 누리기, 행정관리자로 일하기, 제한된 자율권 행사하기, 타협하기, 개인 경험에 의존하였다(김병찬, 2006). 이 연구는 학교장들의 역할 경험이 일반학교의 행정조직 문화, 공동체주의 문화, 반장학 문화, 온정주의 문화에 연동되어 있음을 밝혀주었다(김병찬, 2006). 둘째, 오영재(2010)는 중등학교의 교사들이 인식하는 학교장의 자질과 역할을 조명하였는데, 수업지도성(교사들의 수업권 존중, 수업활동 지원, 전문성을 바탕으로 한 수업장학), 행정관리(잡무 감축, 공정한 학교행정, 행정업무 정통), 인간관계(교사와 학생의 포용, 열린 의사소통)라는 세 가지 역할을 강조하였다(오영재, 2010). 셋째, 김이경, 김도기, 김갑성(2008)은 우수한 학교장의 리더십에 주목하였는데, 우수한 학교장은 단위학교의 특성에 부합한 과업추진, 인내심, 도덕성, 타인에 대한 배려, 교장으로서 확고한 사명과 경영관을 갖고 있었다(김이경, 김도기, 김갑성, 2008).

앞서 살펴본 바와 같이, 일반학교 교장에 대한 국내 연구는 교육행정학 및 리더십의 관점에서 우수한 학교장의 역할과 자질을 질적으로 조명한 측면에서 연구의 가치가 높았으나, 이러한 역할과 자질이 어떻게 형성 및 변화되었는지에 대한 시간적 및 내적 과정을 탐구하는 데 제한적이었다. 이러한 맥락에서 국내 일부 선행연구(김미정, 신상명, 2012)는 예술적 관점에서 학교장의 리더십을 조명하거나, 생애사 연구방법을 통하여 일반학교 학교장의 교직생애 발달과정(오영재, 2012) 및 미인가 대안학교 학교장의 실천적 지식 형성 과정(정경희, 김영순, 2017)을 종단적으로 탐구하였다. 이러한 국내 연구동향을 간략하게 소개하면 다음과 같다.

우선, 김미정, 신상명(2012)은 학교장의 새로운 역할과 리더십이 오케스트라의 지휘자(마에스트로) 역할과 유사하다고 보았다. 그들의 주장에 따르면, 마에스트로 리더십은 구성원들의 특성과 능력을 고려한 업무배치, 학교 상황에 따른 능동적이고 유연한 대처, 학교구성원에 대한 존중, 일방적인 목표 제시 및 결과중심의 능력평가를 지양한다(김미정, 신상명, 2012). 다음으로, 오영재(2012)는 생애사 연구를 통하여 한 중등 학교장의 교직생애 발달 과정을 해석하였다. 이 연구는 단일 대상(한 명) 생애사 연구를 통하여 한 교원의 교직 및 전문성 발달 과정을 논의한 측면에서 연구의 가치가 높았다. 그러나 이 연구는 일반학교에서의 교직 및 승진 문화를 논의하였기에 대안학교장의 정체성과 역할 변화를 탐구하는 데 제한적이었다.

끝으로, 정경희, 김영순(2017)은 생애사 연구를 통하여 미인가 대안학교 교장들의 실천적 지식 형성과정을 탐구하였다. 이 연구에 따르면, 미인가 대안학교의 교장들은 부모와 친구, 선생님, 책, 동아리 등으로부터 영향을 받았으며, 이러한 개인적 경험에서 비롯된 실천적 지식을 바탕으로 대안학교를 설립 및 운영하였다(정경희, 김영순, 2017). 이 연구는 미인가 대안학교의 운영이 한 학교장의 개인적 신념 및 가치관에 연결되어 있음을 밝혀주었다. 또한, 이 연구는 학교장들의 역할 정의가 사회문화적 진공상태에서 비롯되는 것이 아니라, 개인들의 역사적 삶에 연동되어 있음을 입증하였다 (정경희, 김영순, 2017). 그러나 이 연구는 여러 교장들을 대상으로 주제 분석을 시도하였기 때문에 개별 참여자들의 정체성과 역할 변화 과정을 포착하는 데 제한적이었으며, 인가형 대안학교 혹은 대안교육 특성화고등학교에서의 차별적인 연구결과를 도출하는 데 한계가 있었다. 따라서 이 연구는 한 대학교육 특성화고등학교 교장의 생애 궤적을 종단적으로 추적함으로써 학교장으로서 정체성과 역할의 형성 및 변화과정을 해석적으로 이야기하고자 한다.

Ⅲ. 연구 방법

1. 자료 수집 및 분석

이 연구는 대안교육 특성화고등학교 교장의 정체성과 역할의 형성 및 변화 과정을 추적하기 위하여 생애사 연구를 적용하였다. 왜냐하면, 이 연구는 한 교원의 오랜 삶과 이야기를 해석적으로 조명하기에 내러티브와 인간화를 강조하는 생애사 연구와 그 맥을 공유하기 때문이다. 또한, 이 연구는 한 교원의 삶과 이야기를 교육적 및 제도적 맥락에 연결하여 대안교육의 공유된 가치와 의미를 추구하기 때문에, 맥락성과 관계성을 강조하는 생애사 연구와 방법적 특징을 공유한다. 이 연구는 연구목적에 부합한 연구 참여자를 선정하기 위해 전형적인 표집을 실시하였다. 여기에서 말한 '전형적인 표집'이란 대안교육 특성화고등학교에 오랫동안 근무하면서 교사, 교감, 교장으로서 정체성과 역할의 변화 경험을 한 연구대상자를 의미한다. 따라서 이 연구는 우리나라 대안학교의 효시이자, 현재에도 여러 대안학교들의 모델로 여겨지고 있는 산청간디고등학교(실명)의 한 교장을 연구의 동반자로 초대하였다.

연구자는 연구 참여자에게 이 연구의 의도와 목적을 공표하였고, 연구의 수행과정과 논문출판에서 비롯될 수 있는 윤리적 및 법적 문제를 안내하였다. 개교 20주년을 맞이하여, 학교 리빌딩(rebuilding)을 시도하고 있었던 남호섭(실명) 교장은 연구자의 안내서와 IRB 신청서를 검토한 이후에 연구승낙을 하였으며, 학교 및 자신의 이름이 실명으로 기재되는 것에 동의하였다. 이 연구의 수행 기간은 2017년 3월 15일부터 2017년 8월 31일까지(약 6개월)였으며, 자료 수집을 위하여 내러티브 인터뷰(5회)와 참여관찰(3회)을 시도하고, 기타 문서자료를 추가적으로 수집 및 분석하였다. 보다 구체적으로, 이 연구는 참여자의 생애 궤적과 이야기를 포착하기 위하여 다섯 차례(1차 내러티브 인터뷰: 2017. 03. 31/교장실/1시간 35분 녹음, 2차 내러티브 인터뷰: 2017. 06. 18/교장실/21분 녹음, 3차 내러티브 인터뷰: 2017. 06. 28/교장실/2시간 17분 녹음, 4차 내러티브 인터뷰: 2017. 07. 06/교장실/2시간 30분, 5차 내러티브 인터뷰: 2017. 07. 17/교장실/1시간 24분 녹음)의 내러티브 인터뷰(총 8시간 8분)를 수행하였고, 녹음자료의 수집과 전사, 분석 작업(분석적 메모 82장)을 동시적으로 수행하였다. 또한, 연구자는 연구의 배경인 산청간디고등학교의 교육과정과 수업을 파악하고, 학교장의 일상을 이해하기 위하여 세 차례의 참여관찰(반일 참관, 3월 2회, 6월 1회)을 시도하였다. 또한, 내러티브 인터뷰 및 참여관찰 자료의 적절성을 보강하기 위하여 연구 참여자가 보관해 오고 있던 각종 문서자료(2017 학교컨설팅 내부평가 보고서, 참여자의 강의노트: 간디학교의 행복철학, 학교소식지 3권, 2012년도 학생 시집, 간디고등학교 출판물 4권, 참여자의 시집 3권)를 추가적으로 수집, 분석하였다.

이 연구는 최종적인 이야기를 도출하기 위하여 Lieblich, Tuval-Mashiach, & Zilber(1998)의 총체적 형태(holistic form)에 기초하여 1차 코딩을 시도하였다. 총체적 형태는 원 자료에 대한 주제 분석보다, 시간적 경과에 따른 이야기의 전체적인 구조에 초점을 둔다(Lieblich, Tuval-Mashiach, & Zilber, 1998). 또한, 이 연구는 1차 코딩 결과를 Saldana(2009)의 종단적인 질적 자료 요약 매트릭스에 치환함으로써 2차 코딩을 시도하였다. 이와 같은 종단적 코딩을 통해 다음과 같은 세 가지의 주제(① 일반학교 교사로서의 비판적 삶과 교육: "시인의 상심(傷心)으로 학교교육을 견뎌내기", ② 대안학교 국어교사로서의 해방적 삶과 교육실천: "군자불기(君子不器)", ③ '교사'의 마음으로 학교장 역할 수행하기: "돌담과도 같은 울타리가 되기")와 여섯 개의 하위범주(일반학교 교사로서 삶의 궤적과 딜레마: "입시의 그물망에 상심한 교사", 상심을 넘어 대안을 모색하기: "시인의 마음으로 야성이 넘치는 학교를 찾아 나서기", 대안적인 가르침에서 비롯되는 모호성과 공포에 맞서기: "그저 할뿐", 공감과 감정이입으로 학생들과 신뢰를 쌓기: "하얀 사람", 학교자치에 기초한 민주성 실현: "학교구성원들의 교사로 살아가기", 신뢰를 기반으로 한 공공성의 확보: "대안교육의 자율성을 공공성에 연결하기")를 생성하였다.

2. 타당도 확보

이 연구는 최종적인 연구 결과에 대한 타당도를 확보하기 위하여 다음과 같은 시도를 하였다. 첫째, 연구자로서의 나는 생애사 연구의 방법적 특징으로 볼 수 있는 내러티브, 관계성, 맥락화, 인간화를 강화하기 위하여 내러티브 인터뷰뿐만 아니라 참여관찰, 각종 문서 자료 등의 다양한 자료를 수집 및 분석하였다. 둘째, 화자의 내러티브 필터이자 공동연구자(co-researcher)인 나는 자료 분석 및 해석에서의 타당성을 강화하기 위하여 연구 참여자와 함께 두 차례의 구성원 검증을 시도함으로써 간주관성(intersubjectivity)을 추구하고자 하였다. 셋째, 연구자로서 나는 문학가이자 시인으로 활동하고 있는 연구 참여자의 이야기를 풍부하게 재현하기 위해 서술 중심의 내러티브뿐만 아니라, 연구 참여자와 학생들의 작품(시)을 적극적으로 활용하는 시적 글쓰기를 시도하였다. 마지막으로, 생애사 연구에서 저자는 화자의 내러티브를 해석하는 공저자이자 연구도구이기 때문에 연구자의 방법적 민감성과 전문성이 무엇보다 중요하다. 저자는 최근 5년 동안 여러 편의 생애사 연구를 수행한 경험이 있으며, 좋은 생애사 연구를 가늠하기 위한 평가준거를 개발한 경력이 있음을 밝힌다.

Ⅳ. 연구 결과

1. 일반학교 교사로서의 비판적 삶과 교육:
"시인의 상심(傷心)으로 학교교육을 견뎌내기"

〈말〉

내가 어렸을 적

학교 담 타넘다 선생님께 들켰네

죄 없는 내 친구 내 옆에 무릎 꿇고

선생님의 이런 말씀 들었네

"저 녀석들은 안 돼."

그 말씀 아직도 내 귓가에

내 가슴에 못으로 남아

선생님이 된 나의 거울이 되네

깨지지 않는 거울이 되네.

(남호섭 교장의 시, "타임 캡슐 속의 필통" 중 일부. p. 76)

가. 일반학교 교사로서 삶의 궤적과 딜레마: "입시의 그물망에 상심한 교사"

남호섭 교장은 1962년 서울에서 2남 1녀 중 차남으로 태어났다. 그의 부친은 대학에서 문학을 전공한 시인이자 출판인이었으며, 모친은 경주지역 명문가에서 태어나 교양을 갖춘 여성이었다. 남호섭 교장은 경제적으로 윤택한 유년기와 소년기를 보낸 것은 아니었지만, 부모의 영향으로 문학, 역사, 철학 등의 인문학적 소양을 기를 수 있는 가정배경에서 성장하였다. 부모의 사회경제적 지위(SES)와 학력(學歷), 그리고 가정 내 문화자본은 그가 한 대안학교의 교원으로 입문할 수 있는 토대가 되었다고 볼 수 있다. 남호섭 교장은 초등학교 시절에 다소 얌전한 성격이었는데, 교과 성적을 강조하지 않는 부모님의 영향으로 학업에 그다지 관심이 없는 학생이었다. 그러나 그는 초등학교 5학년 시절에 한 담임교사를 만나면서 삶의 전환점을 맞이하게 되었다. 당시 담임교사는 학급의 모든 학생들을 사랑으로 가르칠 뿐만 아니라, 교실에서 소외된 학생늘에게 특별한 관심을 기울이는 교육자였다. 그는 모든 학생들을 사랑하면서도 자신처럼 조용한 학생에게 각별한 관심을 쏟는 담임을 만나면서 교직에 대한 호감을 갖게 되었다. 그리고 이러한 경험은 그가 대학시절에 문예창작과를 다니면서도, 교직이수를 하고 교직에 입문할 수 있는 삶의 전환점으로 작용하였다.

중학교에 진학한 그는 공부를 곧잘 하였는데, 그의 부모는 그가 판사출신 외삼촌처럼 법조인이 되기를 희망하였다. 그러나 그는 중학교 2학년으로 올라가면서 공부만을 강조하는 학교교육에 의문을 품기 시작했고, 흡연을 하는 등 소위 '노는 아이들'의 문화에 편승하기도 하였다. 그는 중학교

3학년 때 취업이 잘 되는 실업계 고등학교에 진학할까 고민도 하였으나, 결국 중학교 근처의 인문계 (사립)고등학교에 진학하였다. 그는 고등학교 1학년 때까지는 상위권 성적을 유지했으나, 학년이 높아짐에 따라 점차적으로 성적이 저하되었고, 급기야 학교와 세상이 싫어서 자퇴를 결심하기도 하였다. 그는 학교 교사들과 부모님의 설득으로 자퇴를 하지는 않았으나, 입시만을 강조하는 인문계 고등학교의 생활에 깊은 회의를 품고 있었다. 이런 그에게 새로운 희망이자 돌파구는 문학이었는데, 그는 보충수업 시간에 소설이나 수필을 읽기 시작하였고, 백일장에 나가서 수상을 하기도 하였다. 그리고 문학에 대한 각별한 관심은 그가 문예창작과에 입학하고, 시인으로 성장할 수 있는 동력이 되었다.

그는 고등학교 성적이 신통치 않아서 원하지 않는 한 대학교에 진학하였으나, 1년 후에 자퇴를 하였다. 그리고 1년 동안의 독학 끝에 서울지역 한 대학교의 문예창작과(83학번)에 입학하게 되었다. 그는 이러한 자퇴 및 재수 경험을 통하여, 고등학교 시절에 하고 싶은 것을 다하고도 대학진학이 가능할 수도 있다는 여유로움을 갖게 되었다. 자신이 원하는 학교 및 학과에 진학한 그는 군 제대 후에 학업과 시 창작에 몰두하면서도 교직이수를 하게 되었다. 당시 그는 학교의 교사가 될 마음은 없었으나, 지금의 부인인 당시 여자 친구의 권유와 설득으로 교직이수를 하게 된다. 그러던 그는 군 제대 후 대학교 4학년(28세) 때 별다른 생각 없이 교생실습을 나가게 되었는데, 그때의 교생실습 경험은 그의 삶을 통째로 바꾸어 놓았다. 그는 교생실습을 하면서 교사로서의 삶에 대한 매력을 느꼈으며, 좋은 교사가 될 수 있다는 당시 교감 선생님의 칭찬과 격려로 교사가 되기를 결심하였다. 그는 대학을 졸업하기 직전에 결혼을 하였고, 졸업 직후에 몇 달간 출판사에서 일을 하기도 하였다.

졸업 직후 임용고사를 준비 중이었던 그는 한 사립 고등학교로부터 채용 권유를 받기도 하였으나, 채용을 빌미로 금전을 요구하는 당시 학교의 관행을 보며 교원임용을 거부하기도 하였다. 그가 이처럼 용기 있고 올바른 선택을 할 수 있었던 이유는 바로 예비교사이자 문학도로서의 비판정신 때문이었다. 그는 1990년 6월에 외삼촌의 권유와 소개로 경주지역 한 사립 중학교의 국어교사로 첫발을 딛게 되었다. 그곳에서의 5년 동안의 교직경험은 교사로서의 삶과 시(詩)가 일치하는 행복한 삶 그 자체였다. 그는 그곳에서 학생들을 성심성의껏 가르칠 뿐만 아니라 그들을 위한 시를 쓰기 시작하였고, 급기야 좋은 작품으로 등단하여 시인이 되었다.

중학교 교사이자 아동(청소년) 문학가가 된 그는 인근지역의 아동 문학가들과 교류하게 되었고, 그 사람들의 권유로 1996년에 포항지역의 한 인문계 사립 고등학교로 전근을 가게 되었다. 그러나 불행히도, 중학교 국어교사로서의 삶과 인문계 고등학교 교사의 삶은 차원이 달랐다. 그의 표현에 따르면, 1996년 당시 국어교사로서의 삶은 입시라는 그물망에 빠져버린 무기력 그 자체였다. 특히, 사립 고등학교에서의 강제적인 야간자습과 그에 따른 감독비는 마치 죽음을 순비하는 비용 즉 '관 값'으로 여겨졌다. 그는 한 해 동안 인문계 국어교사로 살아가면서 교육이 아닌 것에 마음 아파했고, 그러한 시인의 상심으로 학교교육과 학생들, 그리고 교사로서의 삶을 노래했다. 그는 이듬해(1997년)에 서울지역의 한 상업고등학교로 이직을 하여 3년 동안 소신껏 아이들을 가르칠 수 있었다. 왜냐하면, 실업계 고등학교는 입시로부터 떨어져 있었고, 국어교과가 그다지 중요하지 않은 기타 교과였기 때문이다. 그러나 그는 재단으로부터 능력을 인정받아 인문계 고등학교로 옮기게 되었고, 그곳에서의 교직생활(2년)은 역시나 암흑기였다. 결국, 그는 인문계 고등학교 국어교사로서 비판적인 삶을 추구하고자 하였으나, 입시라는 제도적 그물망에 사로잡힌 존재였다.

나. 상심을 넘어 대안을 모색하기:
"시인의 마음으로 야성이 넘치는 학교를 찾아 나서기"

남호섭 교장은 앞서 말한 것처럼, 교사가 되고나서 10년 동안 입시를 중심으로 한 학교교육에 적응하면서 살아왔다. 그러나 그는 교직 11년차에 접어들면서 입시에 매몰된 교사로서의 삶에 대하여 근원적인 물음을 제기하게 되었고, 급기야 상심을 넘어 교육적 대안을 찾기 시작하였다. 우선, 그는 인문계 국어교사로서의 한계를 넘어서기 위해 과거 순응적인 삶의 모습을 뒤로하고, 학교 안에서 '벌떡 교사'가 되기로 결심하였다. 남호섭 교장은 경력교사로서 전교조를 결성하여 학교(교장)와 재단의 부당한 처사에 문제제기를 하였고, 단위학교의 민주화를 실현하기 위해 지속적으로 노력하였다. 그는 점차적으로 학교와 재단에 눈엣 가시가 되었으나, 교사로서 오히려 만족스럽고 행복하였다. 왜냐하면, 학생들의 교육적 성장과 문학의 비판정신을 삶의 중심에 두고 주체적인 목소리를 낼 때마다, 그의 학생들과 학부모들은 그를 지지하였기 때문이다. 즉, 학생들과 학부모들이 보내주는 신뢰는 그가 학교에서 시인의 마음으로 '야성(野性)'을 추구할 수 있는 원동력으로 작용하였다.

남호섭 교장이 경력교사가 되어 독단적인 교장이나 비교육적인 학교교육에 대하여 비판적인 목소리를 낼 수 있었던 것은 교사이기 이전에 시인의 마음으로 학교현실을 직시하고자 노력했기 때문이다. 그는 시를 쓰는 순수한 마음으로 학생들을 지도하였으며, 학생들의 교육적 성장에 대한 이해와 통찰은 어느새 새로운 시가 되어 있었다. 또한, 그는 비판적 관점에서 학생과 학교의 일상을 시적 언어로 표현하였는데, 교사라는 직업은 이른바

'비판적 실천'을 추구하기에 가장 좋은 자리였다. 여기에서 말한 비판적 실천이란 학교 교사가 마르크시즘(Marxism)과 같은 이데올로기의 깃발에 압도당하는 것이 아니라, 자신의 소소한 일상을 성찰하고, 그것을 개선하려는 교사의 작은 실천을 의미한다. 그는 시 창작을 중심으로 한 비판적 실천을 통해 왜곡된 학교교육을 직시할 수 있는 관점과 용기를 갖게 되었고, 입시에 사로잡힌 중등학교 교사로서의 삶을 억지로 견디기보다는 새로운 길을 찾아 나서기로 결심하였다. 즉, 시인이자 학교 교사였던 그는 학생에 대한 사랑과 문학에서 비롯된 비판정신에 기초하여 시를 쓰면서 삶을 읽고, 삶을 해석하면서 교육에 대한 시를 쓰는 문학가로 성장해 나갔다. 그는 자신의 삶이 한 편의 시가 되고, 시가 또 다시 삶이 되는 국면을 맞이하면서 자기기만이 없는 삶을 살 수 있었고, 왜곡된 학교교육에 저항할 수 있는 용기를 갖게 되었다.

> 10년 동안 교사를 하다 보니 학교교육의 구조적 한계가 보였어요. 한 명의 공부 잘 하는 아이를 위해 많은 아이들이 들러리를 서야하는 구조 말이죠. 이러한 현실을 나 혼자서 타개하기는 힘들었어요. 그래서 다른 선생님들과 의기투합해서 전교조 분회를 결성했죠. 교실에서 나 혼자 행복한 것은 한계가 있고, 교실에서의 행복은 개인적인 자기만족에 불과하기 때문이죠. (중략) 나의 이러한 비판적인 모습을 보고, 오랜만에 만난 대학동기가 깜짝 놀라더라고요.. 그 친구는 학생운동을 많이 한 사람이었는데, 제가 이렇게 살지는 몰랐나 봐요. (웃음) 거대한 이상을 외치는 것도 중요하지만, 저는 사회운동이 특별한 것이라 생각하지 않아요. 자신의 현실을 개선하려는 작은 실천이 소중하다고 봐요. 지금 와서 생각해 보면, 문학과 아이들이 나를 이렇게 만든 셈이지요.
>
> (남호섭 교장의 내러티브, 3차 인터뷰 전사 자료)

한편, 그는 서울 소재 상업고등학교 교사 시절부터 소외된 학생들을 외면할 수가 없었다. 불우한 가정배경에서 자라난 학생들은 학교교육에 적응하기 힘들었고, 교실수업에서 의미 없는 시간을 보내기가 일쑤였다. 그는 초등학교 5학년 시절의 담임선생님을 떠올리며 어려운 환경에 처해있는 학생들을 각별히 보살폈다. 그러나 직업인을 만드는 실업계 고등학교나 대학 진학을 최상의 가치로 두는 인문계 고등학교에서 이러한 학생들을 제대로 지도하기가 쉽지 않았다. 드디어 그는 이러한 현실을 극복하기 위해, 시인의 마음으로 야성이 넘치는 학교를 찾아 나서기로 결심했다. 그는 2000년 어느 날 한겨레문화센터에서 주최하는 전국 대안학교 설명회를 듣게 되었고, 급기야 한 대안학교의 교사가 되기로 결심하였다. 그의 말에 따르면, 그 대안학교는 야성이 넘치는 가장 원시적인 학교였다. 그는 2001년에 산청간디고등학교의 국어교과 경력교사 채용에 지원하였고, 드디어 꿈에 그리던 '야인'이 되었다.

2. 대안학교 국어교사로서의 해방적 삶과 교육실천: "군자불기(君子不器)"

〈모과〉

모과 하나 따 들고
주호가 내게 왔다

마음병으로 입원한

여자 친구를 기다리는 마음

시로 써서 발표하더니

며칠째 도서관에 파묻혔던 모양이다

몇몇 시집 제목을 말하다가

고개 저으며 이렇게 말했다.

"어떻게 살아야 할지 알려 주는

시집 하나 소개해 주세요."

머뭇머뭇 생각해 보니

내가 읽은 시집이 오백 권은 넘으리라.

하지만 주호가 가져온 모과만큼

향기가 짙은 것은 쉬이 떠오르지 않았다

(남호섭 교장의 시, "벌에 쏘였다" 중 일부. pp. 26-27)

가. 대안적인 가르침에서 비롯되는 모호성과 공포에 맞서기: "그저 할뿐"

남호섭 교장은 2001년에 10년 남짓의 일반학교 국어교사를 그만두고, 나이 마흔에 가족들과 함께 산청간디학교(당시 학교명)로 자리를 옮겼다. 서울에 거주하는 그의 부모는 지방으로 내려가는 아들이 못내 아쉬웠지만, 늘 그렇듯 그의 판단과 결정을 지지해 주었다. 그가 처음에 체험한 산청간디학교의 교육방식은 놀라움과 기쁨의 연속이었다. 국가(교육부)나 도교육청으로부터 인가를 받은 학교가 이렇게 자유로울 수 있다는 사실이 놀라웠고, 평생의 소원이었던 맨발과 반바지 차림으로 수업을 해도 누구하나 간섭하는 이가 없어서 좋았다. 특히, 그는 더 이상 대입 중심의 국어수업을 하지 않았기에 입시로부터 해방된 삶을 살 수 있었다. 산청간디학교 교사가 되고나서는 더 이상 시를 쓰지 않아도 되는 삶을 살 수 있었다. 왜냐하면, 그에게 있어 간디학교 교사로서의 삶 그 자체는 이미 시가 되었기 때문이다.

> 간디학교에 처음 와서 든 생각은 "이래도 되나?", "어, 이래도 되네?"였어요. (웃음) 학교 운동장에는 동물들이 자유롭게 돌아다니고, 학교에서는 야성이 넘치는 아이들로 가득했었죠. 그 때서야 깨달았죠. "아, 내가 얼마나 불필요한 학교 규범 속에서 살아왔던가!" 같이 전입해온 여러 동료 교사들은 학교에 규범과 체계가 없다고 불만들이었지만, 저는 오히려 그래서 이 학교가 더 좋았어요. 더 이상 시를 쓸 필요가 없었고, 그냥 자연스럽게 삶을 살면 되었으니까요. 삶이 시가 되는 행복한 삶을 맛본 것이죠. 그래서 간디학교에 오고 나서부터 학교 이야기는 곧 시가 되었지요. 그때가 제 인생의 황금기였어요.
>
> (남호섭 교장의 내러티브, 5차 인터뷰 전사 자료)

남호섭 교장은 대안학교인 산청간디학교에 근무하면서 실패에 대한 막연한 공포로부터 점차적으로 벗어날 수 있었다. 고등학교 학창시절이나 재수 경험에서 엿볼 수 있듯이, 그는 인생이나 학교교육에서 한 번 엎어져 봤자 별거 없다는 사실을 몸소 깨닫게 되었고, 이러한 자각은 대안적인 교육과 삶에 대한 도전과 모험을 시도할 수 있는 용기를 선사하였다. 그는 산청간디학교에 발령이 나서야 봉급이 제대로 나오지 않는 학교라는 사실(전입당시 임금 공동체)을 알게 되었고, 간디학교의 교사들이 모두 자신처럼 살아가지 않는다는 것도 알게 되었지만, 크게 개의치 않았다. 그는 도전과 모험이 가득한 학교에 근무하는 것 자체가 너무나 좋았기에 직업적 및 경제적 안정성을 얼마든지 유보할 수 있었다. 즉, 더 이상 '관 값'을 내지 않아도 되는 교사로서의 삶이 좋았고, 교육 아닌 것에 대한 상심으로 더 이상 시를 토해내지 않아도 되었기에 자발적인 가난쯤은 기꺼이 감내할 수 있었다.

〈땡땡이〉

태어나서 처음으로 수업을 땡땡이 쳤다
기분이 신기했다
좋지도 않고 나쁘지도 않았다

땡땡이를 치는데 비가 왔다
빗소리가 좋다
땡땡이를 치면서 군것질을 했다.
맛있었다
땡땡이를 치면 큰일 나는 줄 알았는데
아무 일도 없었다
내가 교실에 없으면 큰 일 날 줄 알았는데
아무 일도 없었다
(내가 죽어도 이렇게 아무 일도 없을까?)
그래서 슬프다.
(산청간디고등학교 전의정, 당시 1학년)

앞서 이야기한 것처럼, 남호섭 교장은 산청간디학교의 교원이 된 이후로는 대안적인 가르침에서 비롯되는 모호성과 공포에 맞서기 시작하였다. 그는 산청간디학교의 다른 교원들과는 달리 일반학교에서 10년 이상 근무하였기 때문에 일반학교에서 비롯된 규범이나 형식으로부터 자유롭지는 못했다. 그러나 일반학교 경력교사의 삶에서 비롯된 규범이나 형식이 대안학교 교사로서의 삶에 방해만 되는 것은 아니었다. 왜냐하면, 산청간디학교는 자율성과 다양성을 강조하는 비인가 대안학교의 특성뿐만 아니라, 공공성과 책무성을 강조하는 특성화고등학교였기 때문이다. 그는 산청간디학교에서 교직생활을 하면서 상당수의 동료 교사들이 학교의 교육방식에 적응하지 못하고 떠나는 모습을 목도하였다. 산청간디학교를 떠났던 일부 교사들은 스스로가 규정한 대안교육의 규범성에서 자유롭지 못했으며, 또 다른 일부는 자신들의 가르침에 대한 과도한 자기검열과 의미부여로 인해 스스로를 실망시켰다. 그러나 남호섭 교장은 일반학교에서의 규범과 형식, 대안교육의 대립적인 규범성 사이에서 균형을 잡아나갔으며, 자신의 가르침에 대한 과도한 의미부여와 자기검열을 늘 경계하였다.

보다 구체적으로, 그는 대안적인 국어수업을 전개하기 위해 자신만의 인격화되고 개인화된 교재와 교수법을 개발하였고, 대학입시를 전제로 하지 않는 교육과정과 수업을 실현하였으며, 이러한 교수방식에서 비롯될 수 있는 교육적 모호성과 공포 앞에 당당하게 맞서 싸웠다. 또한, 남호섭 교장은 일반학교의 교수·학습 과정에서 관행처럼 수반되는 의례적인 교육활동을 비판적으로 바라보았고, 수업의 기술이나 교과내용에 대한 전문성뿐만 아니라, 학생들의 학습에 대한 자발성을 이끌어내는 등의 정의적 접근을 시도하였다. 또한, 그는 생활지도와 교과지도의 비분리성을 간파하였으며, 학생들이 실패를 두려워하지 않고 도전과 모험을 시도할 수 있는 학습 환경을 조성하였다.

제가 간디학교에서 지금까지 버틸 수 있었던 힘은 긍정적인 성격 탓인 것 같아요. 엎어져도 잃을 것이 없다는 여유로움 말이죠. 교육에 대한 의미부여는 지나간 경험에 대한 기억과 성찰을 불러오기 때문에 꼭 필요합니다. 다만, 지나친 의미부여는 오히려 교육의 발목을 잡을 수도 있어요. 어떻게 보면, 간디학교는 철없고 모자란 사람들이 남는 곳인지도 모르겠어요.

(남호섭 교장의 내러티브, 4차 인터뷰 전사 자료).

남호섭 교장이 대안학교와 자신에서 비롯된 교수적 모호성과 공포에 맞설 수 있었던 것은 기존의 학교교육에 대한 새로운 '의미관점(meaning perspective)'이 형성되었기 때문이다. 여기에서 말한 새로운 의미관점이란 대안학교에서의 교수경험이 재구성될 때 수반되는 새로운 신념과 전제의 구조를 의미한다(Mezirow, 1991). 보다 구체적으로, 그는 그동안 학교교육에서 당연한 전제로만 여겨졌던 대학진학을 내려놓음으로써 새로운 차원의 학교교육을 시도할 수 있었다. 가령, 대입을 전제하지 않는 국어수업을 한다면, 교사는 학교에서 무엇을 어떻게 가르쳐야 하고, 학생은 무엇을 왜 배워야 하는가? 오늘날의 대학은 학생들의 미래를 보장하는가? 남호섭 교장은 이러한 물음에 답할 수 있는 국어수업을 전개하면서 비로소 문학작품을 매개로 하여 학생들과 함께 울고, 웃을 수 있었다.

간디학교의 초창기 때 많은 사람들이 학교가 곧 망할 것이라고 말했어요. 그래서 실제로 상당수 교사들이 학교를 떠나기도 했죠. 하지만 나는 우리 학교가 그다지 심각해 보이지 않았어요. 오히려 재미있고 건강한 학교라고 생각했어요. 고등학교에서 입시를 내려놓으면 어떤 교육이 펼쳐질까요? 뭐든 할 수도, 반대로 뭐든 안할 수도 있지요. 지금의 대학이 학생들의 미래를 보장하지는 않아요. 그렇다면 뭐가 겁이 나겠어요? 살다가 인생을 엎어본 사람들은 막연한 삶의 굴레에서 벗어날 수 있어요. 고등학교 때 꼭 공부를 열심히 할 필요는 없다고 봐요. 자신이 필요하다고 생각하는 시기에 하고 싶은 것을 배우면 되니까요. 그러니까 배움에는 때가 있을 수도, 없을 수도 있는 것이지요. (남호섭 교장의 내러티브, 4차 인터뷰 전사 자료)

〈그래도〉

수학 잘 하는 아이보다는

시 잘 쓰는 아이에게

말 잘 하는 아이보다는

잘 들어주는 아이에게

일등 하는 아이보다는

꼴등을 즐길 줄 아는 아이에게

부러운 걸 보니

나 아직은

잘 살고 있구나

(산청간디고등학교 이누리, 당시 2학년)

또한, 남호섭 교장은 대안교육 특성화고등학교의 모순과 양면성을 자연스럽게 조화시켜 나갔다. 학교 교사는 학생들에게 새로운 지식과 기능, 태도 등을 전수하는 일(educare)과 더불어 학생들의 잠재력을 이끌어 내는 일(educere)을 동시에 수행해야 한다. 그러나 전자를 강조하면 자율성과 자발성을 잃게 되고, 후자만을 강조하면 무책임과 방임의 교육이 되기 싶다. 인가형 대안학교 혹은 대안교육 특성화고등학교의 교사로서 살아간다는 것은 바로 이러한 제도적 모순과 양면성을 창조적으로 절충하는 일이었다.

한편, 우리나라의 대안학교는 조직문화의 관점에서 볼 때, 교육의 불확실성을 회피하는 문화로부터 자유롭지 못한 편이다(김수동, 박영실, 2014). 이러한 학교의 조직문화로 인해 상당수의 대안학교는 설립초기의 학교이념을 실현하기보다는, 교육수요자들의 현실적인 요구를 수용하는 입시전문 귀족학교로 변질되는 경우도 있다. 그러나 남호섭 교장은 대안학교의 건강성이 마치 별을 헤는 마음으로 모호성을 인내하는 데서 비롯된다고 보았다. 그리고 대안학교의 교사로 살아가기 위해서는 잘 가르치고 있는지에 대한 불안함과 두려움을 넘어서 '군자불기(君子不器)'의 정신이 필요하다고 생각하였다. 즉, 대안교육의 본질은 하나의 그릇으로써 고정된 상태로 주어진 것이 아니라, 여러 사람에 따라 다르게 적히고 해석된다. 따라서 그의 내러티브에 따르면, 학교교육은 무엇을 이루기 위한 제도적 도구나 수단이 아니라, 그 자체가 하나의 목적이기 때문에 교사는 그냥 그 자리에서 자신의 일을 '그저 할 뿐'인 것이다. 그의 이러한 교육철학은 수단과 목적이 일치하고, 과정과 결과가 일치하며, 자기주도적인 배움을 통해 자기발견과 자기이해를 시도하는 간디의 교육철학과 맞닿아 있었다.

나. 공감과 감정이입으로 학생들과 신뢰를 쌓기: "하얀 사람"

남호섭 교장은 대안학교의 국어교사가 되고 난 이후부터 학생들에게 무엇을, 어떻게 가르칠지를 고민을 하였다. 대안학교의 교육과정이 개별 교사에 따라 자유롭게 재구성되는 일은 국가교육과정에 대한 교원의 교수 전문성과 창의력을 이끌어낼 수 있는 기회일 수도 있다(이병환, 2007: 88). 이 같은 맥락에서 아동(청소년) 문학가이자 시인이었던 남호섭 교장은 기존의 국어 교과서를 과감하게 탈피하여 산청간디고등학교 학생들에게 최적화된 학습 경험을 새롭게 선정하고 조직하였다. 그가 이처럼 대안적인 교과교육을 전개할 수 있었던 이유는 국가수준의 교육과정에 대한 전문적인 이해뿐만 아니라, 성취기준을 달성하는 데 유용한 문학 작품을 다량 보유하고 있었고, 교육과 삶에 대한 자신과 학생들의 자작시도 많았기 때문이다. 특히, 그는 자신과 학생들이 손수 쓴 시를 중심으로 수업을 전개함으로써 학생들의 머리뿐만 아니라 마음을 움직일 수 있는 교육을 실천할 수 있었다. 문학작품을 중심으로 학생들과 울고 웃는 수업은 국어교사로서의 기쁨과 해방감을 선사하였다. 또한, 개별 교사 단위의 국어과 교육과정 재구성은 가르침에 대한 막연함과 두려움을 불러일으켰지만, 동시에 교사로서의 교수적 자율성과 전문성을 심화시킬 수 있는 교육적 기회가 되었다.

〈하얀 사람〉

사람을 잘 달랜다
머리끝까지 화가 나도
이 사람이 설명하면
귀에 쏙쏙 들어온다.

왜 우리 학교에 있는지 모르겠다.
대통령 하면
참 잘 할 텐데
(산청간디고등학교 김석현, 당시 3학년)

보다 구체적으로, 남호섭 교장은 문학(시, 소설)을 제대로 이해하고 감상할 수 있는 학교풍토 속에서 학생들을 자신의 동지이자 친구로 간주하였다. 즉, 그는 시나 소설을 매개로 학생들과 공감적인 대화를 나누고 감정이입을 하면서, 사제지간의 관계를 넘어 강력한 신뢰관계를 형성할 수 있었다. 그는 이러한 수업방식을 통하여 수업과 생활지도의 핵심은 전문적인 교수 기술이 아니라, 지속적인 공감과 감정이입을 바탕으로 학생들과 인간적인 신뢰관계를 형성하는 데 있다는 점을 깨닫게 되었다. 또한, 중등학교 교사 로서의 수업전문성은 해당 교과지식에 대한 전문성에서 한 걸음 더 나아가 그러한 교과지식이 학생들의 실제적인 삶과 어떻게 연결되어 있으며, 학생 들은 이러한 교과지식의 학습을 통해 무엇을 느끼는지를 이해하는 것이었 다. 결국, 좋은 수업을 실현하기 위해서는 교사의 특별한 수업기술보다는, 학생들과의 신뢰관계를 중심으로 가슴을 울리는 교육이 중요하였다. 그리 고 좋은 국어수업이란 학생들을 국어교육의 대상으로 간주하기보다는, 다 양한 관심을 가진 대상 혹은 친구로 가정하여 그들과 함께 사물과 타자, 그 리고 대상세계를 공감적으로 이해하고 감정이입을 하는 일이었다.

그가 공감과 감정이입을 바탕으로 학생늘과 신뢰관계를 형성할 수 있었 던 힘의 원천은 바로 문학이었다. 그는 청소년을 위한 시를 쓰면서 청소년 의 앎과 삶에 대한 지평이 확장되고, 무엇보다 학생들도 성인과 유사한 마 음의 결을 갖고 있음을 깨닫게 되었다. 그리고 학교교육에서 중요한 것은 지식과 기술의 전수뿐만 아니라, 사랑과 자발성을 중심으로 한 정의적 교 육이었다. 그는 이와 같은 교육적 통찰을 통해 외부 수업전문가의 초빙을 통한 수업의 개선보다 교사 자신의 반성과 성찰이 중요함을 알게 되었고, 동료 교사들의 상이한 수업방식을 진심으로 이해하고 존중하는 태도를 갖 게 되었다. 그의 이러한 수업방식은 상처받은 학생들의 마음을 움직이기 시작하였고, 급기야 일부 졸업생들은 자신들의 모교를 마음의 고향 혹은 영혼 속에 존재하는 학교로 여기기 시작하였다. 결국, 남호섭 교장은 산청 간디고등학교의 교육철학에 따라 수업을 전개한 것이 아니라, 공감과 감정이입을 중시하는 개인적인 성향에 따라 자신만의 교수방식을 구성해 갔다고 볼 수 있다. 이러한 남호섭 교장은 학교 구성원들의 전폭적인 지지와 성원으로 교감연수를 받게 되었고, 2010년에 교사로서의 기나긴 삶을 마감하게 되었다.

3. '교사'의 마음으로 학교장 역할 수행하기: "돌담과도 같은 울타리가 되기"

〈교문 없는 학교〉

지각하는 날, 철 대문이 철컥
닫혀 있을까 걱정 안 해도 된다.
한번 들어오면 학교 마칠 때까지
못 나가서 밖을 그리워할 필요도 없다.
교문 없는 학교는
조금 늦게 와도 되고, 조금 일찍 가도 된다.

등산하고 내려오는 사람들이
교실 창밖에서 기웃거리는 날도 있다.
모내기 철 논물 대기 바쁠 때는

아랫마을 아저씨가 맨발로

학교를 가로질러 다니시기도 한다.

교문 없는 학교에는

교문만 없는 게 아닌 걸 알고

동네 개들도 다 모여든다.

교문 없는 하늘에서 새들이 자유롭게 날듯

학교에서 가장 따스한 자리에

개들이 네 다리 쭉 뻗고 잠들어 있다.

(남호섭 교장의 시, "놀아요 선생님" 중 일부. pp. 20-21)

가. 학교자치에 기초한 민주성 실현:"학교 구성원들의 교사로 살아가기"

남호섭 교장은 평교사 혹은 담임교사로서의 삶이 너무나 행복하였기에 학교의 관리자가 될 것이라고는 상상하지도 못했다. 그러나 2009년도에 즈음하여 학교자치를 자부해왔던 산청간디고등학교의 거버넌스에 균열이 일어나기 시작했다. 간디학교는 1997년 개교 이후 크고 작은 부침을 거듭해 왔는데, 이러한 부침의 원인 가운데 하나는 학교를 운영하는 교장이 학생들이나 학부모들과의 소통이 부족했기 때문이다. 2009년 당시까지만 하더라도 학교의 교감과 교장을 사학재단의 이사회에서 결정했기 때문에, 학교장이 외부로부터 교감을 영입하는 것은 별다른 문제가 되지 않았다. 그러나 학생자치와 학교자치를 대안학교 운영의 금과옥조로 여겼던 남호섭 교장은 교장과 교감 모두가 외부인사로 채워지는 현실을 수용할 수 없었다. 왜냐하면, 학교의 내부 구성원들을 중심으로 한 학교자치가 무너지면, 대안학교의 민주성이 심각하게 훼손될 수도 있었기 때문이다. 그래서 교원들 가운데 나이가 가장 많은 그는 2009년에 학교 구성원들(학생, 교직원, 학부모)의 적극적인 지지를 기반으로 교감 직무대리 역할을 수락하였고, 2010년에 교감 자격연수를 받은 후 교감 발령을 받았다.

이처럼 얼떨결에 교감이 된 남호섭 교장은 한 때 학교 설립자나 학교장이 대안교육의 깃발을 들고 학교 구성원들을 적극적으로 이끌어 주기를 희망한 적도 있었다. 그러나 그는 대안학교에 10여 년 근무하면서, 그러한 학교 지도자의 명료한 학교철학과 리더십보다는, 학교 구성원들 각자의 주체적인 판단과 실천, 그리고 민주적인 공적 대화의 과정이 학교운영에서 무엇보다 중요함을 자각하게 되었다. 즉, 학교의 학생들과 교직원, 그리고 학부모들 모두가 각자의 자리에서 스스로 말미암아 자신들의 삶을 다스리고 대화할 때만이 학교자치가 이룩될 수 있음을 알게 되었다. 한편, 단위학교에서 교감의 역할은 학교장을 지원하는 지원자 모델, 교감의 주도적인 행위자 모델, 교장과 교감의 파트너 모델, 교장과 교사 사이의 중재자 모델, 미미한 역할의 기권자 모델로 개념화 할 수 있는데(박상완, 2011), 남호섭 교장은 교감 시절에 교장의 지원자, 주도적 행위자, 교장의 파트너, 교장 및 교사의 중재자 역할을 동시에 수행하였다. 특히, 그는 이러한 네 가지 역할 가운데 교장과 교사의 중재자 역할에 방점을 두어 외부출신 교장의 학교운영을 견제하고, 학교 교직원들과 학생들의 다양한 의견을 학교운영에 적극적으로 반영하였다.

외부출신 교장들의 독주를 막는 게 말처럼 쉽지는 않았어요. 그분들은 학교실정을 잘 모르기 때문에 이런저런 실수를 하기가 십상이죠. 여기는 일반학교와는 다른 곳이잖아요. 그래서 때로는 교장의 부당한 지시를 한 쪽 귀로 듣고, 한

쪽 귀로 흘리기도 했죠. 시간이 지나니까 교장들이 나를 믿고 학교운영에 간섭하지 않았어요. (중략) 교감이나 교장이라는 자리는 애초에 나에게 맞지 않는 옷과 같아요. 책임만 무겁지, 재미는 하나도 없는 자리거든요. 아무 것도 하는 것 없이 힘만 쓰이는 자리가 이 자리인 것 같아요. 대안적인 교육은 가능해도 대안적인 행정은 존재할 수 없으니까요. 그래서 저는 우리 선생님들께 늘 이렇게 말해요. "당신들이 나를 교장으로 뽑았지만, 당신들이 모두 교장이다!"라고요.

(남호섭 교장의 내러티브, 5차 인터뷰 전사 자료)

남호섭 교장은 교감 4년차인 2013년도에 교장으로 승진하였고, 2016년에는 학교 구성원들로부터 재신임을 얻어 현재 교장 중임(교장 5년차)을 하고 있다. 그가 교장이 되었던 2013년에는 산청간디고등학교의 교장 임용 방식이 획기적으로 변화되었다. 즉, 사학재단의 이사회가 교장과 교감을 선발하는 대신에, 학교의 교직원들이 직접투표를 하여 교장과 교감을 선출하였다. 이러한 학교관리자의 선출방식은 과거 한 교원단체가 주장했던 '교장선출보직제' 혹은 내부형 교장공모제와 흡사하였다. 남호섭 교장은 이러한 교장선출방식이 학교자치와 민주화를 실현하는 데 매우 유용하다고 생각하였다. 그는 '교사, 직원, 학생, 학부모들의 교사'가 되는 것이 학교장의 진정한 역할이라고 생각하였고, 이러한 다중적인 역할을 실제적으로 수행하기 위해 일정한 시간의 교실수업(삶과 철학, 시 창작 등)을 전담하였다.

우리 학교의 교감, 교장 선출방식은 매우 냉철한 인사제도이지요. 모두가 교장이 될 수도 있는 학교이지만, 동시에 잘못하면 그 자리에서 내려와야 해요. 우리학교에서 학교장은 학교교육의 깃발을 드는 사람이 아니에요. 교장은 멋있게 말하는 사람이 아니라, 오히려 여러 사람들의 이야기를 듣고, 그들로부터 자발성을 이끌어 내는 자리라고 생각해요. 학교의 구성원들이 머리를 맞대고 현안에 대해 고민하고, 대화하고, 의사결정을 하는 과정을 묵묵히 지켜보고, 격려하는 것이 학교장의 역할이지요. 그리고 어느 순간 아무도 결정을 하지 못하면 교장으로서 결정을 하고, 그 결정에 책임을 져야 하는 자리죠. 그래서 저는 교장을 그만하고 싶어요. 너무 오래하기도 했고, 재미도 크지 않아요. 저는 여전히 담임을 맡았던 시절이 그립고, 아이들과 마음껏 장난치던 때로 돌아가고 싶어요.

(남호섭 교장의 내러티브, 1차 인터뷰 전사 자료)

"바람에 흔들리지 않고 피는 꽃은 없다"라고 하였던가? 남호섭 교장이 산청간디고등학교에서 교감, 교장이 되어가는 과정은 학교자치가 정착되어가는 과정과 그 맥을 같이 하였다. 즉, 민주적인 거버넌스에 기초한 관리자 선출방식은 20년 동안의 세월 속에서 자연스럽게 만들어진 것이 아니라, 학교 구성원들의 치열한 정치적 투쟁과 협상의 결과물이었다. 즉, 학교 내부의 구성원들은 20년 동안 학교자치를 실현하기 위해 재단 및 이사회, 도교육청, 교육부 등을 상대로 논리적, 감성적, 정치적으로 투쟁하였다. 그를 포함한 교원들이 이토록 학교자치에 매달린 이유는 교원들의 민주적인 삶의 실천이 곧 학교자치이며, 학생들은 이러한 민주적인 삶의 실천을 교원들의 어깨 너머로 배워서 학생자치를 실현할 수 있기 때문이다. 즉, 학교자치는 교원들의 민주적인 삶의 발자취와 어깨 너머로 출현하였으며, 학생자치의 출발점은 바로 교원들의 자치에서 비롯되었다.

남호섭 교장은 단위학교의 자치나 민주주의가 학교의 설립자나 학교장의 건강한 철학에서 비롯되는 것이 아니라, 학교 구성원들의 다양한 생각과 실천에서 비롯되는 이질성과 갈등을 포용하는 데서 출현한다고 생각하였다. 산청간디고등학교 교원들은 상이한 교육철학으로 인해 때로 갈등할지라도, '학생'을 중심에 두고 이야기를 나누면서 공통분모를 찾을 수 있었다. 또한, 단위학교의 민주성은 민주적인 교원과 학생들이 있으면 자연스럽게 생겨나는 것이 아니라, 모두가 학교의 주인공이라는 생각을 갖는 데에서 비롯되었다. 학교의 자치와 민주성을 실현하기 위한 남호섭 교장의 역할은 바로 민주적인 학교환경을 지키고, 가꾸는 일이었다. 한편, 교장선출보직제의 맹점은 교사와 교장의 역할이 상호 교환적으로 수행될 수 있는 전제에서 비롯된다(박상완, 2004). 물론 단위학교를 운영하는 교장과 교과지도 및 학급을 운영하는 교사의 역할은 서로 다를 수 있다. 그러나 남호섭 교장을 비롯한 학교 구성원들의 대부분은 교사와 교장의 역할이 크게 다르지 않다고 생각하였고, 오히려 남호섭 교장은 '교사'의 마음으로 학교장의 역할을 수행하였다. 그의 이러한 학교운영 방식은 '행정가로서의 리더십'보다는 '교육자로서의 리더십' 혹은 '서번트 리더십(servant leadership)'에 가까웠다. 또한, 남호섭 교장은 하나의 그릇 혹은 제도적 기관으로서의 학교를 유지 및 관리하기보다는, 민주적인 자치 공동체로서의 학교를 만들기 위해 '돌담과도 같은 울타리' 역할을 수행하였다. 즉, 그는 바람이 통할 수 있는 돌담이 되어 학교 안팎의 사람들과 적극적으로 소통하고, 학교 울타리 안의 사람들이 편안하게 교육할 수 있는 보금자리를 마련하였다.

> 교감과 교장 자리는 20년 동안 쌓아올린 학교 자치의 상징이에요. 비록 학교 밖의 사람들이 이 학교를 세웠지만, 실제적으로 학교를 키우고 가꾸는 사람들은 우리학교의 교직원들이죠. 교사들이 뽑아서 교장이 되었다면, 그 교장은 당연히 이사회보다 교사회를 보고 학교를 운영해야 한다고 생각해요. 교사 모두가 교장이나 마찬가지니까요. (중략) 어떤 의미에서 내부형 교장은 학교 자치

의 완성이자 꽃인 거 같아요. 그 학교의 교사가 교장이 되면, 학교의 실정을 속속들이 알기에 학교운영이 쉽고, 무엇보다 학교의 지속가능한 발전을 이끌어낼 수가 있다고 생각해요. 우리학교의 경우, 민주적인 교직문화가 정착되어 내부형 교장공모제도가 생겨났고, 앞으로는 이러한 제도가 보다 민주적인 학교문화를 만들어 낼 거라 생각해요.

(남호섭 교장의 내러티브, 4차 인터뷰 선사 사료)

나. 신뢰를 기반으로 한 공공성의 확보:
"대안교육의 자율성을 공공성에 연결하기"

남호섭 교장은 대안교육 특성화고등학교의 제도적 긴장을 해결하기 위하여 대안학교의 자율성과 다양성을 강조하면서도, 동시에 학교교육의 공공성과 책무성을 추구하였다. 여기에서 말한 '제도적 긴장'이란 기존의 학교교육을 비판하면서 생겨난 대안학교가 학교교육이라는 제도적 틀 속에서 대안적인 교육을 추구하는 딜레마를 지칭한다. 1998년에 대안교육 특성화고등학교로 지정된 산청간디고등학교는 교육부나 도교육청으로부터 행정적 및 재정적 지원을 받을 수 있었지만, 동시에 상부 교육기관의 통제와 감독으로부터 자유로울 수 없었다. 가령, 교육부나 도교육청이 간디고등학교에 교원능력개발평가나 국가수준 학업성취도평가 등의 교육정책에 대한 동참을 요구할 때, 남호섭 교장은 난감하기가 그지없었다. 상부 교육기관의 지시와 통제에 따를 경우, 대안교육의 방향성을 잃게 되고, 반대로 대안학교의 자율성과 다양성을 고집할 경우 공교육에 대한 책무성을 저버리게 되는 것이었다.

남호섭 교장은 이러한 제도적 긴장과 딜레마를 해결하기 위하여 나름 '고통스럽고 외로운 선택'을 해야만 했다. 여기에서 말한 고통스럽고 외로운 선택이란 상급기관의 일방적인 지시나 요구에 따라 학교를 운영하는 것이 아니라, 단위학교 구성원들의 민주적이고 자기충족적인 판단과 선택에 따라 학교의 교육과정을 소신 있게 운영하고 책임지는 것을 의미한다. 그는 학교운영의 방향이 학교교육의 3주체로 볼 수 있는 교사, 학생, 학부모의 신뢰와 합의에 기초해야 한다고 주장했으며, 학교 구성원들의 신뢰와 합의는 곧 학교교육의 공공성을 의미한다고 생각하였다. 따라서 대안교육 특성화고등학교에서의 공공성이란 상급 교육기관의 지시와 감독에 적극적으로 협조하는 것뿐만 아니라, 학생들의 전인적인 성장을 위한 단위학교 구성원들의 주체적인 판단과 선택도 아울러 존중하는 것이었다. 그리고 학교장의 역할이란 학교 구성원들의 주체적인 판단과 선택을 존중하고, 그러한 선택에서 비롯되는 현실적인 문제들을 해결하며, 최종적인 결과에 책임을 지는 일이었다.

우리 학교의 선생님들이나 학생들은 종종 한국의 정치문제에 개입을 해요. 예를 들면, 교사나 학생들의 시국선언이 문제가 되어, 경찰이나 도의회 등으로 소환되기도 했어요. 하지만 저는 교장으로서 별로 개의치 않았어요. 오히려 징찬 받을 일이라고 생각해요. 비판의식이라는 꿈과 끼를 지닌 학생들이 나랏일에 자신들의 의견을 펼치는 것은 지극히 교육적인 일이 아닌가요? 저는 교장을 하면서 학생들과 선생님들의 정치적 표현을 막지 않았고, 그것으로 발생될 수 있는 결과에 대해 책임을 져왔습니다. 저를 포함하여 학교가 경고를 받을 때가 있으면, 속상해 하기보다 "잘 배웠습니다!"라고 말하고 넘어갔어요. 크고 작은 징계로 학생들이나 교직원들이 심리적으로 위축되면 안 되니까요. 저는 우리학교 선생님들과 학생들이 어떻게 하면 행복해질 수 있을까를 고민합니다.

(남호섭 교장의 내러티브, 2차 인터뷰 전사 자료)

한편, 대안교육 특성화고등학교의 자율성은 개인의 다양성과 탁월성을 추구하기에는 용이하지만, 국가단위의 공공성과 책무성을 실현하는 데 제한적일 수 있다. 실제로, 산청간디고등학교 내부에는 낭만주의 및 자유주의 사상에 기초한 대안교육을 희망하는 사람들과, 평등과 정의 등의 비판적 관점을 지지하는 사람들로 섞여있었다. 전자의 사람들은 대안학교의 다양성과 탁월성을 지지하는 반면, 후자는 대안학교의 공공성과 책무성을 강조하는 사람들이었다. 남호섭 교장은 문학과 시를 사랑하는 낭만적인 시인이었음에도 불구하고, 학교교육에서의 평등과 정의를 강조하는 비판적 교육자였다. 학교장으로서 그는 교육적이지 않은 것에 대하여 당당히 저항할 수 있는 시민불복종과 비판정신으로 대안학교를 운영하였고, 학생들의 교육적 성장과 학부모의 교육적 신뢰를 기반으로 대안학교 운영에서의 헤게모니(hegemony)를 장악하여 학교교육의 책무성을 실현할 수 있었다. 김규태(2005: 7)의 연구에 따르면, 학교장의 책무성은 전문적 책무성, 도덕적 책무성, 행정적 책무성, 고객 지향적 책무성, 정치적 책무성으로 구분할 수 있는데, 남호섭 교장은 행정적 책무성이나 고객 지향적 책무성보다는, 고도의 전문적이고 도덕적인 책무성을 추구한 학교장으로 볼 수 있었다.

V. 논의 및 결론

여기에서는 본론의 연구결과에 기초하여, 대안교육의 본질적 이해 및 대안 학교의 개선을 위한 교육적 통찰을 제시하고, 아울러 일반학교의 개선을 위한 재구조화 방안 및 학교장의 역할 변화를 이야기하고자 한다.

첫째, 이 연구는 한 대안교육 특성화고등학교 학교장의 생애담을 종단적으로 추적함으로써 학교장의 정체성과 역할의 형성 및 변화과정을 해석적으로 조명하였다. 이러한 연구결과는 훌륭한 학교장의 자질이나 특성 등을 공시적 관점에서 조명하는 데서 한 설음 더 나아가, 통시적 관점으로 학교장의 정체성과 역할이 어떻게 구성되고, 변화되는지를 규명한 측면에서 학술적 의미가 있다. 즉, 한 대안학교 학교장의 정체성과 역할은 유년기 및 청소년기, 중고생 및 대학생 시절, 일반학교 교원 시절의 연속적인 경험 및 성찰과 관련이 있었으며, 대안학교의 운영방식과 철학은 한 학교장의 정체성 및 역할 변화와 분리된 것이 아님을 알 수 있었다. 따라서 대안교육의 의미와 가치를 재해석하고, 대안학교의 본질적인 운영방식을 논의하고 개선하기 위해서는 학교장의 교육적 삶을 종단적으로 이해하는 작업이 선행될 필요가 있을 것이다. 이러한 맥락에서 대안학교 학교장의 교육역량을 강화하기 위한 별도의 연수프로그램이나 일시적이고 단발적인 교장 자격연수 프로그램은 재고의 여지가 있다고 볼 수 있다.

둘째, 이 연구의 결과는 대안학교의 교육적 가치와 의미, 그리고 본질적 운영을 위한 통찰을 넘어, 일반학교의 개선을 위한 하나의 대안으로 간주할 필요가 있다. 왜냐하면, 이 연구의 배경인 대안교육 특성화고등학교는 일반학교의 제도적 특성에 기초하여 대안교육을 실현하는 교육기관이기 때문이다. 서론에서 밝힌 바와 같이, 우리나라의 대안학교는 일반학교의 대안으로 출발하기보다는, 진보적인 교육운동가의 사회운동 차원에서 전개되었다. 그러나 대안교육 특성화고등학교의 대안적인 교육방식은 일반학교의 개선을 위한 하나의 단초가 될 수도 있다. 이와 관련하여, 우리나라는 대안학교의 교육적 가능성을 농어촌지역 소규모 중등학교의 개선을 위한 방안으로 여기는 시도가 거의 없었다(이혜성, 이재림, 2012: 65-66). 하지만 다수의 대안교육 특성화고등학교와 농어촌지역의 일반학교는 농어촌지역에 위치해 있으며, 작은 학급에서의 인격적 만남과 교육적 상호작용이 활발한 물리적 및 심리적 환경을 공유하고 있다. 이러한 환경적 맥락에서, 한 대안교육 특성화고등학교의 성공사례는 농어촌지역 소규모 중등학교의 질을 개선하기 위한 예시자료가 될 수 있을 것이다.

셋째, 이 연구의 결과는 대안교육 특성화고등학교의 교수와 학습을 개선하기 위한 실질적인 방법에 기여할 뿐만 아니라, 일반고의 교실수업을 개선하고, 일반고 교직원들의 교육역량을 강화하기 위한 실천적인 사례가 될 수도 있을 것이다. 이러한 맥락에서 교육부와 도교육청은 일반학교의 중등교사들이 단위학교 및 교사 수준에서 교과별 교육과정을 창의적으로 재구성할 수 있는 학교풍토를 조성하고, 교실수업 및 학교효과의 비가시성과 불명료성을 인내하는 노력을 해야 할 것이다. 또한, 일반학교의 중등교사들도 개인화되고 인격화된 교육과정과 교수법에 대한 과도한 의미부여나 자기검열에서 과감하게 벗어나, 교실수업에서 자신의 개인적인 정체성과 관점을 투영할 수 있는 용기가 필요할 것이다.

넷째, 교육부나 도교육청은 대안교육 특성화고등학교의 내실화 및 활성화를 위하여 차별화된 학교평가 및 교장평가 매뉴얼을 마련할 필요가 있다. 본론에서 밝힌 바와 같이, 대안교육 특성화고등학교는 대안학교로서의 자율성과 다양성을 갖고 있으며, 일반학교로서의 공공성 및 민주성을 동시에 지니고 있다. 하지만 우리나라의 대안교육 특성화고등학교에 대한 학교 및 교장평가는 이러한 두 가지의 상반된 측면을 동시에 고려하기보다는, 일반학교의 특성만을 반영한 평가를 시행하고 있다. 따라서 대안교육 특성화고등학교에 대한 기관평가를 실시할 때는 학교의 유형에 따른 차별화된 학교관리 및 학교평가 지침을 별도로 마련하여 적용해야 할 것이다. 또한, 대안교육 특성화고등학교의 교장에 대한 역량평가는 일반학교 교장의 평가기준뿐만 아니라, 예술적 및 서번트 리더십 등의 차별화된 지도성을 강조할 필요가 있으며, 대안학교의 본질적 기능으로 볼 수 있는 체험 및 인성 위주의 교육, 그리고 개인의 소질 및 적성 개발 위수의 다양한 교육을 충실하게 실천하는지를 가늠해야 할 것이다.

끝으로, 대안교육 특성화고등학교의 교육역량을 강화하기 위해서는 학교자치의 실현이 중요하며, 이러한 학교자치를 활성화하기 위해서는 학교장의 양성 및 선발에 대한 관점의 전환이 필요하다. 왜냐하면, 대안학교의 학교장은 교원자치와 학생자치 그리고 학교자치를 이끌어 내는 데 결정적인 역할을 맡기 때문이다. 현재 일반학교의 경우, 승진임용제나 교장공모제를 통해 학교장이 되며, 대안학교의 경우에는 교원경력이 없는 학교설립자나 교육운동가, 혹은 일반학교의 경력만을 지닌 외부 교원이 학교장이 되기도 한다. 그러나 대안교육 특성화고등학교의 경우에는 일반학교와 대안학교의 제도적 접점에서 운영되기 때문에 앞서 언급한 인적 자원들뿐만 아니라, 일반학교에서의 교원경력과 대안학교에서의 교원경력을 고루 지닌 교원들을 학교장 후보자로 고려해 볼 수도 있을 것이다. 또한, 대안교육 특성화고등학교의 교장은 별도의 교육프로그램으로 양성하기보다는, 단위학교 내에서의 오랜 실무경험과 실천직 지식을 지닌 내부 교원들을 학교장 지원자로 고려해 볼 수 있을 것이다. 따라서 교육부나 도교육청은 대안교육 특성화고등학교나 일반학교의 혁신을 꾀할 경우, 단위학교 내부 구성원들의 자치를 중심으로 한 내부형 교장공모제 혹은 교장선출보직제를 검토해 볼 수도 있을 것이다.

참고문헌

- 간디학교아이들 편(2008) 내게는 꿈을 꿀 권리가 있다. 간디학교출판부.
- 강영택(2010) 대안교육의 사상적 기반으로서 이찬갑의 교육사상에 대한 연구. 한국교육, 37(4), 5-23.
- 김규태(2005) 학교장의 책무성 체제 구축 방향. 한국교육, 32(1), 1-22.
- 김명자(2015) 기독교 대안학교 교사의 교육체험에 대한 질적 연구: VanManen의 해석학적 현상학을 중심으로. 백석대학교 대학원 박사학위논문.
- 김민채, 김영환 (2017). 국내 대안교육 및 대안학교 관련연구 동향분석: 1997년부터 2015년까지. 교육혁신연구, 27(2), 251-273.
- 김병찬(2006) 교장의 직무 수행 과정에 대한 질적 분석 연구. 교육학연구, 44(3), 1-30.
- 김수동·박영실(2014) 대안학교의 문화적 리더십: 지리산고등학교 사례를 중심으로. 홀리스틱교육연구, 18(2), 1-23.
- 김미정·신상명(2012) 마에스트로 리더십: 교장 역할에의 함의. 초등교육연구, 25(1), 53-70.
- 김영화(2014) 대안학교 졸업생은 어떤 삶을 살아가고 있는가? 교육사회학연구, 24(3), 63-97.
- 김이경·김도기·김갑성(2008) 우수 학교장의 리더십 특성에 관한 질적 사례 연구. 교육행정학연구, 26(3), 325-350.
- 남호섭(1995) 타임 캡슐 속의 필통. 파주: 창비.
- 남호섭(2007) 놀아요 선생님. 파주: 창비.
- 남호섭(2012) 벌에 쏘였다. 파주: 창비.
- 남호섭(2017) 간디학교의 행복철학. 미간행 원고.
- 문성윤(2010) 학교장 리더십의 새로운 패러다임 탐색. 교육연구논총, 31(1), 1-19.
- 박상완(2004) 교육행정전문직으로서 교장직 정립을 위한 교장임용제도 개혁. 한국교원교육연구, 21(1), 223-251.
- 박상완(2011) 교감의 역할과 교감직의 특성에 대한 질적 분석. 한국교원교육연구, 28(2), 365-389.
- 백종면(2016) 대안교육 관련 국내 연구동향 분석(2000-2016). 홀리스틱교육연구, 20(4), 117-140.
- 산청간디학교 편(2012a) 한 영혼이 자라면 온 세계가 성장한다: 간디학교, 또 다른 배움의 이정표를 세워 온 15년의 기록. 서울: 낮은산.
- 산청간디학교 편(2012b) 이것은 시가 아니다. 미간행 원고.
- 산청간디학교 편(2016a) 소풍가자. 산청간디학교소식지 (2016.3-6, 제161호).
- 산청간디학교 편(2016b) 소풍가자. 산청간디학교소식지 (2016.10-12, 제162호).

- 산청간디학교 편(2017) 소풍가자. 산청간디학교소식지 (2017.1-3, 제164호).
- 산청간디고등학교(2017a) 2017 간디고등학교 교육계획: 행복을 만드는 사람들(학교교육과정).
- 산청간디고등학교(2017b) 2017 학교컨설팅: 내부평가 보고서. 미간행 원고.
- 양희규(2005) 꿈꾸는 간디학교 아이들: 간디학교 교장 양희규의 '행복한 작은 학교' 이야기. 서울: 가야북스.
- 여태전(2009) 간디학교의 행복 찾기. 서울: 우리교육.
- 오영재 (2010) 미래 중등 학교장의 자질과 역할에 관한 연구. 한국교육학연구, 16(1), 61-82.
- 오영재(2012) 학교장의 교직발달과정에 대한 생애사적 사례연구. 한국교육학연구, 18(2), 295-318.
- 윤석주(2015) 북한이탈청소년 대안학교 교사의 소진에 대한 질적 연구. 한국교원교육연구, 32(2), 315-344.
- 이병환(2004) 국내외 대안학교의 운영 특성에 관한 연구. 열린교육연구, 12(2), 31-56.
- 이병환(2007) 대안학교 교육과정 질 관리를 위한 정책 제안. 열린교육연구, 15(3), 75-99.
- 이풍길, 김수욱(2001) 특성화고교 대안학교 운영 현황과 문제점 분석 연구. 농업교육과 인적자원개발, 33(2), 93-115.
- 이혜성·이재림(2012) 농산어촌 소규모 학교와 대안교육의 접점모색: 몬테소리 교육학, 예나플랜 교육학, 프레네 교육학, 발도로프 교육학의 사례를 중심으로. 청소년시설환경, 10(2), 65-80.
- 임후남(2005) 대안학교의 자율성과 공공성 탐색. 교육행정학연구, 23(3), 25-48.
- 정경희·김영순(2017) 미인가 대안학교장의 실천적 지식 형성과정에 대한 생애사적 탐구. 한국교육문제연구, 35(1), 71-94.
- 정진곤(2006) '이데올로기론'적 관점에서 본 교장임용제 논쟁의 분석. 한국교원교육연구, 23(2), 209-229.
- 정태범(2000) 교장의 양성체제. 한국교원교육연구, 17(3), 23-44.
- 조대연·박용호·김벼리·김희영(2010) 학교장의 직무역량에 대한 요구분석. 한국교원교육연구, 27(4), 293-315.
- Koetzsch, R. E.(1997) The parents' guide to alternatives in education. Boston: Shambhala Publications, Inc.
- Lieblich, A., Truval-Mashiach, R., & Zilber, T.(1998) Narrative research: Reading, analysis and interpretation. Thousand Oaks, CA: Sage Publications.
- Mezirow, J.(1991) Transformative dimensions of adult learning. San Francisco: Jossey-Bass.
- Saldana, J.(2009) The coding manual for qualitative researchers. Thousand Oaks, California: SAGE Publications Ltd.

- Sergiovanni, T. J.(1984) Leadership and excellence in schooling. Educational Leadership, 41(5), 4-13.

2018
전라북도교육청 어울림학교 계획서

2018. 전라북도교육청 어울림학교 계획

Ⅰ. 개요

1. 추진 목적

가. 농어촌 학교의 교육여건을 개선하여 찾아오는 농어촌 학교를 만들어 농어촌 교육을 발전시킴

나. 농어촌 지역에 거주하는 학생들에게 질 높은 교육기회 제공(전라북도 교육청 농어촌 교육발전 기본 조례 제1조)

2. 추진 배경

가. 도·농간 교육격차 해소를 위하여 상대적으로 교육·생활 환경이 열악한 농어촌학교의 교육여건 개선을 위한 시책 마련 필요

나. 「전라북도교육청 농어촌 교육발전 기본 조례」가 제정('15.1.30.)됨에 따라 교육감은 매년 농어촌 교육발전 기본계획을 수립·시행하여야 함 (조례 4조)

다. 도교육청 각 실·과에서 분산적으로 운영되고 있는 농어촌학교 지원 사업을 체계화하여 지속적으로 지원할 수 있는 법적·제도적 기반을 마련함으로써 농어촌학교 활성화 도모

II. 농어촌학교 현황과 어울림학교 성과 및 보완점

1. 농어촌학교 실태[3]

가. 농어촌학교 현황

(2017. 3. 2.현재, 국립포함, 특수학교(급) 제외)

구분	학교 수(교)			학급 수(학급)			학생 수(명)		
	전체	농어촌	비율	전체	농어촌	비율	전체	농어촌	비율
초	424	261	61.8%	4,835	1,761	36.4%	97,572	21,609	22.1%
중	209	130	62.2%	1,972	591	30.0%	53,394	10,261	22.1%
고	133	63	47.3%	2,372	627	26.4%	67,218	14,496	21.6%
계	766	454	59.4%	9,179	2,979	32.5%	218,184	46,366	21.3%

1) 농도(農道)인 우리 교육청의 경우, 전체 학교 766교 중 59.4%인 454교가 농어촌 지역에 위치하고 있어 농어촌학교 활성화 사업이 절실히 필요함

2) 농어촌 학생 수 감소, 교육투자 감소 등으로 농어촌 학교 소규모화가 가속화되고 있으며 도시에 비해 교육 여건이 열악

나. 학생 수 60명 미만 학교 수 현황

(2017. 3. 2.현재, 국립포함, 특수학교(급) 제외)

구분	학교수 (A)	60명 이하 학교 수		60명 이하 농어촌 학교 수		60명 이하 시 지역 학교 수	
		학교수(B)	비율(B/A)	학교수(C)	비율(C/B)	학교수(D)	비율(D/B)
초	424	186	43.9%	171	91.9%	15	8.1%
중	209	82	39.2%	82	100.0%	0	0.0%
고	133	12	9.0%	12	100.0%	0	0.0%
계	766	280	36.6%	265	94.6%	15	5.4%

3_ 본 자료에서 "농어촌학교"는 「농어업인의 삶의 질 향상 및 농어촌지역 개발촉진에 관한 특별법」 제3조 제1호 및 「농어업·농어촌 및 식품산업 기본법」 제3조 제5호에 따라 "읍·면 지역(우리 교육청 교육행정자료에서 군부지역)의 학교"로 함

1) 학생 수0.0% 60명 이하(기존 농어촌학교 통·폐합 기준)의 소규모 학교의 현황을 살펴볼 때, 5.4%우리 교육청은 766교 중 36.6%인 280교가 60명 이하인데 거의(94.6%)가 농어촌학교임

다. 연도별 학생 수 60명 이하의 학교 수 변화

구분	60명 이하 학교 수				60명 이하 농어촌 학교 수			
	2014	2015	2016	2017	2014	2015	2016	2017
초	185	190	187	186	177	176	174	171
중	78	79	80	82	78	79	80	82
고	6	9	9	12	6	9	9	12
계	269	278	276	280	261	264	263	265

2. 농어촌학교 전망

가. 농어촌 인구 규모와 구조

1) 최근 다문화가족, 귀농어촌가구 증가 등으로 인구구조가 다변화되면서 인구 감소세는 완화되고 향후 소폭 증가 기대

   * 귀농·귀촌 가구수:

   (2001)880→ (2011)10,503→ (2012)27,008→ (2013)32,424

   * 농어촌 인구:

   (2000)9.3백만명→ (2010)8.8→ (2000P, KREI)9.8

2) 젊은 층을 중심으로 이촌이 지속되면서 고령화가 심화되고 조손가정 등 취약계층이 증가

   * 70세 이상 인구 비율:

   (2000)8.9%→ (2010)14.8→ (2020P, KREI)15.1

3) 도시에 비해 상대적으로 소득 수준이 낮음

   * 소득격차(농가/전국):

(2010)74%(32,121천원/43,581)⟶ (2012)64%(31,301천원/48,923)

* 소득격차(어가/전국):

(2010)82%(35,696천원/43,581)⟶ (2012)76%(37,381천원/48,923)

* 빈곤율(2011): 농어업 종사 10.2%, 도시 4.6%

4) 농어촌 국제결혼 비율이 도시에 비해 높아 다문화가족이 지속 증가 추세

* 2014년 기준 다문화 가족은 80만 명 내외, 2020년 100만 명을 넘어 설 것으로 예상

* 2013년 결혼한 농림어업종사 남성의 국제결혼 비율: 26.1%(2013. 통 계청)

* 결혼이민자 및 귀화자: 29.6만명, 배우자 29.6만명, 자녀 20만명 (2014. 7월)

5) 농어촌에서 안심하고 자녀를 맡길 보육시설 등이 부족[4]

* 보육시설이 없는 읍·면(2013): 412개소(전체 읍·면 1,412개의 29.2%)

나. 전북지역 초등학생 학생 수 전망(급지별)

연도	시지역	읍지역	면, 특수 지역	계
2014	80,078	9,517	12,253	101,848
2015	78,297	9,338	12,571	100,206
2016	76,226	9,385	12,855	98,466
2017	75,551	9,460	12,821	97,832
2018	75,978	9,579	12,881	98,438
2019	76,079	9,752	12,973	98,804
2020	74,271	9,557	12,533	96,361

4_ 위 자료는 관계부처 합동으로 농식품부가 작성한 2015~2019 제3차 농어업인 삶의 질 향 상 및 농어촌 지역개발 5개년 기본계획에서 인용한 것임

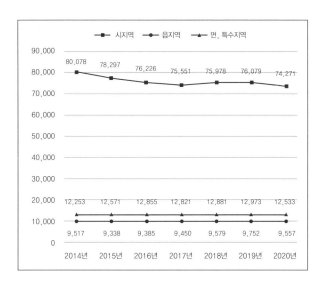

시지역   읍지역   면, 특수지역

	2014년	2015년	2016년	2017년	2018년	2019년	2020년
시지역	80,078	78,297	76,226	75,551	75,978	76,079	74,271
면, 특수지역	12,253	12,571	12,855	12,821	12,881	12,973	12,533
읍지역	9,517	9,338	9,385	9,450	9,579	9,752	9,557

1) 우리 교육청의 2015~2020년 초등학교 중기 학생 수용계획에 따르면, 초등학생 수는 계속 감소하나 그 감소폭은 약화될 예정임
   • 이는 그 동안 저출산에 따른 학령아동 감소 등 학생 수의 감소요인이 어느 정도 한계치에 도달한 것으로 보임
2) 전체 초등학교 수 감소에 비해 농어촌(읍·면 지역) 학생 수는 다소 증가될 예정인데 이는 귀농귀촌으로 인한 인구 유입이 학생 수에 반영된 결과로 보이므로 소규모 학교의 통·폐합보다는 '농어촌 작은 학교 살리기'정책 추진이 필요

다. 농어촌 정주여건
1) 범부처의 지속적 투자에도 불구, '넓은 면적, 적은 인구'라는 농어촌 특성상 의료·교육·문화 등 정주 인프라 미흡
2) 농어촌 내에서도 접근성에 따라 읍·면 소재지 등 중심지 발전과 함께, 오·벽지 마을 과소화 심화

라. 농어촌 가치 상승

1) 자연친화적 삶 추구, 건강·휴식·치유의 공간으로서 농어촌에 대한
   국민적 기대 상승과 가치 인식 확산

2) 농어촌 어메니티, 생태·문화적 가치에 대한 관심 증대

> ** **어메니티(amenity)** 어떤 장소나 기후 등에서 느끼는 쾌적함을 일컫는 용어. 1990년대
> 중반부터 서유럽 국가들을 중심으로 농촌 어메니티 운동 또는 농촌 어메니티 정책이 유
> 행하면서 의미가 확대되었다. 농촌 특유의 자연환경과 전원풍경, 지역 공동체 문화, 지역
> 특유의 수공예품, 문화유적 등 다양한 차원에서 사람들에게 만족감과 쾌적성을 주는 요
> 소를 통틀어 일컫는다.

3) 농어업유산 등 지역 고유의 유·무형 자원 발굴, 전승을 통한 지역발
   전에 대해 주민 관심 증대

마. 농어촌학교 살리기를 위한 정책 공감대 확산

1) 농어촌학교는 단순히 학생을 교육하는 기능 외에도 지역주민의 문화
   센터로서 중요한 공간이라는 인식이 확산되어 농어촌 작은 학교 살리
   기를 위한 사회적 공감대가 형성됨

3. 2017년 어울림학교 성과 및 보완점

가. 성과

1) 소규모학교 통폐합 정책 철회, 농어촌 학교 희망찾기 발표
   1982년부터 2012년 상반기까지 329교 소규모학교를 통폐합 하였으
   나, 2012년 하반기 이후 소규모학교 살리기 정책으로 전환하고 제도
   적 장치 마련 주력

2) 농어촌교육 관련 사업 통합 및 어울림학교 선정·지원
   • 어울림학교 유형을 공동통학구(41교), 작은 학교 협력형(19교), 마을학교 협

력형(12교), 테마형(27교)로 확대하고 총 99교를 지정·운영(3년)

- 총 예산 1,500,000천원을 학교별로 차등 지원함
- 2017년 마을학교협력형 8교 추가 선정·운영(어울림학교 총 106교)

3) 농어촌 교육발전 지역협의회 운영

- 농어촌 교육발전 지역협의회 운영(20명)
- 농어촌 교육발전을 위한 시책·계획 및 사업, 지역 특성에 적합한 교육프로
  그램 운영, 지방자치단체 및 지역사회의 농어촌학교 지원, 농어촌학교의 지
  역사회 협력에 관한 사항 협의
- 농어촌학교 활성화 방안과 학생의 학습권 보장 등을 협의하고 다양한 의견
  수렴

4) 어울림학교 교직원 협의 및 컨설팅 실시

- 업무담당자, 현장지원단, 교직원 협의 및 워크숍 등 다양한 방법을 통해 어
  울림학교 운영 관련 인식 및 철학에 대한 이해를 확산하고 운영 사례 공유
- 어울림학교 컨설팅: 4 ~ 12월, 정기/희망 구분하여 실시
- 교육지원청별 특색 프로그램, 컨설팅, 평가 등 운영비 지원

5) 어울림학교 가시석 성과가 나타남

- 교육주체의 참여와 소통을 통한 학교 운영의 내실화
- 소규모 학교의 특성을 살린 교육과정 재구성과 맞춤형 수업방법적용을 위
  한 교직원의 노력 확산
- 농어촌 지역 학생 수 감소에 비해 어울림학교 학생 수 증가
  - 도시 지역의 학생 수 감소한 것에 비해 농어촌 지역의 학교 학생 수는 감
    소가 증가하였으나 어울림학교 학생 수는 증가
  - 급지별 학생 수 증감 현황

(단위: 명, 기준일자: 2017.4.1)

구분	급지	2017년(A)	2016년(B)	증감(C=A-B)	증감률(%)(C/B)	비 고
초등	시지역	75,963	76,021	-58	-0.1	
	농어촌지역	21,609	21,872	-263	-1.2	
중등	시지역	95,855	100,845	-4,990	-4.9	
	농어촌지역	24,757	26,529	-1,772	-6.7	
전체		218,184	225,267	-7,083	-3.1	

- 전체 학생 수 변화율이 −3.1%임에 비해 어울림학교는 공동통학구 2.7%, 전체 어울림학교는 1.1%의 변화율을 보이고 있음
- 연도별 어울림학교 유형별 학생 수 변화

(단위: 명, 기준일자: 2017.4.1)

구분	학교 수	학생 수					비고
		2014년	2015년	2016년	2017년	3년 간 변화	
공동통학구형	41교	1,552	1,767	1,869	1,920	368	
작은 학교협력형	19교	871	863	850	803	△68	
마을학교협력형	20교	836	786	753	718	△118	2016년 지정 7교 2017년 지정 8교
테마형	26교	879	854	822	805	△74	
합 계	86교	4,138	4,270	4,294	4,246	108	

4. 연차별 어울림학교 변화

가. 2015년(1년차)

1) 어울림학교, 학교군 사업, 농어촌 에듀케어, 전원학교, 작고 아름다운 학교 등 농어촌교육 관련 사업을 어울림학교 사업으로 통합

2) 농어촌학교 행·재정적 지원의 법적 근거 마련

- 「전라북도교육청 농어촌 교육발전 기본 조례」제정 (2015. 1. 30.)
- 「전라북도 농어촌 교육발전 지역협의회 운영 규칙」개정 (2015. 2. 27.)

3) 2015년 공모를 통한 어울림학교 4개 유형 92교 지정

구분	대상	기간	내용	지정 현황
공동 통학구형	인근 큰 학교 가 있는 소규 모 학교	21교: '14 3. 1. ~ '18 2. 28. 20교: '14 9. 1. ~ '18 2. 28.	인근 큰 학교와 공동 통학구역 설정 으로 작은 학교로의 학생 유입 유도	41교 2013년 21교 2014년 20교
작은 학교 협력형	학생 수 100명 이하의 학교		인근 학교와의 공동 교육과정 운영 으로 농어촌의 특색과 활성화를 이 끌어낼 공동 교육과정 운영 지원	19교 2015년 지정
마을학교 협력형	학생 수 60명 내외의 학교	'15. 3. 1. ~ '18. 2. 28.	지역의 인적, 물적 인프라를 활용하 여 학교와 마을간, 학교와 지역이 협 력하는 교육과정 운영 및 교육활동 전개로 농어촌 학교를 지역과 함께 하는 학교(커뮤니티 스쿨)로 성장할 수 있도록 함	5교 2015년 5교 ('15. 3. 1. ~ '18. 2. 28.)
테마형	학생 수 60명 이하의 학교		농어촌 학교 실정에 맞게 교육과정 을 재구성하여 학생이 즐거운 배움 터 조성을 위한 교육 프로그램과 테 마를 선정하여 운영	27교 2015년 지정

4) 어울림학교 사업의 방향 설정 미흡

- 농어촌학교가 추구하는 가치와 철학이 명확하게 공유되지 못함
- 농어촌의 특색을 살린 마을교육과정 구성 및 마을교육공동체가 제대로 형
  성되지 못한 농어촌 마을의 현실 속에서 사업 시행

5) 어울림학교 운영 주체의 공감대 부족

- 학교 구성원의 자발성, 적극성 부족
- 전체 구성원의 협력보다는 담당자가 주도하는 사업으로 인식
- 소규모 농어촌 학교인 어울림학교의 교원 업무부담 과중

나. 2016년 (2년차)

1) 공동통학구형 어울림학교의 운영 기간 연장

- 2013~2014년에 지정된 공동통학구형 어울림학교의 지정 기한이 다가옴에 따라 대상 학교의 통학차량 지원 중단 및 복식 학급 발생 등 행정적 혼선이 예상되어, 공동통학구형 어울림학교의 지속적이고 안정적인 추진을 위해 운영 기한을 2018.2.28.까지로 연장
- 각 학교에서는 2017년 상반기까지 교육공동체 협의회를 통해 공동통학구 운영으로 인해 발생되는 다양한 문제점을 인식하고, 그 대책을 모색하여 2018년 이후 공동통학구형 어울림학교의 운영 방향 제안
- 도교육청에서는 2017년 하반기에 각 학교의 제안을 바탕으로 정책 토론을 거쳐 2018년 이후 공동통학구형 어울림학교 정책 방향 결정

2) 농어촌학교 특색에 맞는 사업 방향 설정

- 1년의 운영 경험을 통해 시행착오를 개선하고, 학교와 학생의 변화에 필요한 사업 방향을 스스로 설정해 나감
- 일부 학교를 중심으로 특색 있는 교육과정 운영을 넘어 마을교육공동체의 참여를 독려하고 마을과 함께 성장하는 방안을 찾고 있음

3) 지속 가능한 운영 방안 마련

- 1회성 행사 및 단기 체험활동이 아닌 마을의 다양한 자원을 활용한 교육과정의 재구성을 고민하고 장기적인 안목으로 농어촌학교의 운영 방안을 계획함
- 예산을 사용하기 위해 활동을 계획하였던 것이 교육과정과 연계하여 필요한 활동을 실시하기 위한 예산 편성으로 변화
- 교육복지(저소득층, 조손가정, 한부모가정), 다문화 가정, 기초학력부진, 지역여건으로 인한 체험활동 기회 부족 등 학교의 실정에 맞게 타 사업과 연계하여 운영하는 방안 모색

4) 교직원 간 역할 분담

- 전년도에 비해 많은 학교에서 학교 실정에 맞는 사업의 방향을 교직원 협의를 통해 설정하고 있음
- 담당자의 사업에서 전체 교직원의 역할 분담이 이루어지는 변화
  - 교직원 간의 소통과 협의 활성화로 사업 목적과 필요성 공감
  - 해당학교의 문제점을 찾아 구성원 공동의 노력으로 해결하기 위한 교육과정 수립, 예산 편성

5) 농어촌학교 희망찾기 모델화가 가능한 특색 있는 운영 사례 도출

- 학교와 마을 주민의 교육공동체 구축
- 학생이 주도하는 마을교육프로젝트 운영 및 박람회 개최
- 지역행사 및 생활체육활동에 학교 시설 개방
- 마을 주민과 함께 하는 마을축제, 체육대회
- 인근 초중학교 연합 교육과정 및 동아리 운영
- 지역 특색을 살린 전통문화 배우기
  - 전래놀이, 전통음악·공예·음식 등
- 자연환경을 이용한 생태 체험학습
- 학부모와 마을주민을 위한 노작체험 및 인문학 교육
  - 목공교실, 제과제빵교실, 요가교실, 부모 교육, 인문학 강연 등
- 다양한 문화예술 체험 및 진로체험
- 마을공동체와 연계한 마을교육과정 추진

다. 2017년 (사업 3년차)

1) 교직문화와 교육과정 운영의 민주성 증가

- 대부분 민주적 교직문화가 형성되어 협의를 통한 교육과정이 운영되고 있

으나 일부 중학교는 담당교사의 업무로 운영되고 있음

- 어울림학교 1년차에는 체험활동과 방과후활동 중심의 운영이 대부분이었으나 3년차인 대부분의 어울림학교들은 수업을 위한 체험활동과 동 학년 공동 교육과정 등으로 다양한 수업 활동을 고민하고 구현하고 있음
- 초등학교 중심의 수업의 변화를 위한 교육과정 재구성 및 협의 문화가 형성됨

2) 어울림학교 유형의 확대 및 통합 필요

- 공동통학구형 어울림학교에서 다른 유형을 운영할 수 있도록 유연한 지원 필요
- 대부분의 중학교 어울림학교의 더딤을 해결하기 위한 정책(유형) 필요
- 외형적 유형(공동통학구형, 작은 학교 협력형)은 유연하게 운영을 허용하고, 운영 내용은 마을-학교 협력형 교육과정 운영이 필요

3) 학교의 운영 상태에 따른 차등 예산 지원 필요

- 동일한 기준에 의한 예산 지원보다 학교의 규모와 요구에 따른 차등 지원이 필요함. 특히 일부 중학교는 예산 사용을 힘들어 하며 어울림학교의 목적을 전혀 이해하고 있지 못하고 있음

라. 보완점 (향후 추진 방향)

1) 정책 시행에 대한 긍정적 평가

- 어울림학교는 단순히 학생을 농어촌학교로 유입하여 교육하는 기능 외에도 농촌 마을의 구심점 및 마을 주민들의 교육·문화·소통의 문화센터로서 중요한 공간이 될 수 있으므로 지역사회(마을)와 함께 하는 어울림학교 운영에 대한 평가는 매우 긍정적임

2) 부서 간 긴밀한 협의체제 구축 및 추진 동력 보완 필요

- 어울림학교 운영에 대한 교육주체의 공감대 형성은 확산되고 있으나,

2015년 어울림학교에 대한 본격적인 행·재정적 지원이 시작된 이후 2년차에 접어드는 사업 초기 단계로 타 사업과의 연계와 보완을 통한 시너지 창출에는 아직 미흡한 한계를 보임

- 소규모 어울림학교 교원 업무부담 과중

3) 마을 주민 및 유관기관과의 협력 강화

- 학교만의 노력으로는 농어촌 학교 활성화에는 한계가 있으며 마을공동체 회복 및 학생 수 유지 어려움

- 농촌 마을의 다양한 인적·물적 자원을 활용한 교육과정 개발·보급 등 다양한 교육수요 충족 미흡

- 마을의 가치를 보존하며 공동체 문화를 회복하는 삼락농정 사업의 방향은 어울림학교의 목적과 유사하나 마을과 함께 하는 교육과정에 대한 마을주민 및 마을협력센터와의 협의가 필요함

4) 교육환경 개선을 위한 지자체와의 협력

- 근본적으로는 농어촌 지역의 열악한 주거, 교육환경 변화와 농어촌 주민들의 인식 변화를 이끌어 낼 수 있는 지자체와 관계기관의 협력이 필요함

- 지자체와의 농어촌학교 교육협력 지원 강화에는 공감하나 지자체의 재정자립도가 높지 않아 교육사업 대응투자에 한계

- 한정된 예산과 지역별 형평성을 고려해도 사업별 후순위에 해당되는 시설물은 매년 교육환경개선사업 선정에 불리함

- 지역 간 학교시설, 교육환경 격차가 심화됨에 따라 지방자치단체 등 기존 노후학교 시설에 대한 투자 예산 확대와 협력 필요

Ⅲ. 2019. 어울림학교 추진 계획

1. 추진 방향

목표	농어촌 작은 학교 희망찾기로 지역과 함께 성장하는 농어촌 교육

⬆

기본 방향	• 농어촌 특성을 반영한 정책을 통해 농어촌 교육환경 개선 • 어울림학교를 통한 맞춤형 교육과정 및 수업 개선으로 농어촌학교의 교육력 제고 • 지역 교육공동체를 중심으로 현장과 소통하여 학교와 지역이 협력하는 교육환경 기반 조성

⬆

	농어촌 특성 반영 정책으로 농어촌 교육환경 개선	맞춤형 교육과정 및 수업 개선으로 농어촌학교 교육력 제고	학교와 지역이 함께 하는 교육협력 기반 조성
주 요 과 제	• 농어촌 통학 지원 • 농어촌학교 복식학급 해소 및 순회교사 지원 • 농어촌학교 교육환경(시설) 개선 • 농어촌 기숙형 고교 지원 • 농산어촌 소재 고교 ICT 인프라 구축 지원 • ICT지원 원격영상 진로멘토링 • 교육복지 농어촌 연계학교 운영 • 다꿈교육특구 운영 • 농어촌학교 급식비 지원	• 농어촌 작은 학교 희망찾기 어울림학교 운영 • 농어촌학교에 맞는 교육과정 및 수업 개선 지원 • 농어촌 찾아가는 중3 진로상담 • 농어촌 진로체험 지원 • 농어촌지역 및 소외 청소년을 위한 특화프로그램 지원 • 농어촌 방과후, 초등 저녁 돌봄 운영	• 농어촌 교육특구 운영 • 농어촌 교육 거버넌스(각 삶과 지자체 학부모 등) 활성화 • 학교와 지역사회의 교육공동체 구축 • 농어촌 학교 활성화 주체 육성

2. 어울림학교 현황

가. 지정 현황 (초 95교, 중 13교, 고 2교 총 110교)

구분	대상	기간	내용	지정 현황
공동 통학구형	인근 큰 학교가 있는 소규모 학교	'18. 3. 1. ~'2 1. 2. 28.	인근 큰 학교와 공동 통학구역 설정으로 작은 학교로의 학생 유입 유도	41교
작은 학교 협력형	학생 수 100명 이하의 학교	'18. 3. 1. ~'2 1. 2. 28.	인근 학교(동학교급)와의 공동 교육과정 운영으로 농어촌의 특색과 활성화를 이끌어낼 공동 교육과정 운영 지원	1 3교
초·중등학교 연계형	학생 수 100명 내외의 학교	'18. 3. 1. ~'2 1. 2. 28.	초·중등학교가 서로 연계하여 농어촌의 활성화를 이끌어낼 공동교육과정 운영 및 교육활동 전개	7교 (시범 5교)
학교-마을 협력형	학생 수 60명 내외의 학교	'18. 3. 1. ~'2 1. 2. 28.	지역의 인적, 물적 인프라를 활용하여 학교와 마을간, 학교와 지역이 협력하는 교육과정 운영 및 교육활동 전개로 농어촌 학교를 지역과 함께하는 학교로 성장할 수 있도록 함	49교

나. 행·재정적 지원

유 형	공동 지원	선별적 지원
공동통학구형	-교육과정 컨설팅 및 운영비 지원 -찾아가는 맞춤형 연수지원	통학편의 제공
작은 학교 협력형		
초·중등학교 연계형		
학교-마을 협력형		

1) 행·재정적 지원은 학교실정에 따라서 선별적으로 지원

2) 통학편의 제공(유입학생에 대한 등하교시 교통수단 제공에 한함)

3) 교육과정 운영 컨설팅 및 찾아가는 맞춤형 연수지원

4) 교육과정 운영비 어울림학교 유형 및 학교별 차등 지원

*작은 학교 협력형의 경우 중심학교에 예산을 교부하되 중심학교에서는 총 사업비의 60%

범위에서 집행하고, 40%는 협력학교에 지원함을 원칙으로 함(다만, 학교장 협의에 의하여 사업의 범위와 특성에 따라 10% 범위 내에서 가감가능)

다. 농어촌학교 활성화 주체 육성

1) 지역별 담당자 협의체 구성

- 지역 특색에 맞는 교육과정 운영과 맞춤형 지원 체제 등 어울림학교의 다양한 사례를 공유하고 교직원의 자발적 참여의지를 강화
- 단위학교 차원의 구성원의 요구, 지역의 사회문화적 변화 및 특성에 기초하여 각종 문제에 적극 대응하는 교육전략과 프로그램 개발

2) 학부모, 교직원 연수 및 컨설팅을 통한 농어촌 활성화 공감대 확산

- 어울림학교 목적 및 철학에 대한 이해 증대
- 어울림학교와 마을이 함께 성장하는 여건을 만들기 위한 제반 정보 공유의 장을 마련
- 학부모의 인식전환 및 자녀교육에 대한 적극적 참여와 관심을 위한 지원 체계 운영
- 어울림학교 업무담당자, 교직원 등에 대한 연수는 추후 별도의 계획 수립 후 안내할 예정

3) 지역 특색에 맞는 교육과정 운영과 맞춤형 지원 체제 등 농어촌 학교 활성화의 다양한 사례를 공유하기 위해 어울림학교를 중심으로 지역별 담당자 협의체를 구성하여 상호 교류를 통한 교직원의 자발적 참여의지를 강화

4) 전라북도청의 생생마을만들기 사업과 연계하여 농어촌학교와 지역이 함께 성장하는 여건을 만들기 위한 제반 정보 공유의 장을 마련하고 농어촌 활성화 사업 목적 및 철학에 대한 이해 증대

2. 어울림학교 운영 내용

가. 특색 있는 교육과정 운영(공동교육과정 운영) 및 협력 교육 프로그램 운영

1) 교직원 연수 및 역량강화 : 공동 워크숍, 공동수업연구, 교직원 연수, 동아리활동, 교육공동체와 함께 교육과정 협의 등

2) 마을의 교육자원 발굴 및 교육프로그램 마련
- 마을의 고유 문화·인력·생태 자원과 교과과정을 연계
- 학교 주변 마을(지역) 알기 프로젝트 수업
- 마을축제 참여 및 마을공동체와의 소통

3) 지역 내 학교간의 연계 교육과정 운영
- 지역의 학교 간 네트워크 구축 및 공동행사 참여
- 초·중 연계교육 및 공동교육과정 운영

4) 교육과정과 연계한 특색 있는 방과후 교육 프로그램 운영

나. 인근 학교와 지역 사회가 함께 마을교육공동체 구축

1) 농어촌 지역에서 자생적으로 활동하는 교육공동체 발굴
- 어울림학교를 중심으로 2개 이상의 교육주체(인근학교, 마을, 기관, 단체 등))가 협업하는 교육공동체 발굴
- 방과 후, 주말, 방학 등을 활용한 학습지원, 진로교육, 지역주민과 함께하는 공동교육 등 아동·청소년 대상 교육프로그램 연계

2) 공동 협력과 자원 공유
- 학생의 방과후 활동, 주민의 평생교육 등에 인근 학교와 지역공동체가 공동 협력하고, 교통이 불편한 농어촌 실정을 감안하여 교육·문화·생활체육 공간으로 학교 시설을 개방
- 지역 고유의 문화·인력·생태 자원을 활용한 특화사업 및 농촌 교육농장 등

지역 자원을 통해 학생들이 교과과정과 연계한 농업·농촌 체험학습에 참여하도록 유도

다. 초중등연계학교 시범 운영(5교)

1) 초·중·고교 간 연계 활성화를 통해 농어촌 여건에 적합한 새로운 학교교육 모델 육성하기 위해 학교급 간 교육 자원 연계, 교육활동 통합 운영, 학생 집단 통합 동아리 운영 등 학교 특성에 맞는 프로그램 개발·운영하는 학교를 추천 받아 시범 운영

2) 농어촌 초·중·고등학교들이 서로 소통하여 다양한 형태의 유형으로 협력·연계하여 공동 교육과정을 운영함으로써 농어촌 마을의 안정적 교육기반을 형성

3) 마을의 인적·물적 인프라를 활용한 학교와 마을, 학교와 지역이 협력하는 교육과정 운영 및 교육활동 전개로 농어촌학교 활성화

3. 예산 지원 계획

가. 총괄

유형	학교 수	지원총액 (천원)	지원기준	비고
공동통학구형	41교	491,500	학생 수 비례 (교당 8,500천원, 학생당 100천원)	
작은 학교 협력형	13교(26교)	382,400	학교 수 및 학생 수 비례 (교당 3,000천원, 학생당 200천원)	
초·중등학교 연계형	7교(12교)	211,600	학생 수 비례 (교당 6,000천원, 학생당 200천원)	시범학교 5교 추가 지원 (교당 5,000천원)
학교마을 협력형	49교	771,500	학생수 비례 (교당 14,000천원, 학생당 100천원)	
계	110교(협력 학교 38교)	1,857,000		5교(연계10교) 25,000천원

나. 공통 지원 기준

1) 혁신학교 지정연도에 따라 지원금 감액

지정연도	감액	지정연도	감액
2018년 지정	5,000천원	2015년 지정	2,000천원
2017년 지정	4,000천원	2014년 이전 지정	1,000천원
2016년 지정	3,000천원		

2) 타 어울림학교 지정 학교 2,000천원 감액

3) 다만, 학교의 신청액이 기준액 이하일 때는 학교 신청액 만큼 지원

4) 교부 방법

- 예산의 효율적 집행을 위하여 2회(3월, 8월)에 나누어 교부

- 3월에 사업비의 60%, 8월에 40%를 교부하고 1학기 종료 후 학교별 운영 내용 및 집행내역을 확인하여 예산을 감액 조정

4. 기타 어울림학교 지원 내용

가. 어울림학교 홈페이지 활용

1) 위치: 도교육청 홈페이지(http://www.jbe.go.kr)-학교교육-어울림학교

2) 구성: 어울림학교란/어울림학교찾기/공지사항/어울림학교이야기/운영계획서/자료실

3) 어울림학교 운영계획서 탑재로 정보 공유

4) 학교 교육행사, 학교 홍보 및 미담 사례 등을 학교에서 수시로 탑재

5) 지역별로 공유 가능한 유용한 정보 및 프로그램, 연계 가능한 기관·단체 등의 정보 탑재

나. 계획 추진 및 평가

1) 농어촌 교육발전 기본 조례에 따라 수립한 농어촌 교육발전 기본계획
   에 따라 각 부서별 사업 추진
2) 2018년 학교별 자체 평가 및 학교 간 상호 컨설팅
• 교육공동체의 참여·소통·협력을 통한 어울림학교 운영실태 진단
• 자체평가 진단 결과를 바탕으로 학교 간 상호 컨설팅을 실시하여 학교
  간 성장 속도 차 감소
3) 어울림학교 활성화 사업 추진 결과 취합 및 분석: '18년 12월 초
4) 사업 추진상의 문제점 등을 분석하고 사업 개선 의견을 청취하여
   2019년 기본계획 수립 시 반영

다. 어울림학교 활성화 관련 사업 추진 체계

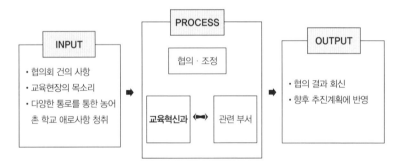

Ⅳ. 기대 효과

○ 교육의 질 제고를 통해 지역사회와 함께 성장하는 농어촌 환경 조성

○ 농어촌다움·농어촌 가치가 존중되는 특색 있는 교육과정 운영으로 농어촌 학교 활성화

○ 지역(마을)과의 연계를 통한 교육공동체 구축으로 구성원이 주체가 되어 찾아오는 농어촌 학교 만들기

2018학년도 어울림학교 현황

지역별	유형별 지정학교 현황			
	공동통학구형 학교명(공동학구 학교)	작은 학교 협력형 중심학교(협력학교)	초·중등학교 연계형 중심학교(연계학교)	학교-마을 협력형
전주	전주원동초(전주문학초) 전주미산초(전주용소초) 전주초포초(전주오송초)			전주용덕초
군산	대야남초(미장초) 임피초(구암초) 옥구초(용문초)		[시범]회현중(한들고, 회현초)	개정초, 성산초 나포초, 서수초 오봉초, 군산대성중
익산	이리계문초(이리가온초) 오산남초(이리모현초) 이리삼성초(이리부천초) 춘포초(이리동산초)	함라초 (성당초, 웅포초)		낭산초, 망성초 삼기초, 용성초 왕궁초, 천서초 성북초, 이리남초 함열중
정읍	교암초(한솔초) 도학초(한솔초) 옹동초(한솔초) 영산초(한솔초) 정남초(한솔초) 정우초(한솔초)	칠보초 (수곡초, 백암초)	산외중(산외초) 고부중(고부초,영원 초)	대흥초, 덕천초 감곡중, 소성중 고부초 이평초
남원	금지동초(남원초) 이백초(남원도통초) 주생초(남원중앙초)	수지초 (금지동초, 금지초) 보절초(사매초)	[시범]인월초(인월중, 인월고)	남원대산초, 사매초, 송동초
김제	벽량초(김제중앙초) 죽산초(김제검산초) 월성초(김제동초) 치문초(김제중앙초) 비룡초(김제초) 황강초(김제검산초) 청운초(김제검산초) 용동초(김제동초) 종정초(김제검산초) 김제북초(김제검산초) 초처초(김제동초)	백구초 (치문초, 난산초, 부 용초) 봉남초 (남양초, 초처초) 화율초 (금산초, 금남초)		백구초(치문초, 난산초, 부용초) 봉남초(남양초, 초처초) 화율초(금산초, 금남초)

지역별	유형별 지정학교 현황			
	공동통학구형 학교명(공동학구 학교)	작은 학교 협력형 중심학교(협력학교)	초·중등학교 연계형 중심학교(연계학교)	학교-마을 협력형
완주	남관초(상관초) 봉동초양화분교(봉동초)			운주초, 태봉초 송광초
진안	오천초(진안초)			외궁초
무주	괴목초(무주중앙초)	설천초(구천초, 무풍초)	[시범]무주중 (무주고,무주중앙초)	
장수			번암초 (번암중, 동화분교) [시범]백화여고(장계중,장계초)	계남초, 계북중
임실	성수초(임실초)			신평초
순창		유등초 (옥천초, 풍산초) 적성초 (동계초, 인계초, 팔덕초)	구림초(금과초, 구림중) [시범]동계중 (동계고,동계초)	금과초, 쌍치초 복흥중
고창	가평초(고창초) 아산초(고창초) 신림초(고창초) 대아초(고창초) 봉암초(고창초)	성내초(고창부안초)	해리고(해리초,해리중) 아산중(아산초,대아초)	해리초, 선동초 대성중
부안	상서초(부안동초)	장신초(백련초) 창북초(계화초, 동진초, 동북초)	변산서중(변산초)	백룡초, 백산초, 보안중, 상서중, 영전초, 격포초 서림고
합계	41교	13교(26교)	7교(12교) [시범]5교(10교)	49교